물음은물

옛가의 공항이 얼룩 얼룩

오치규 선생의
성적 역전
몸공부법

오치규 지음

예담
friend
WISDOM

오 선생님의 지도로 꿈꾸던 한의사가 되었습니다. 선생님의 몸으로 하는 공부법, 잘 읽고 그대로 하면 꼭 성공할 겁니다!

— 정재헌, 경희대 한의대, 반포 경희참한의원 원장

선생님의 집요한 지도로 저도, 오빠도 서울대에 갔어요. 구체적인 방법으로 지도하는 선생님의 지도법을 잘 익히세요.

— 유주희, 서울대 경영대

고1부터 선생님의 지도로 서울대 화공계열에 합격했습니다. 지금도 그때 공부하던 몸공부법이 회사생활에 많은 도움이 되고 있어요.

— 유성민, 서울대 화공계열

선생님의 말을 더 잘 들었더라면 더 빨리 성공할 수 있었을 거예요. 특히 개념과 오답노트에 대한 선생님의 강조가 가장 많은 도움이 되었어요.

— 김수진, 경희대 치대, 치과의사

선생님의 지도로 서울에 있는 대학에 못 갔던 제가 의대에 합격했습니다. '덕현이의 신화'는 선생님의 공부 지도법 때문이에요. 꼭 성공하세요.

— 유덕현, 순천향대 의대, 의사

오 선생님의 관리가 없었다면 의대에 못 갔을 거예요. '미다스의 손'이라고 저는 부르지만, 따지고 보면 '공부의 정석' 같아요.

－박윤정, 한림대 의대, 의사

학교에서 일반대도 좋은 곳은 못 간다고 했는데, 선생님이 용기를 주시고 구체적인 방법으로 지도해주셔서 약대에 합격했어요. 지금도 그때의 감격을 잊을 수가 없습니다.

－이승아, 숙대 약학과, 약사

선생님이 우리 집에서 자취하며 동생처럼 돌봐주셔서 고려대에 합격했고 좋은 직장에 다니고 있습니다. MBA 과정도 '몸공부법'으로 공부하고 있습니다.

－오동은, 고려대 산업공학과

수학을 포기했다가 선생님의 지도로 거의 만점을 받아 문과에서 이과로 교차 지원해 합격했습니다. 그때 『수학의 정석』으로 알밤 맞은 것이 제 인생의 전환점이 된 것 같습니다.

－박상엽, 경희대 건축공학과

피아노 연습과 선생님의 공부법은 유사점이 많은 것 같습니다. 음악도 공부도 결국은 비슷하다는 말씀이 맞는 것 같아요. 기본기와 반복학습이 정말 중요한 것 같아요.

－이은수, 교원대 음악교육학과, 서울대 대학원

공부는 '머리'로 하는 것이 아니라 '몸'으로 하는 것이다

2009년 정부가 학원을 대대적으로 탄압하기 시작했을 때, 나는 학원을 그만두고 새로운 인생을 찾으려 했다. 그 동안 하고 싶었지만 기회가 닿지 않았던 공부를 하기 위해 유학을 떠나기로 마음을 먹었다. 하지만 막상 손을 놓으려니 허무한 생각이 들었다. 20년간 열심히 해온 일이 한순간에 신기루처럼 사라져버리는 것 같기도 했다. 그래서 그간의 경험과 노하우를 정리해두어야겠다는 생각이 들어 하나씩 적기 시작했는데, 그것이 이 책의 출발점이 되었다.

 내가 학생들과 공부해온 방법을 한 마디로 요약해본다면 '몸으로 하는 공부법'이라고 할 수 있다. 이 공부법은 수많은 학생을 놀라운 성적 향상으로 이끌었다고 자부할 수 있는데, 바로 이 책에 그 방법이 고스란히 담겨 있다.

우리가 공부를 잘하려고 노력하지만 실패를 거듭하는 데는 이유가 있다. 공부는 '머리'로 하는 것이라는 잘못된 생각 때문이다. '학습'이란 용어는 '배운 것을 때때로 익힌다(學而時習之)'는 공자의 말씀에서 비롯되었는데, 이 단어 속에 공부의 핵심적인 의미와 방법이 담겨 있다. 학생들은 '학(學)', 즉 '배우는 것'만을 할 뿐 '습(習)', 즉 '익숙하게 익히는 것'은 하지 않는다. 바로 이 때문에 진정한 '학습'을 못하게 된다. 내가 많은 제자들을 좋은 대학에 진학시킬 수 있었던 것은 바로 이런 공부의 본질을 제대로 파악해 학생들을 훈련시켰기 때문이다.

'습'이란 '익히다', '배우다', '연습하다', '복습하다', '겹치다', '능하다', '버릇', '습관', '풍습', '항상', '늘' 등을 의미한다. 이런 것들은 모두 '머리'로 하는 것이 아니라 '몸'으로 하는 것들이다. 나는 공부를 단순한 '배움[學]'이 아니라 '익힘[習]'으로 받아들이도록 학생들을 지도했고, 그 지도를 성실하게 따른 학생들은 좋은 결과를 냈다. 이 책에는 진정한 학습의 의미와 배움의 구체적인 방법들이 고스란히 담겨 있다.

이 책에 나오는 놀라운 성적 향상을 이룬 학생들이 특별히 머리가 좋다거나 공부에 남다른 재능을 가졌다고 할 수는 없다. 오히려 우리 주변에서 흔히 볼 수 있는 보통 학생들이다. 공부에 별 관심도 없이 시키는 대로 학교와 학원을 무의미하게 왔다 갔다 하던 학생들도 있었다. 그러나 그들은 '몸공부법'을 익히면서 놀랄 만한 성적 향상을 이루었다. 2년제 대학을 비롯해 어떤 대학에도 진학하지 못한 학생이 서울의 유명 대학에 진학했고, 중위권 대학을 목표로 했던 학생이 고려대·연세대·서울대에 합격하기도 했다. 중간 정도의 성적이었던 학생이 의과대나 한의대에 합격하기도 했다.

덕현(강서고 졸업)이는 서울에 있는 대학에 진학하지 못했지만 1년간 나와 함께 '몸공부법'으로 공부해서 의과대학에 합격했다. 덕현이가 수능 성적을 가지고 모교를 찾았더니, 선생님들이 미심쩍은 표정으로 "너 커닝했지?"라고 말할 정도였다. 가르친 선생님들도 믿을 수 없을 정도로 덕현이의 성적이 향상되었기 때문이다.

승아(문영여고 졸업)는 서울 근교에 있는 대학에 진학할 수밖에 없다는 판단을 받고 의기소침한 상태였다. 나는 승아에게 '몸공부법'으로 공부하면 서울에 있는 약학대학에 진학할 수 있다고 용기를 주었다. 결국 승아는 학교의 판단과 달리 단번에 숙명여대 약학과에 합격했다. 재헌(영등포고 졸업)이와 성민(광신고 졸업)이는 대입에 실패해 좌절하고 있었다. 두 학생은 좋지 않은 성적에 맞춰 진학하려 했지만, 나는 1년만 더 '몸공부법'으로 공부하자고 설득했다. 결국 그 공부법이 성과를 거둬 각각 경희대 한의대와 서울대 공대에 합격했다.

어떻게 이런 일이 가능할 수 있었을까. 바로 '몸공부법'의 효과 때문이었다. 이 공부법은 어떤 이론에서 태어난 것이 아니라, 공부 현장에서 시험을 눈앞에 둔 학생들과 절박한 심정으로 밤낮을 함께 공부한 과정에서 태어났다. 그래서 '몸공부법'은 체계적이고 논리적인 틀을 갖추고 있지는 않지만, 실제 공부 현장에 적용하면 누구나 효과를 볼 수 있는 공부법이다. 따라서 이 책은 학생들과 자녀교육에 관심이 많은 학부모들에게 구체적이고 직접적인 도움을 줄 수 있을 것으로 자신한다.

나는 덕현과 승아, 재헌과 성민에게 일어난 놀라운 성적 향상이 모든 학생에게 일어날 수 있다는 신념으로 20여 년 동안 교육 일선에서 학생들을 가르쳐왔다. 나는 특별히 교육학을 전공하지도 않았고 체계적인 교육 방법을 훈련받지도 않았기 때문에 어떤 교육 이론으로 무장하고 있지는 않다. 하지만 내가 자랑스럽게 내세울 수 있는 것은 '몸'과 '몸'이 부대끼는 교육 현장에서 항상 학생들과 함께하면서 학생들의 성적 향상을 위해 열정을 다해왔다는 점이다. 공부는 '머리'로 하는 것이 아니라 '몸'으로 하는 것이라는 나의 신념처럼, 이 책은 '머리'가 아닌 '몸'으로 현장에서 실천하며 경험하는 과정에서 터득한 생생한 공부법의 결과물이다.

공부란 '습성'과 연관이 깊고, 어느 정도 지속적인 '훈련(practice)'이 필요하다. 학생들이 이 책을 '반복해서' 읽고, 여기에서 제시된 방법들을 '반복해서' 실천해보면 그 방법들에 '익숙'해질 것이고, 서서히 공부가 익숙해지고 재미를 느끼게 될 것이다. 이런 경지에 이르면 성적 향상은 자연스럽게 이루어진다.

시중에는 공부에 대한 책들이 범람하고 있다. 최근에는 공부를 소재로 한 드라마가 히트를 치기도 했다. 그만큼 우리 사회에서는 어떻게 공부해야 하는가에 대한 의문이 많고, 공부를 잘 하고 싶은 욕망이 그만큼 강하다. 이런 관심과 욕망은 아주 긍정적인 것이라고 생각한다. 식민지와 전쟁의 폐허를 딛고 오늘의 대한민국을 이룬 것도 우리가 그처럼 강한 '공부를 통한 상승에의 열망'을 가지고 있었기에 가능했다. 미국의 오바마 대통령이 연일 한국 교육에 대한 칭송과 부러움의 말을 쏟아내는 것도 이런 관심과 욕망이 아주 긍정적이기 때문이다.

'몸공부법'을 통해 학생들이 꿈을 실현해가는 것을 돕는 것이 얼마나 신나고 멋진 일인지 모른다. 나는 20년간 그 신나고 멋진 일에 종사한 것을 항상 자랑스럽게 생각했기 때문에 즐거운 마음으로 학생들과 함께할 수 있었다.

이 책은 현장에서 공부에 문제가 있는 학생들을 만나 그들의 문제점을 함께 하나 둘 고쳐가는 과정에서 겪은 생생한 체험을 바탕으로 하고 있다. 이제 그 방법을 책으로 엮어내어 많은 사람에게 전한다는 것 또한 가슴 벅찬 일이다. 이 책을 읽는 학생들과 학부모들도 이 신나고 멋진 경험에 동참해 자신의 미래를, 운명을 바꾸었으면 하는 것이 나의 간절한 소망이다.

이 책은 3부로 구성되어 있다. 1부에는 '몸으로 하는 공부법'이 자세하게 서술되어 있다. 2부 '공부 그릇을 키우자'에서는 공부를 잘 할 수 있는 바탕이 되는 '그릇'을 키우는 방법들을 소개했다. 3부에서는 과목별, 학년별로 주의해야 할 공부 방법을 소개했고, 부록에는 자녀의 성적 향상을 염원하는 부모님들께 드리는 글이 담겨 있다.

중요한 것은 이 책을 한 번 읽고 던져버리면 안 된다는 점이다. 성적을 향상시켜 좋은 학생이 되고 좋은 대학에 가기 위해서는 '몸공부법'을 자신의 것으로 익혀야 하고, 그것을 익히기 위해서는 틈날 때마다 이 책을 반복적으로 읽고 실천해야 한다. 이 책은 '눈과 머리'로 읽는 책이 아니라 '몸'으로 연습하는 책이다. 피아노를 자유롭게 연주하기 위해 〈바이엘〉과 〈체르니〉를 반복하듯이, 공부에서 자유로워지기 원하는 학생이라면 이 책을 반복해서 읽고 실천해야 한다.

이 책의 출간을 선뜻 허락해주신 위즈덤하우스의 연준혁 대표님과 인내심을 가지고 책의 내용을 좋은 방향으로 바로잡아준 신미경 씨에게 감사의 말을 전하고 싶다.

이 책을 쓰는 동안, 평생 교육에만 몸과 마음을 다 바치셨고, 언제나 따뜻한 마음으로 남을 이해하고 사랑하며 사셨던 내 아버지 오두희(吳斗熙) 교장선생님께서 하늘나라로 가셨다. 이 책을 그분의 영전에 바치고 싶다.

새롭게 시작하는 봄을 맞이하며
오치규

Contents

1부 몸으로 공부하라

부록   자녀교육에 고민이 많은 학부모님들께

1부
몸으로 공부하라

1. 공부는 '일'이다

공부는 재미있고 쉽게 할 수 있는 '일'

학생들이 가장 듣기 싫어하는 말이 무엇일까. 바로 '공부하라'는 말일 것이다. 공부를 열심히 하는 학생이든, 열심히 하지 않는 학생이든 '공부하라'는 말보다 더 듣기 싫어하는 말은 없는 것 같다. 사실 예전에 나도 그랬다. 지금 생각하면 왜 그랬을까 싶은데, 내가 중학생 때 더 이상 공부에 대해서는 간섭하지 말라고 부모님에게 선언한 적이 있었다. 그때 부모님은 나를 믿고 철없는 말까지도 존중해주셨지만, 나는 그 선언 때문에 인생에서 중요한 기회를 잃었다는 생각이 든다. 공부에 대해서 부모님, 선배들과 더 많이 이야기하고 귀 기울일 기회를 놓쳤기 때문이다. 그 일은 지금도 후회로 남는다.

갓 태어난 새끼에게 먹이를 물어다 주는 어미 새의 모습을 본 적이 있을 것이다. 하지만 어미 새가 언제까지나 새끼에게 먹이를 물어다주지는 않는다. 새끼는 날 수 있게 되면 사냥하는 방법과 홀로 살아가는 방법을 배워야만 한다. 공부도 그와 같은 것이다. 사회에서 적절하게 살아갈 방법을 배우는 것이 바로 '공부'이다. 지금 배우는 것이 앞으로 살아가는 데 대체 무슨 의미가 있는가 하는 의문이 들 수도 있다. 하지만 그것은 공부란 무엇인가를 제대로 이해하지 못한 데서 비롯된 오해이다. 우리가 학교에서 배우는 과목들은 보다 나은 삶을 살아가기 위해 반드시 알아야 할 내용들이며, 책을 읽고, 읽은 것을 정리하고, 배운 것을 생각해보고, 반복해서 암기하고, 새로운 문제에 적용하는 등의 과정이 곧 좋은 삶을 위해 필요한 훈련이다.

공부란 학생들이 해야만 하는 일이라고 말하면, 벌써 가슴이 답답해지는 학생들이 있을 것이다. 흔히 '일'이란 하기 싫고 지겹고 재미없는 것이라고 생각하기 때문이다. 하지만 공부는 그렇지 않다. 공부에 대해 부정적인 생각과 느낌을 가지게 된 것은 적절한 공부법을 배우지 못했기 때문이다. 공부에 대한 적절한 태도와 방법을 배우고 나면 공부는 그리 힘든 일이 아니라는 걸 알게 된다. 즉, '몸으로 하는 공부법'을 익히면 공부는 재미있고 쉽게 할 수 있는 일로 바뀔 것이다.

공부를 처음 시작하는 학생들에게 항상 다음과 같이 두 가지 산 그림을 그리고 공부에 대해 설명한다.

두 그림에서 학생들은 흔히 공부를 어떻게 받아들일까. 바로 A산을 오르는 것처럼 생각한다. 깎아지른 듯한 절벽을 힘겹게 올라야만 정상에 이를 수 있는 산이 공부라고 생각한다. 그래서 정상에 이를 때까지

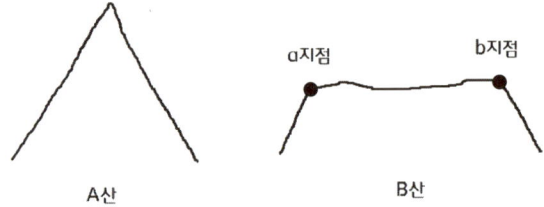

A산   a지점   b지점   B산

힘겨운 노력을 계속해야 한다고 생각하고 시작도 하기 전에 한숨부터 쉰다. 그리고 조금 해보다가 힘이 들면 금방 포기한다. 왜냐하면 힘든 과정이 계속될 거라는 생각 때문이다.

물론 공부에 대해 잘못된 태도와 방법으로 접근한다면 공부는 분명 A산을 오르는 것과 같을 수 있다. 하지만 적절한 공부 방법을 배우고 나면, 공부가 B산을 오르는 것과 같다는 것을 알게 된다. 'a지점'에 닿을 때까지는 물론 힘이 든다. 공부를 하지 않다가 다시 공부를 시작하면 힘든 것이 당연하다. 우리의 '몸'은 이전의 잘못된 태도와 방식을 버리지 않고 계속하려는 '관성의 법칙'에 영향을 받기 때문이다. 하지만 '몸으로 하는 공부법'을 제대로 익히고 나면 힘든 'a지점'을 통과하게 되고, 그 다음부터는 공부가 순탄한 평지를 걷는 단계에 이른다.

'몸으로 하는 공부법'을 완전히 자기 것으로 익힌 학생이라면 'b지점' 부터는 휘파람을 불며 신나게 내려올 수 있을 만큼 공부에 대한 느낌이 바뀌게 된다. 이 단계가 되면 공부는 단순한 일이 아니라, 내가 재미있어 하는 일, 나의 삶에 의미를 주는 일, 하지 말라고 해도 하는 일이 된다. 흔히 '공부에 미쳤다'고 하는 단계이다. '몸으로 하는 공부법'은 이런 단계까지 학생들을 인도하는 것을 목표로 하고 있다.

　이런 단계가 될 때까지 학생들은 일단 공부를 '학생으로서 당연히 해야 할 일'로 받아들여야 한다. 일은 인간으로서 당연히 해야 할 신성한 의무다. 사람은 일을 통해 세상을 변화시키고 의미 없는 것을 의미 있는 것으로 변화시킨다. 지금 나는 수많은 사람의 일을 통해 만들어진 노트북으로 편리하게 글을 쓰고 있다. 그들의 노동이 없었더라면 나는 이렇게 즐거운 글쓰기를 할 수 없었을 것이다. 서양에는 '개미에게 가서 그들이 사는 것을 살펴보고 지혜를 얻으라', '일하기 싫은 자는 먹지도 말라'는 금언이 전해져온다. 어른들에게 힘들고 어렵지만 해야 할 일이 있다면, 학생들에게도 그런 일의 하나인 공부가 있다.

　공부를 학생이 해야 할 '일'로 받아들이면 의무감이 생긴다. 아버지가 아침부터 저녁까지 열심히 일하지 않으면 가족이 생계를 이어나갈 수 없다. 어머니가 새벽부터 일어나 일하지 않으면 우리는 따뜻한 밥을 먹을 수 없다. 아버지, 어머니에게 일이 있듯이 우리들도 해야 할 일이 있다. 부모가 하는 일에 비해 공부는 그리 힘든 일이 아니다. 공부가 잘 안될 때 팔굽혀펴기를 5분만 해보라. '공부가 더 쉬운 일이구나.' 하는 생각이 들 것이다. 팔굽혀펴기도 어렵지만, 육체노동은 팔굽혀펴기에 비할 바가 아니다. 공부만큼 쉬운 일도 없다는 것은 사회생활을 한 어른들은 모두가 공감한다. 그리고 젊은 날의 공부만큼 우리의 인생을 쉽게 좋은 방향으로 바꾸어줄 수 있는 일도 없다는 사실은 일찍 깨달을수록 더 좋은 삶의 진리이다.

　어려운 집안환경 때문에 어린 나이에 가장 노릇을 하며, 포클레인 조

수, 오락실 아르바이트, 가스 배달, 택시 기사, 막노동꾼 등 수많은 일을 하다가 서울대 인문대에 수석 합격한 장승수가 쓴 『공부가 가장 쉬웠어요』란 책이 있다. 이 책은 공부가 그렇게 쉬운 일은 아니지만, 그렇다고 힘든 일만도 아니라는 것을 보여준다.

누구나 마음만 먹으면 지금 당장 공부를 시작할 수 있다. 영어 단어를 적거나 수학 공식을 베끼거나 국어와 사회 책을 읽거나 인터넷에서 과학 강의를 듣는 것은 지금 당장 누구라도 할 수 있는 일이다.

일은 세상을 변화시킨다. 공부라는 일은 우리의 삶을 더 나은 것으로 만든다. 국어·영어·수학·사회·과학·음악·미술·체육 등 학교에서 배우는 모든 과목들은 우리가 좋은 삶을 살기 위해 필수적으로 배우고 익혀야 할 것들이다. '잘 알아야 덕이 있고, 덕이 있어야 행복하다'는 말이 있다. 여기에서 말하는 '덕(virtue)'이란 '도덕적인 덕'이 아니라 '잘함'을 의미한다. 즉, '잘 알면 잘하게 되고, 잘하면 행복하다'는 말이다. 바로 소크라테스의 '지덕복합일설'이다. 학생들이 하루하루의 삶을 공부라는 일로 차곡차곡 채워나간다면, 사회가 필요로 하는 인간으로 성숙해갈 것이고 삶은 그만큼 더 행복해질 것이다. '몸으로 하는 공부법'이야말로 그런 행복에 더 가까워지도록 돕는 좋은 도구다.

'공부가 잘 안 된다'의 함정

아침에 일어났더니 아버지가 출근을 하지 않고 텔레비전을 보고 있다.

"아빠, 출근 안 하세요?"

"일이 잘 안 되어서 그냥 쉬려고 해."

어머니에게 밥을 달라고 했더니, 어머니가 누워서 일어나지 않는다.

"밥이 잘 안 되어서 그냥 누워 있을래."

이런 상황을 경험해본 학생들이 있을까? 아마 대부분 없을 것이다. 출근을 하지 않은 아버지의 말을 살펴보자. '일이 안 되어서'라고 했다. 그러나 그런 대답에 대해서 우리는 흔히 어떻게 생각할까. 그 때문이 아니라 '놀고 싶어서'라고 생각할 것이다. 또한 어머니가 '밥이 안 되어서' 누워 있는 것이 아니라 '밥을 하기 싫어서' 그런 것이라고 생각할 것이다.

학생들이 많이 하는 말이 있다. 바로 '공부가 잘 안 된다'이다. 앞에서 공부는 학생이 해야 할 일이라고 말했다. 그러니까 일은 '된다, 안 된다'가 아니라 '한다, 안 한다'의 문제이다. 아버지는 '일이 안 되는 것'이 아니라 아버지가 '일을 안 하는 것'이다. 어머니는 '밥이 안 되는 것'이 아니라 '밥을 안 하는 것'이다.

마찬가지로 공부를 학생들이 해야만 하는 일로 간주한다면 '공부가 잘 안 된다'는 말을 할 수가 없다. 공부가 잘 안 되는 것이 아니라 공부를 하기 싫거나 지금 하지 않고 있을 뿐이다.

흔히 학생들이 '공부가 잘 안 된다'고 말하는 데는 중요한 원인이 있다. 공부를 너무 추상적으로 생각하기 때문이다. 추상적이고 포괄적인 의미의 '공부'는 잘 '안 될' 수도 있다. 하지만 공부를 구체적으로 생각하면 '안 된다'는 말을 하기 힘들어진다. 누구나 손과 펜만 있으면 영어 단어와 숙어, 수학 공식을 적어볼 수 있다. 귀가 있고 집중할 마음만 있으면 영어 듣기를 지금 당장 할 수 있다. 눈과 입만 있으면 국어책과 영어책을 읽을 수 있다. 공부를 열심히 하는 것은 추상적인 말이지만 열심히 책을 읽는 것, 열심히 노트에 반복해서 중요한 것들을 적어보는 것, 집중해서 들어보는 것 등은 누구나 지금 당장 할 수 있는 구체적인 일이다.

'공부가 된다, 안 된다'는 식으로 접근하는 것은 공부에 대한 수동적인 태도이다. 공부는 '수동적으로 기다리는 일'이 아니다. '능동적으로 해야 할 일'이다. 이런 태도를 가지기 위해서는 공부를 추상적인 것에서 구체적인 수준으로 끌어내려야 한다. '공부 열심히 해야지.' 하면 가슴이 답답해진다. '공부'란 말이 현실감이 없는 추상적인 개념이기 때문이다. 하지만 '영어책 두 페이지 읽어야지.'라고 생각한다면 추상적인 공부를 구체적인 차원으로 끌어내리는 것이다. 나와 관계없는 추상적인 개념을 나와 친근한 구체적인 '몸'의 형태로 만드는 것이다. 추상적인 것을 구체적인 것으로, 정신적인 것을 '몸'으로 바꾸는 작업이다. 이것을 '구현(具現)한다' 혹은 '체현(體現)한다'라고 말하고, 이에 해당하는 영어 단어는 'embody'이다.

'몸으로 하는 공부법'이란 바로 추상적인 개념의 공부를 구체적인 '몸'의 형태로 바꾸자는 것이다. 추상적인 대상을 구체화시키면 그 대상이 훨씬 생생해지고 다루기 쉬운 것으로 바뀐다. 그리고 더 능동적으로 접근할 수 있게 된다. '부자가 되어야지.' 하는 생각과 '통장에 100만 원을 모아야지.'라는 생각을 비교해보자. 전자는 애매하고 추상적이지만 후자는 명백하고 구체적이다. 바로 후자처럼 생각하면 무슨 일을 해야 할지 명백히 떠오르면서 우리 삶이 구체적이고 능동적으로 바뀌게 된다. '구체화'의 방법에 대해서는 다음 장에서 자세히 살펴볼 것이다.

공부하는 태도만 봐도 공부를 '능동적으로 해야 할 일'로 생각하는 학생과 그렇지 않은 학생을 구분할 수 있다. 추상적인 공부에 수동적으로 접근하는 학생들은 공부할 때 움직임이 별로 없다. 따분한 표정으로 책을 눈으로만 읽는다. 그리고 몇 자 끼적거리다 금방 졸고 만다. 그러나 구체적이고 능동적인 일로 공부를 만나는 학생들의 모습은 완전히 다르다. 입을 움직여 중얼거리며 책을 읽고, 중요한 부분에 밑줄을 치고, 핵심 단어에 형광펜으로 표시하고, 중요하거나 모르는 것은 노트에 요약정리를 하고, 연습장에 반복해서 적어보고, 눈을 감고 중얼거린다. 이런 학생들은 책을 살아 있는 하나의 '몸'으로 만난다. 그들은 자신의 모든 감각 기관을 다 사용해서 책과 만난다. 읽고 쓰고, 중얼거리고, 자신이 중얼거리는 것을 또 듣고, 그려보고, 만져본다. 졸릴 때는 일어서서 왔다 갔다 하며 책을 읽거나 단어를 암기한다. 그들은 '온몸'을 나 동원해 공부한다. '온몸'을 다 동원하지 않으면 책과 전면적으로 만나기 어렵기 때문이다.

공부에는 증거가 필요하다

학생들은 흔히 공부를 '머리로 하는 어떤 생각' 혹은 '논리적인 이론', '추상적인 추론 과정' 등으로 생각한다. 공부에 대한 이런 개념 정의 때문에 우리의 '몸'을 이용해 살아 있는 '몸'으로서 공부와 만나기 힘들어진다. 사실 우리가 배우는 모든 공부는 생활 속에서 나온 것들이다. 우리 삶의 터전인 토지에 대한 측량에서 기하학이 등장했고 그것이 수학으로 발전해나갔다. 복잡한 영문법은 생활에서 사용하는 영어표현법을 정리한 것에 불과하다. 우리가 살아가는 사회를 설명하기 위해 사회 과목이 등장했고, 우리를 둘러싼 자연의 법칙을 설명한 것이 과학이다. 따라서 모든 과목은 사실 우리의 삶과 연관이 있다. 하지만 그것들이 이론화되면서 생생한 삶의 현장을 떠나버렸다. 그리고 그것을 공부하는 학생들도 삶과 무관한 이론들로 공부를 대하면서, 생생한 경험을 내용으로 하는 진짜 공부에서 멀어져버린다.

구체적인 삶을 추상화해버리는 실수는 흔히 저지른다. 예를 들어, 우리는 '공부 열심히 해야지.' 하는 각오를 많이 한다. 하지만 우선 '공부'라는 말이 구체적이지 않고 추상적이다. '열심히'라는 말도 그렇다. 무엇을 공부해야 하는지, 몇 시간을 얼마의 집중도로 공부해야 하는지가 빠져 있다. 그래서 공부를 하기는 했지만 정말 '열심히' 했는지 실감이 나지 않는다. '열심히'라는 말이 추상적이고 상대적이기 때문이다.

그러므로 앞으로는 '공부 열심히 해야지.'라고 생각하지 말고 '어제 1시간 동안 영어 공부했으니, 오늘은 2시간 동안 영어 공부를 해야지.'라고 생각하는 것이 추상적이지 않고 구체적으로 생각하는 방법이다. '어제는 수학 인수분해 문제를 20개 풀었으니 오늘은 30개 풀어야지.'라고 생각하는 것이 구체적으로 공부에 접근하는 방식이다.

'오늘 참 열심히 공부했어.'라는 생각도 추상적이다. 따라서 오늘 영어 노트를 몇 페이지 정리했는지 세어보고, 어제 정리한 페이지와 비교해보는 것이 구체적으로 공부에 접근하는 방식이다. 수학 문제를 풀었다면 아무 노트에나 적지 말고 연습장을 반 접어 문제를 요약하고 풀이 과정을 자세하게 적으면서 풀이하고, 그것을 잘 보관하고 만져보는 것이 수학을 '몸'으로 접근하는 방식이다.

공부한 것은 무엇이든 '몸'의 형태로 남아 있어야 한다. '몸'이란 우리가 감각기관을 통해서 경험할 수 있는 것을 말한다. 만져볼 수 있고, 눈으로 확인할 수 있고, 들어볼 수 있는 것으로 남아 있는 것이 바로 '몸'이다. 국어책이나 영어책을 소리 내어 읽을 때에도 그냥 읽지 말고 mp3에 녹음하면서 읽는 것이 좋다. 그것을 잘 저장해두고 때때로 그것을 들어보는 것이다. 물론 처음에는 어색하게 들릴 것이다. 하지만 반복해서 하다보면 목소리가 어색하지 않고 세련되게 들리게 되는 때가 있다. 읽는 능력이 향상된 순간이다.

공부한 내용을 수첩이나 생활계획표에 적어두는 것도 공부를 구체적인 '몸'의 형태로 바꾸는 작업이다. 생각이나 느낌은 언제든 사라져버리지만 그것을 적어두면 '몸'으로 존재하고, 언제든 내가 한 공부로 확인할 수 있게 된다. 그간 열심히 공부했다고 생각하는 것과 공부한 결과물이 물리적인 '몸'의 형태로 남아 있고, 그 내용이 자세히 수첩에 적혀 있는 상황은 상당한 차이가 있다.

'몸으로 하는 공부법'은 이처럼 공부를 '구체화'시키는 방법에 대한 것이다. 앞에서 '구체화'는 '구현', '체현'이라 하고, 영어로는 'embody'라고 했다. 모두 '몸이 갖추어지게 한다.'는 의미이다. 즉, 형태가 없고 추상적인 것을 볼 수 있고, 만질 수 있고, 냄새 맡을 수 있고, 들을 수 있고, 느낄 수 있는 '몸'으로 만드는 작업을 의미한다.

'몸으로 하는 공부법'에서 강조하는 '깜지노트', '오답노트', '학습계획표', '독서카드', '현장공부법' 등은 모두 허공에 떠 있어 잡히지 않는 추상적인 '공부'를 구체적이고 현실적이며 바로 옆에 둘 수 있는 '몸'으로 바꾸어 꽉 껴안으려는 시도이다.

나는 학생들에게 "열심히 공부했니?"라고 질문하지 않는다. 그 대신 오늘 공부한 것들을 가져오라고 한다. 나와 처음 공부하는 학생들은 이런 말에 당황하는데, 공부한 내용은 '머릿속'에 있다고 생각하기 때문이다. '몸으로 하는 공부법'에서는 이런 태도를 고치는 것부터 시작한다. 공부한 것은 반드시 '물질적인 형태'로, 즉 '몸'으로 남아 있어야 한다. 공부한 내용이 '몸'으로 남아 있기 위해서는 반드시 우리의 '온몸'을 사용해서 공부해야 한다. 그래서 나는 눈으로만 읽기보다는 '손'을 사용해서 적어보고, 입으로 중얼거려보고, 그림으로 그려보라고 말한다. 그리고 그 결과를 가져오라고 말한다.

여자친구에게 혹은 남자친구에게 좋은 것들을 많이 해줬다고 생각해보자. 그런데 그 친구가 나에게 "넌 왜 나를 사랑하지 않니?"라고 불평한다면 어떨까. 참 황당하고 서운할 것이다. 친구에게 옷도 사주고, 피자도 사주고, 놀이공원에도 데리고 갔는데, 그 친구는 옷을 싫어하고, 피자도 싫어하고, 놀이공원에 가는 것도 대수롭지 않게 여긴 것이다. 그리고 나는 그것을 여태 모르고 있었다.

그렇다면 친구는 내게 이렇게 말해주는 것이 좋다. "나는 매일 잠자기 전에 문자 보내주면 참 좋겠는데 너는 왜 그렇게 하지 않니?" 혹은 "나는 너와 같이 영화 보는 것이 제일 좋은데 왜 영화관에 가지 않니?"라고. 이렇게 말하는 것이 추상적이지 않고 구체적으로 삶에 접근하는 방식이다. "아빠 싫어요."라고 하지 말고, "아빠가 술 드시고 와서 저한테 술주정하고 참견하시는 게 싫어요."라고 말하는 것이 더 구체적이고 현명한 대화법이다. 전자처럼 말하면 아빠가 어쩔 줄 몰라 당황하지만, 후자처럼 말하면 아빠는 무엇을 구체적으로 고쳐야 할지 알게 된다. 그 둘의 차이는 아주 크다.

우리는 구체적으로 말하고 행동하는 것을 어려워한다. 특히 공부에 대해서는 더욱더 그렇다. 왜냐하면 공부라는 것이 주로 추상적인 이론을 다루는 것이기 때문이다. 하지만 그럴수록 더욱 추상적이고 공허한 공부를 구체화시켜 우리가 경험할 수 있는 '몸'으로 만들고 우리의 '몸' 옆으로 가까이 다가오게 해야 한다. 공부한 것이 물리적인 '몸'의 형태로 남아 있다면 우선 심리적으로 안정감을 느끼게 된다. 공부한 결과를 보고 느낄 수 있기 때문이다.

그리고 공부 시간과 공부 양에 대해 어느 정도 가늠을 할 수 있게 된다. 한 페이지를 쓰는 데 걸리는 시간, 한 장을 읽는 데 걸리는 시간을 확인할 수 있다. 이런 가늠이 가능해야 계획을 세울 수 있다. 공부한 내용을 남겨둔다면 복습할 때에도 유리하다. 책을 읽을 때 중요한 부분에 줄을 잘 쳐두고, 핵심 단어에 형광펜 표시를 하고, 요약 메모를 해둔다면 다음번 공부할 때 시간을 많이 줄일 수 있다. 물리적인 흔적을 남겨두지 않으면 하지 않은 것과 별 차이가 없다.

일터에서 피곤하게 일하고 돌아온 아버지에게 "아빠 사랑해요."라고 말하는 것도 좋지만, "아빠 피곤하시죠, 비타민 하나 드세요."라며 비타민을 손에 쥐어드린다면 그것은 사랑을 더욱 구체적으로 표현하는 것이

학생 생활계획표

목표		1년 목표		이달의 목표		이주의 목표	
요일	월	화	수	목	금	토	일
날짜	일(3/6)	월(3/7)	화(3/8)	수(3/9)	목(3/10)	금(3/11)	토(3/12)
6시~7시							
7시~8시							
8시~9시							
9시~10시							
10시~11시							
11시~12시							
12시~1시							
1시~2시							
2시~3시							
3시~4시							
4시~5시							
5시~6시							
6시~7시							
7시~8시							
8시~9시							
9시~10시							
10시~11시							
11시~12시							
12시~1시							
총평							

된다. 따라서 공부도 추상적인 개념의 세계에 머물지 말고 구체적인 삶의 세계로 내려와야 한다. 이처럼 '몸으로 하는 공부법'을 실천해보면 공부가 '개념', '이론', '논리', '설명'의 세계에 속한 것이 아니라, '실행', '반복', '습관', '실천', '현실', '태도'의 세계에 속한 것임을 곧 깨닫게 된다.

구체적인 '계획표'로 의대에 합격

추상적인 공부를 구체화시키는 가장 좋은 방법은 계획표를 작성하는 것이다. 계획이 있는 사람과 없는 사람은 삶에서 큰 차이가 있다. 계획이 있다는 것은 목표가 있다는 것을 의미하고 삶의 방향이 있다는 것을 의미한다. 계획을 세우고 그것을 실천하고 점검하고 반성하는 사람은 삶을 구체적으로 실감하면서 사는 것이다. 해야 할 일이 무엇인지 미리 생각하고 계획을 세우고 살아가는 사람과 그저 하루하루 되는 대로 별 생각 없이 사는 사람의 삶이 같을 리 없다.

나는 학생들을 지도할 때 반드시 주간계획표를 만들게 한다. 왼쪽의 표와 같은 주간계획표를 만들어서 학생들에게 나누어주고 계획을 세우게 한다.

나도 항상 일주일 단위로 계획을 짠다. 한 달 주기는 너무 길기 때문에 일주일 단위로 삶의 계획을 짜는 것이 적절하다. 학생들에게 학원이나 학교의 시간표에 맞게 일주일 단위의 계획표를 만들어주고 일요일마다 일주일 계획을 작성하게 한다. 그리고 그 실천 여부를 수시로 점검한다. 계획표는 학생마다 다양하게 만들 수 있다. 앞의 것처럼 만들어도 좋고 시중에 판매되는 다이어리를 구입해서 사용해도 좋고 작은 수첩을 이용해도 좋다.

지금 계획표가 없다면, 먼저 계획표부터 마련해야 한다. 그리고 계획표에는 삶의 목표와 1년 목표, 이달의 목표, 이주의 목표 등을 적어두는 것이 좋다. 삶의 목표가 있어야 계획을 잘 수립할 수 있다. 구체적인 목표와 계획이 없는 삶은 나침반과 지도 없이 항해를 하는 것과도 같다. 구체적인 계획이 없다면 무엇을 해야 할지, 무엇을 했는지, 잘 했는지, 미진한 점이 없는지 등에 대해 어떤 평가도 할 수 없다. 그리고 계획을 세울 때 중요한 것이 있는데, 반드시 구체적이어야 한다는 점이다.

덕현이는 계획적으로 공부를 해본 적이 없는 학생이었다. 개강한 첫 주에 계획표를 나누어주고 작성해오라고 했더니, 모든 빈칸에 '공부'라고 적어왔다. 나에게 혼이 나고 나서 다시 작성한 계획표에는 '영어 공부', '수학 공부', '사탐 공부' 등이 적혀 있었다. 나는 선배들이 작성한 계획표를 보여주고는, 몇 시에서 몇 시까지 '영어 교과서 pp.15-30', '수학 문제집 100번에서 120번' 등 아주 구체적인 방식으로 적으라고 가르쳤다. 하지만 덕현이는 계획과는 거리가 먼 생활을 해왔기 때문에 계획표를 만드는 것부터 힘들어했다.

사실 계획표를 만드는 것은 결코 쉬운 일이 아니다. 우선 자신이 공부해야 할 책을 미리 확정해야 하고, 자신이 특정 시간 내에 할 수 있는 공부 양을 예측할 수 있어야 하기 때문이다. 이런 계획표를 작성하는 데에는 상당한 시간이 걸리지만 반드시 해야 할 작업이다.

계획표를 작성해서 체계적으로 공부하는 것은 나 스스로 터득한 방법이다. 고등학교 1학년 때 IQ검사를 받은 적이 있었다. 나는 그런대로 머리가 괜찮은 줄 알았는데, 시험 결과 117이 나왔다. 흥분한 나는 재시험을 요구했고, 이번에는 114가 나왔다. 이때 비로소 내 자신을 있는 그대로 보게 되었다. 그리고 머리가 좋지 않으니 열심히 정리하고 반복하는 수밖에 없다는 생각을 하게 된 것이다. 기억력이 별로 좋지 않아 공부한 내용도 적어두었고, 앞으로 공부할 내용도 적어두었다.

일주일 단위로 생활을 관리하기 시작한 것은 다니던 대학을 그만두고 서울대학에 가기 위해 학원에 다닐 때부터였다. 일주일 동안 열심히 공부하고 일요일에는 친구들을 만나기도 하면서 쉬었다. 그리고 저녁에는 일주일 동안 해야 할 공부를 계획표에 아주 꼼꼼하게 정리했다. 그리고 실행한 부분은 O표시를 하고 실행하지 못한 부분에는 X표를 해두었다. 그리고 주말까지 계획한 부분을 다 채우지 못하면 일요일에도 공부해서 보충했다.

이처럼 계획적인 생활을 하면서, 계획대로만 하면 원하는 대학에 합격할 수 있다는 신념이 생겼다. 계획표에는 그날 했던 공부뿐 아니라 생활하면서 느낀 점이라든지, 책을 읽다가 메모해두어야 할 내용이라든지, 시험을 본 후기 등을 적어두었다. 이렇게 하니 계획표일 뿐 아니라 내 생활의 기록이 되었다.

나는 가르치는 모든 학생에게 이런 방법을 반드시 실행하게 한다. 계획을 세우고 실천하는 연습을 하면 구체적인 목표가 생기고 그 목표를 향해 한걸음씩 나아가는 삶을 연습하게 된다. 열심히 한 만큼 주말에는 쉴 여유가 생기고, 열심히 하지 않으면 쉬는 시간을 줄여야 한다. 계획표는 우리들에게 그 기준을 알려준다.

덕현이는 계획을 세우는 데 무척이나 힘들어했다. 그래서 몇 번 시키다가 포기하고 공부한 내용만이라도 계획표에 적어오라고 했다. 이렇게만 해도 상당한 도움이 된다. 특정 시간 동안 공부한 내용을 잘 적어두면 할 수 있는 공부의 시간과 양이 나온다. 계획을 세우는 데 곤란을 겪는 학생이 있다면 우선 이런 식으로 사후 계획표를 만들어보는 것이 좋다. 공부한 내용을 자세히 적어두고, 공부를 못했다면 그 시간에 무엇을 했는지 적어두어야 한다.

그러면 단순히 공부에 대한 계획표가 아니라 자신의 생활을 정리한 기록이 된다. 기억하고 싶은 추억들이나 떠오른 좋은 생각들, 기억해야 할 것들, 시험 성적, 시험을 보며 느낀 점 등을 다 적어두면 좋은 기록으로 남는다. 실수한 문제, 시간 배분 문제, 답안지 작성 등에 대한 내용을 적어두면 다음 시험에도 상당한 도움이 된다. 요컨대 계획표는 학생에게 가장 중요한 공부 기록일 뿐 아니라 삶의 기록이 된다. 낙서를 해도 좋고 갑자기 떠오른 생각을 적어도 좋다. 메모를 하고 글을 쓰는 습성은 삶을 정리하고 구체화하는 데 아주 큰 도움이 된다. 생각한 것은 사라져버리지만 적어둔 것은 살아 있는 '몸'이 된다. 천재 예술가 레오나르도 다빈치도, 위대한 과학자 아인슈타인도, 근대화의 아버지 박정희 대통령도, 세계 일류 기업 삼성의 창업자 이병철 회장도, 월드컵 4강 신화를 이룬 히딩크 감독도 모두 이런 점을 잘 아는 '메모광'들이었다.

계획하고 정리하는 습성은 아주 어릴 때부터 연습하는 것이 좋다. 대부분의 초등학생들은 일기를 쓰는데, 특별히 기억나는 일들을 일기에 적는 것도 참 좋은 일이지만, 특별히 기억에 남지 않더라도 매일매일 자신이 한 일을 적어두는 것도 필요하다. 텔레비전을 봤든, 게임을 했든, 친구와 놀았든 그 내용을 짧게라도 적어둔다면 삶이 어떤 내용으로 채워져 있는지를 살펴보는 반성적 사고가 나타날 것이다.

자신이 한 일들을 돌아보고 하지 못한 일들을 반성해보면 '시간'에 대한 관념이 생긴다. 오락을 몇 시간 하고 후회하는 데 그치는 것과 그 느낌을 계획표에 적어두는 것은 큰 차이가 있다. 몇 시간 동안 오락을 했다는 것을 계획표에 적는 것이 쉬운 일은 아니다. 부끄러운 마음에 적는 것 자체가 힘들기 때문이다. 그러나 정직하게 한두 주 정도만 계획표를 작성해보면 생활에 대한 반성과 좋은 삶에 대한 방향성이 자연스럽게 나타난다.

덕현이도 계획하고 실행하고 반성하는 과정을 거쳤기 때문에 대학 진학에 성공할 수 있었다. 덕현이는 처음에 서울 시내에 있는 명문대학에 진학하지 못했다. 그래서 재수를 시작했는데, 워낙 노는 것을 좋아해서 우리 반 '암흑세력'의 지도지었다. 나는 덕현이를 비롯한 우리 반 학생들이 공부를 너무 하지 않는 것 같아서 더 철저하게 관리했다. 그러자 우리 반 학생들은 학기 초에 모이기만 하면 나에 대해서 불평을 했다고 한다.

나는 학기 초에 학생들에게 왜 공부를 해야 하는가를 아주 상세히 설명하는 편이다. 실패한 원인을 자세히 진단하고 설명해주고 구체적인 방법과 계획을 통해 학생들을 설득한다. 하지만 학생들은 그것을 받아들이기 힘들어한다. 아침 일찍 나와서 밤늦게까지 꽉 짜인 생활을 처음 해보기 때문에 사실 힘이 들 수밖에 없다. 덕현이를 비롯한 대부분의 학생들은 계획을 제대로 세워본 적도 없었고, 오답노트를 작성해본 적도 없었고, 깜지노트를 적어본 적도 없었고, 주말에 숙제를 해본 적도 없었다. 한번은 덕현이가 이렇게 말했다.

"저는 계획을 세워서 공부해본 적이 없으니까 그냥 하던 대로 하겠습니다."

나는 긴 말 하지 않고 덕현이에게 학원을 그만두라고 말했다. 나는 어떤 특별한 방법으로 학생들을 지도하지 않는다. 가장 대표적인 교재로 가장 중요한 것들을 정리하고 반복해 자기의 몸으로 익히도록 한다. 그러므로 내 지도를 따르지 않는 것은 공부 자체를 하지 않겠다는 것이라고 말한다.

이처럼 갈등이 생길 때는 학생을 위해서도 나 자신을 위해서도 한 발짝도 물러서지 않는 것이 좋다. 가장 중요한 교재를 정리한다든지, 계획표를 세운다든지, 오답노트를 작성한다든지 하는 것은 누구나 반드시 해야 할 가장 기본적인 것이기 때문이다.

처음에는 반발하는 학생들도 이 책에서 제시한 여러 방법들로 3개월 정도 공부하면 눈에 띄는 성과를 얻게 되어 태도가 달라진다. 처음에는 힘들게 따라하던 덕현이도 5월이 되자 성적이 눈에 띄게 향상되어 내 말을 실감하고 그때부터 '몸으로 하는 공부법'을 진심으로 따르기 시작했다. 그러면서 공부를 추상적인 것으로서가 아니라 눈앞에 있는 기본 교재와 오답노트로, 자신이 공부한 기록인 깜지노트와 공부한 발자취인 계획표를 통해 받아들이기 시작했다. 미래에 대한 계획을 세우고 그것을 하나하나 실천해나가는 과정으로 삶을 생각하게 된 것이다. 생각나는 대로 행동하고 무질서하게 공부하던 덕현이도 차츰 '몸으로 하는 공부법'에 익숙해져갔다. 수능에서 덕현이는 거의 만점에 가까운 점수를 받았다.

"정리하고 반복한 내용들이 시험에 많이 나와서 틀린 것이 거의 없다 싶었어요. 어찌나 기분이 좋은지 수능을 마치고 학교 운동장을 데굴데굴 굴렀어요. 밖에서 기다리던 다른 부모님들이 저를 미쳤다고 생각했을 거예요."

덕현이는 수능 성적이 아주 좋았지만 내신이 너무 나빠서 서울 시내에 있는 의과대학에는 지원하지 못하고 지방에 있는 의과대학에 지원해 합격했다.

덕현이는 '몸으로 하는 공부법'을 통해 참 많은 것을 배우고 변화했다. 가장 중요한 것은 목표를 구체화시키고, '한 걸음씩' 산을 오르고 '하나씩' 일을 처리해나가는 태도를 배운 것이다. 머리만 믿고 덤벙거리고 성급하게 건너뛰는 습성을 짧은 기간 동안 고쳤다. 그후 덕현이는 자기가 아는 모든 친구, 후배, 동생들을 나에게 보냈는데, 이들 대부분도 나쁜 공부 습성을 고치고 진학에 성공했다.

덕현이는 은혜에 보답하겠다며, 항상 추워 보이는 선생님에게 모피코트를 사주겠다고 호언장담을 했다. 그러고는 5만 원 상품권을 내미는 거였다. 내가 "모피코트를 살 수 있을까?" 하자, 덕현이는 잘못 가지고 왔다며 다음날 다시 상품권을 바꾸어 왔는데 7만 원짜리였다. 나는 고마웠지만, 아무리 찾아도 7만 원짜리 모피코트가 없어서 그것으로 딸의 옷을 샀다.

덕현이는 문과에서 공부했기 때문에 의과대학에 진학해 고생을 많이 했다. 그래도 지금은 의젓한 의사 선생님이 되어 있다. 이제는 나보다 고소득자이므로 자기가 항상 돈을 내겠다고 고집을 부린다. 학생들이 이처럼 성장하고 성공한 모습을 보는 것은 내 삶에서 가장 큰 보람이다.

첫 발걸음 : 모르는 문제에 대처하는 방법

덕현이의 사례를 보면서, '나도 덕현 선배처럼 열심히 공부해서 성적을 많이 올려 의과대학에 진학해야지.'라고 결심한 학생들이 있을 것이다. 그런데 그처럼 단호한 결심을 하고 책을 펼쳐 든 바로 그 순간 문제가 발생한다.

영어나 수학책을 펼쳐 드는 순간 도무지 이해가 되지 않는 문장과 문제가 나타난다. 아무리 해석하려고 노력해도 해석이 안 되고, 아무리 풀려고 해도 실마리를 찾을 수 없다. 그래서 책을 펼치자마자 조금 전 비장했던 각오는 어디론가 사라져버리고 무기력함에 빠지게 된다. 그래서 책을 덮고 잠시 머리를 식힌다는 핑계로 컴퓨터 앞으로 가 게임을 하기 시작한다. 그리고 '역시 공부는 힘들어. 하나도 모르겠어.'라고 생각한다.

내가 학생들을 지도할 때 가장 듣기 싫어하는 말들 중 하나가 "하나도 모르겠어요."다. 한번은 학원에서 학생들을 가르치고 있을 때 한 여학생이 찾아왔다. 갑자기 고등학교 사회 교과서를 내 앞에 툭 던지면서 "이거 다 설명해주세요. 하나도 모르겠어요."라는 거였다. 그 여학생은 고등학교를 중퇴하고 대입 검정고시를 준비 중이었다. 페이지마다 이해가 안 되는 개념들이 나오니까 다짜고짜 그처럼 무리한 요구를 한 것이다. 그러나 하나도 모르는 것은 있을 수가 없다. 책에 적힌 글자라도 읽을 수 있고 이해되는 문장도 있다. 모르는 것들이 나온다고 해서 "하나도 모르겠어요."라고 하는 것은 너무 부정적이고 소극적인 태도이다.

그래서 그 여학생에게 첫 페이지를 펼쳐서 읽어보라고 했다. 그 여학생은 첫 페이지의 첫 문장은 잘 이해했다. 그래서 천천히 읽어서 내용을 이해하고 이해가 안 되는 부분에 전부 줄을 쳐오라고 했다. 그 정도의 노력은 누구나 할 수 있고, 또 해야만 한다. 그 여학생은 그렇게 해서 사회책을 다 읽었고 모르는 단락에 대해서는 내 도움을 받아 결국 검정고시를 무난히 통과했다.

공부하는 학생이 모르는 문제를 만나는 것은 당연한 일이다. 공부를 하지 않는다면 오히려 무엇을 모르는지조차 모를 것이다. 모르는 문제를 만난다는 것은 우리가 공부하고 있으며 발전하고 있다는 증거이다. 'Ignorance is bliss.'라는 영어 격언이 있다. '모르는 것이 큰 기쁨이다.'라는 뜻이다. 공부를 하다보면 모르는 문제에 직면하게 되어 고통스럽다. 차라리 공부를 하지 않는다면 그런 고통도 없고 오히려 마음이 편할 것이다. 사랑도 마찬가지다. 사랑을 해보면 얼마나 많은 고통이 따르는가. 사랑하는 사람을 만나지 않았다면 오히려 고통은 없었을 것이다. 하지만 공부를 하지 않고, 사랑을 하지 않는다면 우리의 인생은 얼마나 황폐해질 것인가? 그래서 고통이 있더라도 공부하고 사랑할 수 있는 기회를 놓쳐선 안 된다.

우선 모르는 문제는 우리들이 부족한 점을 일깨워주는 참 고미운 존재라고 생각해야 한다. 소크라테스는 '무지(無知)의 지(知)'를 강조했다.

소크라테스는 지혜로운 자들을 찾아다니며 그들이 정말 지혜로운지 점검했다. 그러나 소크라테스의 파고들어가는 질문에 소위 지혜로운 자들은 제대로 대답을 못했다. 소크라테스는 그것이 참 의아했다. '지혜로운 자들(sophists)'이 오히려 '지혜를 사랑하는 자(philosopher)'인 자신보다 더 모르고 있었으며, 자신이 모른다는 것조차 모르고 있었던 것이다. 그래서 소크라테스는 항상 "너 자신을 알라."는 말을 중얼거렸다. 이와 같이 '모른다는 것을 아는 것(무지의 지)'은 공부와 지식의 출발점이다.

공부를 시작하는 학생들은 이 점을 명심해야 한다. 책을 펼치고 모르는 것들을 만날 때, 그것은 우리가 피해야 할 대상이 아니다. 오히려 우리가 언젠가 이해하고 넘어서야 할 중요한 장애물이자 디딤돌이다. 그 디딤돌을 딛고 넘어서는 순간 우리에게는 새로운 지평이 열린다. 그러므로 모르는 문제를 만나면 "하나도 모르겠네."라고 말하며 그것을 회피해서는 안 된다. 그 대신 그 장애물을 한 번 더 탐색해보라. 모르는 문장이 나오면 일단 단어를 찾아보고 몇 번씩이라도 읽어보는 것이 좋다. 그리고 형광펜으로 그 문장에 표시를 해두고 틈날 때마다 펼쳐보는 것이다. 혹은 오답노트에 그 문장을 적어둔다. 모르는 수학 문제가 나와도 마찬가지이다. 그 문제가 어느 단원에 포함되는지 확인해보고 문제에 표시하거나, 문제를 적어두고 틈날 때마다 읽어본다.

모르는 문제가 나온다고 바로 선생님을 찾아가 "이 문제 풀어주세요." 라고 하는 것은 좋지 않은 방식이다. 오르기 힘든 바위를 만날 때마다 전문가를 불러 오르는 방법을 묻는다면 오히려 등산 기술이 좋아질 수 없다. 위험하지 않다면 오르기 힘든 바위를 잘 관찰하고 이렇게 저렇게 시도해보는 것이 우선이다.

우리가 처음부터 모든 것을 다 알 수는 없는 노릇이다. 어린아이가 자라면서 언어를 습득하는 과정을 생각해보자. 어린아이가 어른들이 하는 말을 다 이해하는 것은 아니다. 오히려 이해가 되지 않는 말들이 더 많다. 그런데 그때마다 다 질문을 한다면 어린아이는 오히려 언어를 습득하기 어려울 것이다. 잘 이해가 안 되는 말들도 언젠가 이해가 될 것이라는 기대를 가지고 어른들과 대화를 지속할 때만 언어를 완전히 습득할 수 있다. 따라서 지금 모르는 문제가 내 앞에 놓여 있더라도 결코 좌절하거나 도피해서는 안 된다. 언젠가는 이 문제를 알게 될 것이라는 기대를 가지고 공부의 현장에서 떠나지 말아야 한다.

모르는 문제를 만나면, 바로 선생님을 찾아가서 질문하지 말고 혼자 몇 번이라도 읽어보고 생각해본 다음에 찾아가야 한다. 수학 문제인 경우, 어떤 단원인지를 한번 확인해보고 유사한 문제가 있는지 찾아보는 것이 좋다. 그리고 그 단원에 대한 요약정리를 한 번 더 읽어보는 것이 좋다. 이렇게 하는 데 그리 긴 시간이 걸리지 않는다. 영어 문장인 경우에는 일단 단어를 찾아보고 이리저리 맞추어가며 해석해본다.

그리고 나서 선생님을 찾아가는 것이다. 무조건 찾아가서 "이 문제 풀어주세요." 혹은 "이 문장 해석해주세요."라고 하는 것이 아니라, "이 문제가 어떤 단원에 속하고 무엇을 묻는 문제인가요?"라고 질문하는 것이 좋다. "선생님, 이 문장을 제가 이렇게 해석했는데 어디가 잘못되었나요? 제가 왜 이 문장을 제대로 이해하지 못할까요?"라고 질문하는 것이 좋다. 그러면 선생님은 이 문제가 어느 단원에 속하는지, 무슨 공식이나 정리가 적용된 문제인지 이야기해줄 것이다.

이 정도의 질문으로 해결되지 않는다면 또다시 선생님을 찾아가지 말고 해답을 보는 것이 더 나은 방법이다. 해답에는 문제의 풀이 과정이 자세히 설명되어 있다. 해답을 읽고 그것을 이해하려고 노력하는 것은 능동적인 공부법이다. 선생님을 찾아가서 질문하는 것은 이보다는 더 수동적인 공부법이다. 해답을 자세히 읽으면서 이해하려 노력하고 이해가 안 되는 부분에 표시해서 선생님에게 질문하는 것이 좋다. "선생님, 이 부분에서 이 부분으로 넘어가는 것이 이해가 잘 안 돼요."라고 한다면 아주 효율적인 질문 방법이다. 이런 과정을 거치면 그 문제를 여러 번 '몸'으로 만난 것이 된다. 모르는 문제를 만나고, 그것을 정리해두고, 그 문제가 어디에 속하는 것인지 파악하고, 그 문제에 대한 해답을 확인하는 과정을 거치면 문제는 나의 것이 될 수 있다.

모르는 문제가 나온다고 포기할 필요가 없다. 모르는 문제들을 잘 정리해두는 것만으로도 훌륭하게 시작한 것이다. 모르는 문제들이 많을수록 더 좋다. 모르는 것이 무엇인지도 모르는 학생에 비해 문제가 산더미처럼 쌓인 학생들이 더 현명한 것이다. '무지의 지'를 실천하고 있는 학생들이다. 이제 그 문제들을 더 자주 만나 그 문제들에 익숙해져 자신의 것으로 만들기만 하면 된다.

공부가 힘들다면 다른 '일'을 해보자

모르는 문제를 잘 정리해두는 것은 문제를 구체화시키는 작업이다. 이렇게 잘 정리해두고 나서 중요한 것은 자주 만나는 일이다. 자주 만나야 편하고 익숙해진다. 익숙해져야 알 수 있는 계기가 생긴다. 만날 때에도 그냥 스치는 만남이 아니라 '몸'을 통해 만나야 한다. 눈으로만 보지 말고, 소리 내어 읽어보고, 그 소리를 스스로 들어보고, 적어보고, 문제를 만져보아야 한다.

보통 공부를 하지 않던 학생들이 공부를 다시 시작해 어느 정도 익숙해지는 데에는 짧게는 한두 달에서 길게는 세 달 정도의 시간이 걸린다. 물론 학생에 따라 그 기간은 줄어들 수도 길어질 수도 있다. 이때 마음을 조급하게 먹지 말고 익숙해질 때까지 기다리는 것이 필요하다. 처음 만난 사람과 단번에 친해질 수는 없다. 만남의 횟수가 잦아지고 시간이 지나고 나면 그 사람에 대해 조금씩 알 수 있게 되고 친해지게 되듯이 공부도 그와 같은 과정을 겪어야 한다.

하지만 공부가 너무 힘들어서 도저히 할 수 없다는 생각이 드는 학생이 있을 수도 있다. 그러면 공부가 아닌 다른 일을 해보는 것이 좋다. 앞에서 이야기한 대로 공부가 잘 안 되면 손을 앞으로 뻗어 책을 들고 읽는다든지, 팔굽혀펴기 자세로 공부를 해보는 것이다. 그러고 나면 공부가 오히려 더 쉬운 일이라는 것을 느끼게 된다.

혹시 부모님이 가게를 한다면 그 가게에서 배달, 설거지, 청소, 서빙 등 여러 일을 자원해서 해보는 것도 좋다. 하루 이틀만 하지 말고 적어도 일주일 이상 해봐라. 부모님이 가게를 하지 않는다면 친구의 부모님들 중 가게를 하는 분들이 있을 것이다. 사정을 이야기하고 그곳에서 아르바이트를 해보는 것도 좋다. 어떤 일이든 한번 해보면 공부에 대한 태도가 많이 달라진다. 쉽게만 보이는 일들이 얼마나 어려운 일인지를 몸소 체험하게 되기 때문이다. 우리 부모님이 자식의 뒷바라지를 하기 위해 얼마나 힘든 일들을 하고 있는지 알게 되고, 공부가 상대적으로 얼마나 쉬운 일인지를 깨닫게 될 것이다. 또 실제로 어떤 일들을 현장에서 구체적으로 경험해보는 것은 앞으로 어떤 일을 하며 살 것인지에 대해 구체적으로 생각해볼 수 있는 좋은 계기가 된다. 세상에는 다양한 일들이 존재하고, 모든 일들은 나름대로 의미가 있다. 우리 학생들이 공부를 통해 자신의 능력과 가능성을 극대화시켜둔다면 스스로에게 적합하고 좋은 일을 선택할 수 있고, 자신의 꿈을 이루고 행복한 삶을 살 수 있는 기반을 마련할 수 있다.

덕현이와 함께 공부한 민정(학다리고 졸업)이는 넉넉하지 않은 형편이어서 공부를 시작하기 전에 여러 곳에서 아르바이트를 하며 힘들게 돈을 모았다. 미처 충분한 돈을 마련하기 전에 공부를 시작하게 되었는데, 민정이는 "선생님, 몇 달 공부할 돈밖에 없어요."라며 자신의 사정을 말해주었다. 그래서 나는 같이 한번 노력해보자고 말했다.

민정이는 주말이면 이모의 가게에서 아르바이트를 해야 했으니 다른 학생들보다 더 힘든 수험생활이었다. 그러나 민정이는 다른 학생들과 달리 야무졌다. 고생스럽게 일해봤기 때문에 자신의 미래를 위해 공부에만 전념하는 것이 얼마나 편하고 좋은 일인지 알고 있었다. 그래서 다른 친구들이 힘들어하면 민정이는 자신의 경험들을 이야기해주며 다독였다. 고작 한 살이 더 많을 뿐인데 민정이는 다른 친구들에 비해 훨씬 더 성숙했다. 민정이는 주말에 일을 해야 했지만 한 번도 주말 숙제를 빠뜨리지 않았다. 나는 숙제를 하지 않은 친구들에게 항상 민정이의 이야기를 하며 혼내었다. 나도 도움을 주었지만 주변에서 민정이를 기특하게 여겨 많은 도움을 주었다. 그 덕에 민정이는 수험생활을 잘 마칠 수 있었다.

민정이는 공부를 다시 한 기간이 길지 않아서 좋은 성적을 받지는 못했다. 그래도 본인이 받은 점수에 만족했고 대학에 진학했다. 나는 민정이가 1년 더 공부해서 더 좋은 대학에 갔으면 했지만, 민정이는 그 대학에 가서 열심히 공부해보겠다고 했다. 민정이는 삶에 대해 긍정적인 태도를 가지고 있었다. 그래서 공부를 하든 일을 하든 성공하는 삶을 살 것이라는 확신이 들었다.

나는 항상 기회가 있으면 민정이에게 좋은 직장을 소개해주거나, 내가 어떤 일을 하면 같이 해야겠다는 생각을 하고 있었다. 그래서 한번은 연락을 했더니 대학에서 열심히 배운 IT 기술과 사진 기술 그리고 사업능력을 이용해 이미 부모님과 작은 사업을 하고 있었다. 게다가 경제적으로도 많은 수익을 올리고 있었다. 그리고 그후에는 아르바이트로 들어간 우리나라 최고의 통신회사에서 정직원으로 채용되었다. 그 이야기를 듣고 나는 그 회사에 대해 존경심이 생겼다. 아르바이트로 일하던 민정이의 사람됨을 보고 정직원으로 뽑을 수 있는 개방된 회사라면 그 회사의 미래는 밝을 것이라는 생각에서이다.

민정이는 스승의 날이 되면 항상 내게 연락을 하거나 찾아온다. 그리고 공부할 때가 가장 즐거웠다고 밝은 얼굴로 말한다. 어떤 일이든 열심히 최선을 다하는 사람에게는 반드시 성공의 길이 열린다. 그것은 민정이를 보면 확실하게 알 수 있다. 나는 학생들에게 그 교훈을 민정이의 이야기를 통해 들려준다.

공부든 일이든 원리는 같다. 목적을 정하고 구체적인 방법을 마련하고 그것을 실현하기 위해 기존의 방법들을 익히고 새로운 방법을 찾으려 노력하는 것이다. 바로 그것이 공부의 과정이고 일의 과정이다. 기업들이 좋은 대학 출신들을 뽑으려고 애쓰는 것은 단순히 학벌주의 때문만은 아니다. 그런 공부의 과정을 잘 견디고 성공할 수 있는 사람이라면 일도 잘 하리라는 믿음이 있기 때문이다. 따라서 학생들은 공부가 자신이 반드시 이겨내야 할 중요한 일이라고 생각해야 한다. 그리고 그 일을 잘하려고 온몸으로 노력하는 것은 장차 우리 사회에서 맡을 중요한 역할에 대한 예행연습이라고 생각하면 힘을 얻을 수 있다.

그리고 실제 몸으로 일들을 해보면 공부가 그 일들과 어떤 연관이 있는지를 잘 느끼게 될 것이다. 오히려 지금 공부를 열심히 하는 것이, 그래서 공부를 잘하는 것이 앞으로 어떤 일을 하든 잘할 수 있도록 하는 연습의 과정이라는 것을 체험하게 될 것이다.

2. 건강검진만 하지 말고
성적 관리도 하자

자신의 실력을 냉정하게 평가하라

친한 선배 형이 있는데, 흔히 말하는 성공한 남자이다. 서울 강남의 고가 아파트에 살고, 외제차를 타며, 형수는 보기 드문 미인인 데다, 예쁜 딸과 씩씩한 아들도 있다. 그 선배는 적극적인 성격에 사업도 박력 있게 잘하고, 정도 많아서 술에 취하면 늦은 시각에도 전화해 "사랑한다, 보고 싶다."를 외치며 잠자는 나를 깨워 불러내곤 한다. 한마디로 갖출 걸 다 갖춘 사람이라고 할 수 있다. 그런데 그렇게 '잘나가는' 선배에게 어떤 문제가 있다는 것을 최근에서야 알게 되었다. 사업은 부침이 있기는 하지만 그런대로 잘 유지되고 가정생활도 원만한데, 술만 취하면 어딘지 불편하고 어색하고 어두운 모습이 보였다. 최근에야 그 문제가 무엇인지 알게 되었다. 바로 자녀교육 문제였다.

대학 입시에 실패해서 재수 학원에 상담하러 오는 학부모와 학생들을 보면 재미있는 점이 있다. 남학생과 아버지가 상담하러 오는 경우는 상당히 까다롭다. 아버지가 보통 이상의 정성과 관심을 가지고 있고, 심하면 집착까지도 보이는 경우가 많다. 이런 경우에는 상담이 상당히 조심스럽고 이야기를 진행하기도 어렵다. 아버지가 딸을 데리고 오는 경우에는 대부분 아버지가 자상하고 꼼꼼하며 딸보다는 아버지가 결정권을 가진 경우가 더 많다. 내 선배도 그런 경우이다.

어머니가 아들을 데리고 오는 경우에는, 아들이 대부분의 문제들을 파악하고 오며 결정권도 대부분 아들이 가지고 있다. 엄마와 딸이 같이 오는 경우는 가장 일반적이고 상담도 비교적 쉽다. "너는 얼굴 예쁘니까 남자친구 사귀지 말고 공부만 열심히 하면 성적 많이 오를 거야."라고 하면 기분 좋아하고, "어머니 닮아서 딸이 예쁘군요." 하면 어머니는 바로 이 학원에 다녀야 한다고 말한다. 가정에 따라, 부모와 자녀의 관계에 따라 공부와 관련된 의사결정 방식도 다르고 그것이 공부에 미치는 영향도 다르다. 그래서 상담의 방식도 달라지지만, 모든 경우에 일치하는 공통점이 있다.

학원을 찾는 대부분의 부모님들은 공통적으로 두 가지의 말을 한다. 첫째는 "우리 애가 원래는 공부를 잘했어요."이고, 둘째는 "그런데 친구를 잘못 사귀었어요."라는 말이다. 대부분의 부모들은 원래 자녀들이 공부를 잘했다고 기억한다. 심지어 "애가 원래 1등급, 2등급이 나왔는데, 수능을 망쳤어요!"라고 하기까지 한다.

물론 정말 공부를 잘했는데 친구를 잘못 만나 공부에서 멀어졌을 수 있다. 정말 1등급, 2등급을 받았는데 수능에서 실수를 했을 수도 있다. 그러나 부모들은 항상 자신의 자녀들에 대해서는 좋은 기억만을 간직하려는 성향이 있다. 그래서 '팔은 안으로 굽는다.'고 하지 않던가. 부모들은 자녀가 초등학교 때 몇 번 100점 맞은 기억을 고등학교 때까지 가지고 있다. 100점 맞은 것은 자녀의 원래 모습이고 그 외의 나쁜 성적은 비정상적인 실수이며 잘못된 친구 탓이다. 이것은 부모로서의 인지상정인지도 모른다. 자기 자녀가 바로 그 '나쁜 친구'라고 생각하고 싶은 부모가 세상 어디에 있겠는가. 그래서 한두 번 어쩌다가 1등급을 받으면 그것이 바로 자녀의 원래 성적이라고 믿고 싶은 부모의 간절한 기대가 자녀를 정확히 보지 못하게 만드는 것이다.

부모뿐 아니라 학생 자신도 이런 착시 현상에서 벗어나지 못할 때가 많다. 학생들을 대하다 보면 가장 고치기 힘든 점이 이 부분이다. 공부를 잘하기 위해서는 우선 자신의 모습을 있는 그대로 보고 냉정하게 평가해야 한다. 그런데 학생들은 좀처럼 자신의 객관적인 실력을 평가하려 하지 않고 또 시험의 결과를 인정하지도 않는다. 자신의 객관적인 실력을 정확히 알고 있다면, 문제는 반 이상 해결된 것이나 마찬가지이다. 하지만 병원에 가기를 두려워하고, 병원에서 나온 진단마저 믿지 않으려 한다면 치료는 어려워진다.

그 선배가 한번은 심각하게 딸의 공부 문제에 대해 이야기했다. 나는 그때까지 그 선배의 딸이 아주 모범생이고 성실하게 공부를 잘하는 것으로 알고 있었다. 그 선배가 영국에서 2년 동안 MBA(경영학 석사) 과정을 밟는 동안 딸도 영국에서 공부했기 때문에 영어를 아주 잘한다는 말을 들은 적이 있었다. 영어가 다 정리되어 있다면 고등학교 공부는 아주 수월하다. 그런데 선배의 고백은 충격적이었다. 선배의 딸이 고등학교 3학년이 되어 첫 모의고사를 봤는데 도무지 대학을 갈 수 없는 성적이 나왔다는 것이다. 문제가 이 정도로 심각한지 정말 모르고 있었다고 했다. 그 때문에 선배는 자괴감이 큰 듯했다. 평생 가족을 위해 모든 것을 바치며 열심히 일해왔는데 너무 실망스러워서 견딜 수 없다는 말도 했다.

이런 문제는 첫째 아이의 경우에 흔히 나타난다. 부모는 첫째 아이에 대해 초등학교까지는 많은 신경을 쓴다. 하지만 중학교 이후에는 직접 가르치기 어렵기 때문에 오히려 신경을 쓰지 못하는 경우가 많다. 그저 잘 하고 있겠거니 생각하고 마음을 놓고 있다가 발등에 불이 떨어지고 나면 그제야 충격을 받는 경우가 많다.

재수 학원에 찾아와서 상담하는 부모의 모습만 봐도 자녀가 첫째인지 둘째인지 대략 알 수 있다. 재수를 하겠다고 찾아온 부모의 목소리에서 아직 분노의 기미가 사라지지 않았다면, 분명 첫째 자녀를 데리고 온 것이다. 기대가 컸던 만큼 실망도 큰 것이다. 하지만 상당히 여유가 있고 이럴 줄 알았다는 태도라면 둘째나 셋째를 데리고 온 경우이다.

그 선배는 딸에 대한 실망 때문에 술도 많이 늘었고, 딸을 보기만 하면 화를 참지 못하고 소리를 질러댔다. 또한 부부 사이도 나빠졌다. 집 안일을 다 맡겼는데, 아이를 제대로 공부시키지 않았다는 원망으로 아내에게 화를 내다보니 다툼이 잦아진 것이다. 첫째 딸의 성적에 실망한 뒤로는 방에서 게임을 하고 있는 초등생 아들을 봐도 공연히 짜증이 나면서 '저놈도 똑같이 되겠지.' 하는 생각에 잔소리를 하게 된다고 한다. 이 때문에 선배는 가족 모두와 사이가 나빠져서 사는 게 사는 게 아니라는 하소연을 했다.

이 이야기는 선배의 사례일 뿐 아니라, 지금 우리나라 대부분 가정들이 겪고 있는 문제이다. 이것은 학생의 탓이기도 하고, 부모의 탓이기도 하고, 교육 제도의 탓이기도 하다. 학생은 스스로 정직하게 자신의 실력을 부모에게 알려주지 않은 책임이 있고, 부모는 자녀에 대해 냉정하게 평가하려는 자세와 노력이 없었던 책임이 있다. 그리고 사교육비가 증가한다는 이유로 객관적인 평가를 주기적으로 하지 못하게 한 정부의 교육 정책 책임도 크다.

우선 학생들은 자신의 실력을 냉정하게 평가해야 한다. '몸으로 하는 공부법'으로 새롭게 공부하려는 학생들은 우리가 건강검진을 주기적으로 하듯이 자신의 공부 실력을 점검해야 한다. 공부 실력은 몸에 밴 것이기 때문에 점검해보면 바로 그 수준을 알 수 있다. 학교 성적만으로는 충분하지가 않다. 학교의 내신이 좋든 나쁘든 자신의 실력을 평가하고 정확한 위치를 알아야 한다. 학교 성적은 단기간의 노력으로 갑자기 오를 수도, 떨어질 수도 있다. 하지만 지금 자신의 실력, 특히 주요 과목의 실력은 어느 정도 고정적이다. 실내 풀장을 몇 번 왔다 갔다 할 수 있는지, 100미터를 몇 초에 달릴 수 있는지는 누구나 정확하게 평가해 알 수 있다. 공부도 마찬가지이다. 어느 정도의 실력이 있는지 객관적인 평가가 가능하고, 본인이 그것을 알고 있어야 계획을 세우고 실천할 수 있다.

일단 자신의 실력이 어느 정도인지 생각해보라. 자신의 반에서 어느 정도의 위치에 해당하는가. 이런 말을 하면 학생을 서열화시키는 잘못된 교육관이라고 비판하는 사람들이 있지만, 다른 친구들보다 더 많이 공부해 그만큼 더 현명해지려고 노력하는 것은 잘못이 아니다. 어떤 분야에서 최고가 되려고 노력하는 것만큼 좋은 일은 없다. 그런 욕망과 노력이 역사를 발전시켜왔다는 것을 부정할 사람은 없다. 나는 이런 태도를 '교육을 통한 상승에의 열망'이라고 정의했다. 학생들도 이런 열망을 가져야만 한다. 그 다음에 해야 할 일은 정확하게 자신의 실력을 평가하고 점검하는 일이다.

나는 대학에 다닐 때 학비를 벌기 위해 학원에서 수업을 했다. 아버지는 가난한 교장선생님이었다. 맨손으로 사립학교를 세웠고 평생 그 학교를 위해 헌신했다. 그래서 항상 가족은 뒷전이었다. 나는 어릴 때부터 어려운 형편에서 항상 돈 걱정을 하며 살았다. 대학에 진학했지만 아버지가 충분한 생활비를 줄 수 없었던 탓에 대학교 1학년 때부터 학원에서 학생들을 가르쳤다. 스물세 살 청춘이었지만 노숙한 얼굴(?) 탓에 대부분 학생들은 나를 서른세 살쯤 될 거라고 생각했다.

그 무렵 학생과 학부모들을 처음 대하면서 가장 놀란 점이 있는데, 학생의 정확한 실력에 대해 본인은 물론이고 학부모도 잘 모르고 있다는 거였다. 또한 대부분의 학원과 선생들은 그것을 적당히 얼버무리고 있었다. 하지만 '지피지기면 백전백승'이란 말도 있잖은가. 자기 자신을 안다는 것은 공부를 시작하는 데 그처럼 중요하다. 그래서 나는 항상 학부모와 학생이 정확한 실력을 아는 데 중점을 둔다. 그리고 이런 평가를 솔직히 인정한 학생들은 대부분 놀랄 만한 성적 향상을 이루었다. 솔직하고 정확한 평가를 통해 자신의 실상을 알고, 무엇이 부족하고 무엇이 필요한지를 확인한 뒤 비로소 그에 맞는 처방으로 효과를 거둘 수 있기 때문이다.

정확한 진단을 내렸을 때 그에 맞는 좋은 치료가 나올 수 있다. 정확한 진단 없이 병을 치료한다는 것은 불가능하기도 하거니와 불행한 결과를 가져올 수 있다. 이제 공부를 다시 시작하려고 마음먹은 학생들이나, 열심히 공부해온 학생들도 항상 자신의 실력을 점검하는 데 주의를 기울여야 한다.

성적 관리 노트는 GPS

학업 상태를 점검하고 실력을 관리하기 위해 가장 먼저 해야 할 일은 성적을 지속적으로 관리하는 일이다. 공부가 학생이 해야 할 가장 기본적인 일이라면 성적을 관리하는 것은 필수적인 일이다. 사업가가 사업장의 성과나 매출을 정리하지 않는다면 사업을 제대로 하기가 어렵다. 어머니가 가계부를 쓰지 않고 대충대충 운영한다면 가계에 문제가 생길 수도 있다. 마찬가지로 학생도 공부하면서 성적 관리는 반드시 해야 하는 일이다. 단순히 관심만 가지고 생각으로만 할 것이 아니라, 언제든 만질 수 있고, 볼 수 있도록 구체화시켜야 한다. 바로 성적 관리 노트를 만들어 활용하는 것이다.

먼저 가지고 있는 성적표를 성적 관리 노트에 모두 정리해보자. 아마도 지난 성적표를 잘 관리하는 학생들은 별로 없을 것이다. 그러나 지금부터는 어떤 시험이든 성적표가 나오면 잘 모아두어야 한다. 중간고사나 기말고사를 본 뒤 성적표를 성적 관리 노트에 순서대로 정리해두자. 그리고 중간고사나 기말고사뿐 아니라 틈틈이 보는 모의고사 성적표도 함께 모아둔다. 학교에서 쪽지시험을 봤다면 그 점수도 날짜와 함께 기록해두고 학원에서 본 시험 성적도 기록해둔다.

이처럼 성적을 지속적으로 점검하고 관리하면, 자신의 평소 실력이 어느 정도인지 감을 잡을 수 있다. 그리고 성적 관리 노트를 통해 문제를 찾아 고치려 노력할 수 있다. 그리고 이런 정보는 부모님과 공유하는 것이 좋다. 자랑스럽지 않은 성적이라도 말이다. 앞에서 이야기한 선배의 딸은 이런 노력을 하지 않았다. 공부는 학생의 일인데, 그 공부를 제대로 못하고 성적을 제대로 관리하지 못한 책임은 모두 학생 자신에게 있다. 그리고 그 모든 결과도 학생 자신이 짊어져야 한다. 성적에 계속 관심을 기울이고 그것을 부모와 공유하는 것은 참 힘들고 어려운 일임에 틀림없다. 대부분의 학생들은 이것을 피하고 싶을 것이다. 하지만 정말 공부를 잘하기를 원하고 좋은 대학에 진학해 좋은 직장을 갖고 싶다면 성적 관리에 반드시 신경 써야 한다. 지금 당장은 성적이 낮더라도 꾸준히 성적 관리를 하다보면 조금씩 노력해야겠다는 의지가 생기고 한 계단씩 오르는 즐거움을 맛볼 수 있다.

재수 학원에서 상담을 하다보면 학생이 고3이 될 때까지 학생 자신도, 부모들도 학생의 성적과 실력이 어느 정도인지 제대로 파악하지 못하는 경우가 많다. 이것은 사실 학생과 학부모의 탓만도 아니다. 지난 정권에서는 사교육을 부추긴다는 명분으로 모의고사를 거의 금지했다.

그래서 학생들은 학교의 내신 성적 외에 자신의 실력을 객관적으로 평가할 수 있는 시험 기회를 갖지 못했다. 내신은 짧은 기간 제한된 범위로 시험을 본다. 그래서 시험을 잘 보면 실력이 있다고 스스로 위로하고, 못 보면 잠시 실수했다고 생각해버리는 것이다.

그러면 학생들은 막연하게 좋은 대학에 갈 수 있을 것이라 생각한다. 그러다 고3이 되어 첫 모의고사를 보면 학생들은 대부분 큰 충격에 빠진다. 사실 대부분의 고등학생들이 3학년이 될 때까지 서울대·연세대·고려대 외의 다른 대학에 대해서는 별로 생각해보지도 않는다. 그러다가 3월 첫 모의고사를 잘 보지 못하면 당황한다. 하지만 이때다 해도 한번 실수했다고 생각한다. 4월이 되어 또 성적이 제대로 나오지 않으면 그때는 연·고대 외에 다른 대학으로 눈길을 돌린다. 5월이 되어서도 시험에 실패하면 '이제는 거울 앞에 돌아와' 자신의 실상을 보게 된다. 그때는 서울대, 연·고대가 문제가 아니라 대학에 들어가느냐 마느냐 하는 것이 문제가 된다. 5월이 되면 대부분의 고3 학생과 부모들이 학원을 찾고 다른 방법이 없는가 묻는다. 이런 일은 매년 반복되는 풍경이다.

학생이 지속적으로 성적 관리를 하지 않으면 이런 일은 누구에게나 발생한다. 제때 건강검진을 하지 않으면 쉽게 치료할 수 있는 병도 큰 병으로 발전할 수 있다. 이미 치료 시기를 놓친 뒤 돈을 아끼지 않고 좋다는 병원을 다 찾아다니는 환자처럼, 고3이 되어 발등에 떨어진 불을 끄기 위해 사교육 현장으로 마구 달려가는 일이 언제나 벌어진다.

이런 일이 발생하지 않도록 성적 관리 노트를 갖추는 것이 중요하다.

점수가 낮은 성적표를 보면 괴로울 수도 있지만 정직하게 현실을 인정할 때 발전할 수 있다. 서양에는 '회칠한 무덤'이라는 표현이 있다. 겉을 그럴듯하게 색칠해 썩어들어가고 있는 속을 숨기고 있다는 말이다. 우리가 현재 자신의 위치를 제대로 인식하지 못한다면 '회칠한 무덤'이 될 수도 있다.

기말고사를 대비할 때 중간고사 성적을 다시 한 번 펼쳐보면 도움이 된다. 구체적으로 목표를 세울 수 있기 때문이다. '기말고사는 중간고사보다 더 잘 봐야지.'가 아니라, '중간고사는 80점 맞았으니, 기말고사는 85점 이상 맞도록 준비해야지.' 하고 구체적으로 생각할 수 있는 자료가 된다. 혹시 컴퓨터를 잘 한다면 엑셀을 이용해서 과목별로 성적을 정리하거나, 정리한 내용을 표로 만들어도 큰 도움이 된다.

성적 관리 노트는 자신의 현재 위치를 알려주는 중요한 이정표다. 지금 자신이 어디에 있는지 알아야 길을 찾을 수 있다. 산 중턱에 있는지, 아직도 산 아래쪽을 벗어나지 못하고 있는지를 알아야 어느 정도의 속도와 노력으로 산을 올라가야 할지 가늠할 수 있다. 이처럼 성적 관리노트는 공부에서 GPS(위치파악장치)의 역할을 한다.

학년이 높아질수록 성적 관리를 못하는 이유

학부모들은 자녀가 초등학교에 다닐 때 한두 문제만 틀려도 옆집 아이와 비교해 야단을 친다. 비록 성적 관리 노트를 이용해 구체적으로 성적을 관리하지는 않지만, 초등학교 때에는 부모가 자녀의 성적을 관리한 것이다.

초등학교 때만 해도 학부모는 자녀의 공부에 대해 기대치가 높기도 하고, 자녀가 아직 어리다고 생각해서 직접 학원을 선택하고 학원에 대해 각종 요구를 한다. "민사고가 목표입니다.", "과학고가 목표예요.", "외고에 가야 합니다.", "진도는…해주시고, 선행은 어디까지 해주세요.", "못하는 애는 뺄 수 없나요?", "보충은 언제 하실 건가요?", "그 선생님 인상이 좋지 않은데 바꿀 수 없을까요?" 등등 이루 헤아릴 수 없이 요구사항이 많다.

그러나 그런 기대와 요구는 중학교에 들어가면서 서서히 줄어든다. 특목고가 목표라면서 준비해달라는 초등학교 6학년 학부모에게 항상 하는 말이 있다.

"중학교 첫 중간고사를 보고 나서 다시 상담을 하시지요."

목동에 있는 대표적인 중학교는 한 학년이 800명쯤 되고, 시험을 보면 과목별로 등수가 나온다. 한두 개 틀려도 100등이 넘어가는 경우도 있고 몇 개 틀리면 몇 백 등이 넘어가는 경우도 있다. 그래서 중학교 1학년 첫 중간고사를 보고 나면 학부모들의 태도가 크게 달라진다. 초등학교 6학년 때까지 자주 찾아오던 어머니를 보기 힘들어진다. 1시간 넘게 상담하고 가던 분이 학원에 거의 오지 않다가 등록할 때나 한 번씩 온다. 어머니가 등록하러 와서 원장과 오랫동안 상담하다가 어느 시점부터는 카드를 학생 손에 들려주고 만다. 학부모도 냉엄한 현실을 자각하게 된 것이다. '과학고, 민사고, 외고'는 어디론가 사라져버리고, "선행은 필요 없고요, 학교시험이나 잘 대비해주세요."라고 한다. 그러다 점점 연락이 없어지고 학생이 고3이 되어 상담을 위해 연락을 하면, "그 자식, 공부 하기는 해요?"라는 식으로 말하기도 한다.

여기에서 짚고 넘어갈 점이 있다. 자녀가 초등학교 때는 열심히 실력 점검을 하지만 중학교부터는 제대로 하지 않는다는 것이다. 부모님이 점검을 소홀히 하면서 학생들도 성적에 대해 둔감해지는 경우가 많다. 부모님이 관심을 가지고 계속 관리를 하면 학생도 자신의 성적에 대해 관심을 가질 수밖에 없다. 그런데 부모님의 관심이 줄어드니까 학생들도 시험을 볼 때만 잠깐 자신의 성적과 실력에 대해 생각하고 시험이 끝나면 곧 잊어버리고 만다. 부모가 바쁘면 성적표를 점검하지 못할 때도 있고 학생이 적당히 얼버무리면 성적을 확인하지도 않고 그냥 넘어간다.

여기에 핵심이 있다. 초등학교 때는 부모가 열심히 실력을 점검하다가 중학교부터는 제대로 하지 않는 이유가 뭘까. 공부 내용이 어려워졌기 때문이기도 하고 낮은 성적 때문이기도 하다. 하지만 성적 관리가 정작 중요한 것은 중학교 때부터다. 초등학교 때에는 조금만 준비하면 좋은 성적이 나올 수 있다. 하지만 중학교부터는 과목이 많아지고 공부할 내용이 많아지기 때문에, 그때부터는 타고난 능력보다는 얼마나 내용을 성실하게 잘 정리하고 근면하게 공부했는가가 성적을 좌우한다. 즉, 관리와 점검이 필요한 시기는 초등학교 때가 아니라 오히려 중학교 때부터이다.

학년이 높아지면 학부모가 관리하기 어려울 만큼 배우는 과목이 많아지고 어려워진다. 그리고 시험 성적에 실망한 학부모들은 더 이상 자녀의 성적에 관심을 기울이지 않고, 좋은 학원에 보내야겠다는 생각만

하게 된다. 그래서 성적이 나쁘게 나오면 모든 책임을 학원의 탓으로 돌리고 학원을 바꾸게 된다. 성적이나 실력에 대해 관심을 갖고 점검을 하는 것이 아니라 결과만 보고, 그 책임을 학생이나 학부모 탓이 아니라 학원의 탓으로 돌린다. 어떤 학원이든 수업을 제대로 하지 않는 학원은 없다. 그 수업의 내용을 자기 것으로 만드는 것은 학생의 몫이다. 그 일을 잘하고 있는지 스스로 점검해야 하는데, 그것은 하지 않고 시험 결과에만 관심을 가지면, 쓸데없이 이 학원 저 학원 메뚜기처럼 옮겨 다니는 일만 발생한다.

고학년이 될수록 성적, 나아가 실력에 대한 관심을 더 많이 가져야 한다. 이런 태도를 단순히 '남을 딛고 올라가려는 경쟁심'으로만 비하해서는 안 된다. 우리가 아는 만큼 세상을 더 넓고 깊게 볼 수 있기 때문에 더 많은 것을 알려고 노력하는 것은 정말 아름답고 좋은 일이다. 실력에 대한 관심을 '더 알려는 노력'으로 생각하면 좋을 것이다. 인턴, 레지던트 등의 수련의들을 보면 거의 잠을 자지 못한다. 새우잠을 자면서 하나라도 더 배우기 위해 노력한다. 열심히 많이 배우는 만큼 더 많이 치료할 수 있고 더 많은 생명을 구할 수 있기 때문이다. 이처럼 하나라도 더 배우려는 노력은 매우 중요하다.

생물학을 전공한 형은 숲에 가면 나무와 풀, 꽃들에 대해 이것저것 재미있는 이야기를 들려준다. 나에게는 그저 풀이고 나무지만 그 생태를 잘 아는 형에게는 모든 것이 의미 있는 존재들이다. 나는 숲을 그저 스쳐 지나가지만, 형은 숲에서 깊고 풍부한 삶을 살고 있었다. 나는 사찰에 들러서도 대웅전 등의 겉모습만 감상하고 돌아오지만, 사찰 건축에

조예가 깊은 한 선배는 가람의 배치, 각종 건물의 의미와 역사, 탱화의 의미와 불상의 종류에 대해 자상하게 설명해준다. 나는 오래된 건물 사이를 별 감흥 없이 지나쳐버렸지만 그 선배에게 사찰은 의미 있는 세계로 경험된다. 세상은 아는 만큼 우리들에게 그 참모습을 드러내고, 지식이 많아지는 만큼 우리의 삶은 더 깊고 풍부해진다.

한 친구는 아들에게 "공부가 다는 아니다."라는 말을 자주 했다. 나는 그 친구에게 그런 말을 절대로 하지 말라고 조언했다. 물론 인생에서 공부가 다는 아니다. 학교에서 교과서를 통해 배우는 공부가 다는 아니며, 우리의 실제 삶에서 더 많은 것을 배울 수 있다. 그런 뜻이라면 나도 긍정할 것이다. 하지만 대부분의 시간을 학교에서 보내는 학생들이 학교에서 가르치는 과목들이 얼마나 중요한 것인지를 깨닫는다면 이런 말을 할 수가 없다. 따라서 "공부는 학생, 아니 모든 사람에게 가장 중요한 것이다."라는 말을 자주 되새겨야 한다.

논어에는 '군자상달(君子上達), 소인하달(小人下達)'이라는 말이 나온다. 군자란 매일매일 배움을 통해 높이 오르려는 사람이다. 높이 오르는 만큼 더 넓은 세상을 볼 수 있기 때문이다. 소인배는 아래로 추락만 한다. 자신의 성적을 관리하고 실력을 점검하는 것은 더 이상 아래로 추락하지 말고 위로 더 높은 곳으로 올라 좋은 사람이 되려고 노력하는 일이다.

성적 관리하며 실력을 쌓아라

최근 입시제도는 내신을 강화하는 방향이다. 중학생의 경우 특목고나 자율고, 자사고에 진학할 때 대부분 내신 성적으로 선발이 이루어진다.

따라서 지나치게 선행을 하지 말고 한 학기 정도 선행을 하면서 내신의 범위에 맞추어 심화학습을 하는 것이 더 좋은 공부법이다. 영어의 경우 학교 교과서나 참고서를 먼저 정리하고 학교에서 다루는 부교재를 집중적으로 공부하는 것이 필요하다. 수학도 마찬가지다. 학교에서 다루는 교재를 먼저 풀이하고 기본서를 그 진도에 맞게 풀어나가는 것이 좋은 공부법이다. 특히 과학 같은 과목은 평소에 공부를 해두는 것이 좋다. 시험기간에 갑자기 공부하기에는 그 내용이 너무 어렵기 때문이다. EBS의 온라인 수업을 조금씩 들어둔다면 시험기간에 큰 부담을 덜 수 있다.

고등학생도 내신은 가장 먼저 대비해야 한다. 대학 정원의 거의 반을 뽑는 수시 모집에서 내신은 절대적으로 중요한 기준이 되고, 점차 중요성이 강조되는 입학사정관 제도에서도 내신을 중요시하기 때문이다. 물론 고등학교 2학년 정도 되어서 내신이 좋지 않다면 내신이 거의 반영되지 않는 정시 모집을 대비해서 수능에 더 큰 비중을 둘 수도 있다. 우리 학원의 한 고등학교 2학년 학생은 내신이 8등급 내지 9등급, 즉 꼴찌를 달린다. 그러나 모의고사는 항상 전 과목 1등급이 나오고 전교 1, 2등을 다툰다. 물론 외고를 다니는 학생이어서 이런 일이 발생한 것이다. 이 학생은 수능을 목표로 공부하고 있는데, 최상위 대학에 진학할 수 있으리라 생각한다. 정시 모집에서 내신은 사실 거의 의미가 없는 경우도 많다. 실질 반영률이 거의 5퍼센트밖에 되지 않기 때문이다. 앞에서 언급한 덕현이도 수능을 통해 의과대학에 진학했다. 학교 시험의 등수가 중요하지만 그것이 전부는 아니라는 말이다.

내신을 중요시하면서 내신 공부에만 전념하다보면 정작 실력이 떨어지는 경우가 있다. 모순된 말처럼 들리지만 이런 경우가 상당히 많다. 상위권을 달리지만 실력이 없는 경우가 있다고 하면 선뜻 이해가 되지 않을 것이다. 하지만 내신은 단기간에 걸쳐 주어진 범위를 다루므로 그 기간 동안 정해진 범위에 대해 집중적으로 공부할 경우 실력은 별로 없지만 내신이 우수한 학생이 나올 수도 있다. 반대로 주어진 부분을 철저하게 공부하지 못해서 내신은 성적이 낮지만 실력은 좋은 학생들도 있다. 물론 실력도 뛰어나고 내신 성적도 좋다면 더 말할 필요가 없다. 하지만 내신에만 지나치게 신경을 써서 실력이 없다면 결국은 문제가 발생할 수 있다.

내신이 아주 좋아서 수시 모집에 합격했지만 수능 최저 학력선에 걸려 불합격하는 경우가 아주 많다. 그래서 평소에 실력을 키우기 위해 노력해야 한다. 실력이란 특정 과목의 내용을 시험기간뿐 아니라 평소에도 잘 알고 있는 것을 말한다. 예를 들어 특정한 곡을 집중적으로 단기간에 걸쳐 반복 연습해서 잘 연주할 수 있는 것이 내신 성적이라면, 어떤 곡이든지 악보만 주면 잘 연주할 수 있는 것이 실력이라고 할 수 있다. 따라서 내신 성적에 관심을 가져야 하지만, 단순히 내신 성적을 위해서가 아니라 실력을 키운다는 차원에서 내신을 준비해야 하고, 좋은 실력을 갖추면 내신 성적은 저절로 따라 오른다.

내신을 열심히 준비하면 당연히 실력이 좋아져야 할 텐데, 실제로 학생들을 가르쳐보면 그렇지 않은 경우가 많다. 이것은 공부의 양보다 태도와 밀접한 관계가 있다. 내신 공부가 실력으로 연결되지 않는 것은 공부를 대하는 아주 작은 차이 때문에 나타난다.

 A 학생과 B 학생이 같은 시간과 같은 노력을 기울여 내신을 열심히 준비한다고 생각해보자. 하지만 시험을 보고 나면 A와 B는 많은 차이가 있다. 어떤 차이가 있는 걸까. A는 시험을 열심히 준비했지만 시험이 끝나면 그것이 전부다. 시험 점수를 확인하고 좋은 점수가 나왔으면 기분이 좋고 나쁜 점수가 나오면 기분이 나쁜 게 전부다. 시험에 대해 평가하지도 않고 틀린 문제를 점검하지도 않는다. 다시 비슷한 문제를 틀리지 않기 위해 틀린 문제를 정리하지도 않는다.

 하지만 B는 그 반대이다. B는 시험을 열심히 준비하고 그 결과를 확인한다. 하지만 그 결과에 일희일비하기보다는 자신의 것으로 받아들이고 틀린 문제를 자신의 약점으로 생각한다. 단순히 이번 중간고사, 기말고사를 위해서가 아니라 틀린 문제를 꼭 알고 넘어가야 할 지식으로 간주한다. 이런 문제가 학교 시험이 아니라 모의고사에도 나올 수 있고 수능에서도 출제될 수 있기 때문이다. 그것을 넘어서서 틀린 문제를 아는 것은 자신의 지식을 확장하는 것이 된다. 그래서 틀린 문제를 잘 정리하고 그것을 나의 것으로 만들기 위해 노력한다. 이런 태도를 가진 학생의 실력은 나날이 발전한다.

 평소에 단순히 성적이 좋은 학생이 아니라 실력 있는 학생이 되기 위해 노력해야 한다. 건강 검진에만 통과하는 사람이 아니라 건강한 사람이 되어야 한다는 말이다. 물론 학생의 실력이란 배우는 과목에 대한 실력을 말한다. 우리가 배우는 과목들에는 어떻게 살아야 하는가에 대한 지식들도 많이 포함되어 있다. 다시 말하지만 지식이란 우리의 삶과 무관한 것이 아니다. 어떤 대상에 대한 지식을 가지는 것은, 그 대상들과 우리가 적절한 관계를 가지도록 해준다. 수학의 인수분해를 배우는 데도 의미가 있다. 우리가 전혀 관계없는 듯이 보이는 사람들 사이에서도 공통의 인수를 찾으려고 노력해야 하고, 또 찾을 수 있다는 것을 가르쳐준다. 과학의 지식은 우리가 매일 접하는 자연현상들을 설명해주고 이해하게 해준다. 영어책에서 테레사 수녀의 전기를 읽는 것만으로도 삶이 달라질 수 있다. 봉사의 삶을 알게 되고 그런 삶을 살아야겠다는 결심을 할 수도 있다. 많은 지식을 쌓아 실력 있는 사람이 되고 폭넓은 이해를 가진 사람이 되는 것은 학생들이 해야 할 일이며 평생에 걸쳐 해야 할 일이다.

그러므로 학교에서 공부를 하든, 학원에서 공부를 하든, 집에서 독서를 하든, 그 모든 공부가 우리의 실력과 연관되어 있다. 따라서 공부에 대해 좀 더 포괄적이고 넓은 안목과 태도를 갖는 것이 필요하다. 많이 알면 그만큼 세상을 넓고 깊게 보는 '실력자'가 될 수 있다는 태도를 가지게 되면 매일 하는 공부가 바로 자신을 위해서 하는 것이라는 느낌을 갖게 된다. 이런 태도만 가지게 된다면 내신이든, 수능이든, 논술이든, 입학사정관이든 두려워할 것이 없다. 모든 시험은 나의 실력을 뽐낼 장소가 될 것이기 때문이다.

자신의 실력을 시험하라

시험 성적을 항상 옆에 두고 만지고 볼 수 있는 하나의 '몸'으로 관리해야 한다. 그러기 위해서 성적 관리 노트를 만들어서 가장 잘 보이는 곳에 두어야 한다. 틈나는 대로 펼쳐보고 내 성적과 실력이 어느 정도인지를 가늠해보고 갈 수 있는 대학과 미래에 가질 수 있는 직업을 생각해보는 것은 도움이 된다. 사람과 사귀려면 일단 그 사람을 많이 만나야 한다. 만나지 않고 사람을 사귈 수 있는 방법은 별로 없다. 성적을 올리려면 성적과 자주 만나야 하고 대화를 나누어야 한다. 물론 모든 사람이 다 1등을 할 수는 없다. 하지만 현재 자신의 위치에서 노력하는 것만으로도 많은 것을 배울 수 있다. 몇 등을 해야 한다는 절대적인 기준을 정하는 것은 오히려 스트레스를 가중시킬 수 있다. 그보다는 내가 최선을 다하고 있는가 하는 자기 점검의 도구로 성적 관리 노트를 사용하면 더 효과가 크다.

어떤 식당에 손님이 많다면 그에는 분명한 이유가 있다. 맛이 좋거나 가격이 싸거나 특별한 식단이 있거나 주인과 종업원이 친절하거나 다른 식당과 다른 차별적인 이유가 분명히 있다. 식당에 손님이 없다면 그것 역시 분명한 이유가 있다. 지저분하거나 맛이 없거나 불친절한 식당에 손님이 있을 리 없다. 따라서 장사를 잘하려면 그 원인을 찾아서 고치려 노력하는 것이 중요하다. "모든 식당에 손님이 많을 수는 없다.", "돈이 다는 아니다."라고 말하는 식당 사장이 있다면 자신의 무능에 대한 변명을 하고 있을 따름이다.

공부도 마찬가지이다. 공부를 잘하기를 원하는데 성적이 낮다면 분명한 이유가 있다. 공부는 나름대로 하는데 시험을 잘 못 본다면 중요한 것을 짚어가며 공부하지 못하고 있거나, 안다고 생각했지만 실제로 자신의 것으로 익히지 못했거나, 기본 개념 정리가 제대로 되지 않았거나, 응용 문제에 대한 적응력이 없거나 등등의 분명한 이유가 있다. 바로 이런 것들을 고치면 공부를 잘하는 학생이 되는 것이다.

이런 노력을 기울이는 것은 사실 많은 시간이 걸린다. 공부는 '몸', '습성'에 관련된 것이라고 말했다. 그러므로 그것은 하루아침에 해결될 수 없다. '몸으로 하는 공부법'에서 제시된 여러 방법은 지속적이고 반복적으로 연습해야만 하는 것들이다. '달인'이 되는 가장 좋은 방법은 매일 지속적으로 반복하는 것이다.

독일어로 교육을 지칭하는 말 중 'Bildung'이라는 말이 있다. 흔히 '형성', '교양', '도야', '성장' 등으로 번역되는 말이다. 우리도 교육을 '성장'으로 생각해야 한다. 성장이란 우리도 모르게 이루어지는 지속적인 과정이다. 하루아침에 성장이 이루어지는 것이 아니다. 계속 영양을 공급하고 적절한 활동을 지속해야만 자신도 모르는 사이에 조금씩 성장하고 어느덧 성장한 모습에 스스로도 놀라게 된다.

요즘 '엄친아', '엄친딸'이라는 용어가 유행하고 있다. '잘생기고, 예쁘고, 똑똑하고, 말 잘 듣고, 공부 잘하는 엄마 친구의 아들이나 딸'을 지칭하는 말이다. 이런 '엄친아', '엄친딸' 때문에 많은 학생이 스트레스를 받는다. 하지만 누구나 '엄친아', '엄친딸'이 될 수 있다는 희망을 버려서는 안 된다.

'단어 숙어를 하나 더 암기하고 수학 공식이나 개념을 하나 더 정리하고, 문학 작품을 하나 더 읽고 이해하는 것이 정신적인 성장을 의미하고 그런 훈련이 미래의 좋은 삶과 직결된다.'

이처럼 공부에 대한 이상을 가지고 있다면, 공부에 대해 더 긍정적으로 접근할 수 있다. 충분한 영양과 활동을 통해 우리의 몸이 성장하듯이, 우리의 정신도 공부를 통해 매일 성장해간다.

얼마나 성장했는지를 확인하는 가장 좋은 방법이 있다. 바로 시험을 보는 것이다. 학습이 있으면 반드시 시험이 있어야 하고 틀린 것에 대한 복습이 있어야 한다. 학습에서 성장이 이루어지지 않는 가장 중요한 이유가 바로 시험과 점검이 없기 때문이다. 학습만 하고 시험은 보지 않는다면, 잘 모르는 것이 무엇인지 알 수 없고 그 때문에 복습을 할 수 없다.

나는 학생들을 지도할 때 반드시 다음 시간을 시작하기 전에 시험을 본다. 그리고 틀린 문제는 다섯 번씩 적게 한다. 학생들은 시험을 보고 복습하는 것을 아주 힘들어한다. 그럴 때마다 하는 말이 있다.

"인생은 시험의 연속이니까 불평하지 마세요!"

처음에는 힘들이하던 학생들도 한 달 정도 반복적인 시험에 익숙해지면 학원을 그냥 왔다 갔다 하는 것이 아니라 '공부하며' 오가는 생활로 변화한다.

학원이나 학교에서 시험을 많이 본다면 별도로 준비할 필요가 없겠지만 혼자서 할 수 있는 방법도 얼마든지 있다. 특정 단원을 공부하고 나면 그 단원에 대한 문제를 스스로 출제해서 이틀이나 사흘이 지나서 풀어보는 것도 아주 좋은 방법이다. 예를 들어 영어 교과서 1과를 공부했다면 단어 문제를 출제하거나, 본문의 빈칸 채우기 문제를 출제해서 며칠 후에 풀어보면 아주 큰 도움이 된다. 친구와 같이 문제를 출제해서 바꾸어 풀어보는 것도 좋다. 수학의 경우 공부하면서 어려운 문제를 연습장에 베껴서 모아두었다가 해당 단원이 끝나고 다시 풀어보면 아주 낯설게 느껴질 것이다. 분명히 자기가 적어놓은 문제인데 낯설게 느껴지는 경험을 하는 것은 아주 소중하다. 배우고 '때때로 익히는' 것이 왜 필요한지 절실하게 느낄 수 있기 때문이다.

대부분 수학은 학교 교과서나 대표적인 학습서로 공부할 것이다. 『수학의 정석』, 『개념원리』, 『쎈수학』 등의 기본서는 두 권 이상 가지고 있는 것이 좋다. 특정 단원을 다 풀었다면 해당 단원에 대해 다른 책으로 문제를 풀어보는 것이다. 대부분의 기본서들은 중복되는 문제들로 구성되어 있다. 중복되는 문제를 다시 풀어보는 것은 좋은 복습이 되고 새로운 문제를 풀이하는 것은 빠진 부분에 대한 보충이 된다. 그래서 기본서는 반드시 두 권 이상 풀어야 한다.

혼자서 시험을 보지 않고 부모님에게 감독을 해달라고 하는 것도 좋은 방법이다. 채점을 하고 틀린 문제는 바로 해답을 보지 말자. 일단 틀린 문제를 세 번 정도 적어보는 것이 좋다. 적으면서 이 문제가 무엇인지 생각해보는 것이 좋다. 하루 이틀 그 문제를 반복해서 읽으며 생각해보는 것도 좋다. 그래도 풀이 과정이 생각나지 않는다면 친구나 선생님에게 이 문제가 어느 부분에 해당하는 문제인지를 먼저 물어본다. 문제를 풀어달라고 하는 것은 좋은 방식이 아니다. 그래도 이해가 안 된다면 풀이 과정을 자세히 읽으면서 그 논리를 따라가봐야 한다. 풀이 과정조차 이해가 안 된다면 그 부분에 대해 선생님이나 친구들에게 질문하도록 한다.

내가 학부모들에게 권하는 사항이 있다. 한 달에 한 번씩 자녀가 공부하지 않는 수학 문제집을 한 권 구입해서 학교나 학원에서 공부한 부분을 테스트하라는 것이다. 처음에는 자녀가 상당한 충격을 받고 당황해한다. 그러나 부모가 한 달에 한 번이라도 자녀를 앉혀두고 문제를 풀게 하면 자녀들의 태도가 상당히 달라진다. 학생이 상당한 용기를 내어야 가능하지만, 부모님과 함께 이렇게 해보는 것은 정말 효과 있는 공부 방법이다.

영어의 경우는 내신 영어를 일차적으로 정리하는 것이 중요하다. 학교마다 교과서가 거의 다르기 때문에 대부분의 학원들은 평소에는 교과서가 아닌 다른 교재로 수업을 한다. 그러다가 시험 기간이 되면 내신 정리를 해준다. 평소에 자습서를 가지고 수업 진도를 따라가면서 공부를 해두면 시험기간에 여유 있게 시험에 대비할 수 있다. 대부분의 교과서는 아주 좋은 내용들이고, 자습서에는 관련된 어휘, 문법, 독해에 대한 다양한 내용들이 정리되어 있다 해당 학기 한 권의 자습서만 완벽하게 정리하더라도 상당한 수준의 영어를 공부한 것이 된다. 자습서에도 단원 정리 문제들이 있지만 단원에 대한 평가는 인터넷을 이용하는 것이 좋다.

영어의 경우 인터넷을 검색하면 내신 준비 카페들이 있다. 인터넷 포털사이트에 들어가서 '내신 영어'라고 치면 몇 개의 내신 카페들이 검색된다. 대부분 무료로 운영되고 가입도 자유롭고 필요한 자료를 쉽게 다운받을 수 있다. 해당 교과서에 대한 자료들이 아주 잘 분류되어 정리되어 있으니 필요한 것을 쉽게 다운받아 이용할 수 있다.

우선 자습서를 이용해 해당 단원을 정리하고, 카페에서 단어 시험을 다운받아 시험을 본다. 물론 틀린 단어는 다섯 번이나 열 번 되풀이해서 적어본다. 그 다음에는 본문을 암기하고 본문 암기 테스트를 다운받아 시험을 본다. 혹시 없다면 스스로 본문을 복사한 다음 중요한 단어를 지워서 시험지를 만들어도 좋다. 기출문제는 아주 많으니까 다운받아서 풀이해 본다면 자신의 실력을 점검할 수 있다.

이처럼 모르는 문제를 해결하는 과정에서 많은 것을 배울 수 있다. 모르는 문제는 일단 주변에 공부 잘하는 친구에게 물어보는 것도 좋은 자세다. 자존심을 버리고 친구에게 물어보는 것은 배우려는 자세가 되어 있다는 것이다. 미국의 오바마 대통령은 학생들에게 연설하며 "도움을 요청하는 것은 약하다는 표시가 아니다. 그것은 강하다는 표시이다 (Asking for help isn't a sign of weakness, it's a sign of strength)."라고 말했다. 그러면서 자신은 매일 남에게 질문을 한다고 말했다. 이처럼 모르는 것을 친구에게 질문하는 것을 부끄러워할 필요가 없다. 모르는 것이 부끄러운 것이 아니라, 모르는 것을 알려고 노력하지 않는 것이 더 부끄러운 일이다.

그래도 해결이 안 된다면 학교 선생님이나 학원 선생님에게 질문한다. 해답지가 있다면 질문하기에 앞서 해답지를 이해하려고 하는 것이 더 좋다. 많이 질문할수록 더 현명해진다는 것을 잊지 않도록 하자.

소크라테스의 대화법은 모두 질문과 답으로 구성되어 있다. 그는 항상 남에게 질문을 던지면서 '무지의 지'를 깨닫게 되었고 결국 현자가 되었다. 시험을 두려워하지 말고 시험을 즐기면서, 항상 시험과 평가를 내 '몸' 옆에 두도록 하자. 내 '몸'이 시험에 익숙해지면 그만큼 더 강한 인간이 된 것이다.

'전문가'를 통해 실력을 점검하라

성적과 실력을 지속적으로 점검하기 위해 성적 관리 노트를 사용하고 스스로 시험을 봐야 한다. 하지만 이것만으로는 좀 부족하다. 건강을 스스로 체크하는 것도 중요하지만 전문적인 건강진단을 받는 것도 필요하다. 두세 달 혹은 분기마다 학교나 학원의 선생님들을 찾아가 전문적인 평가를 받는 것이 좋다. 학교나 학원에 평소 좋아하는 선생님이 있다면 찾아가서 배운 단원에 대해 점검해달라고 하면 된다. 학교에도 마땅한 선생님이 계시지 않고 학원에도 다니지 않는다면 동네에 있는 많은 학원 중 아무 곳이나 찾아 들어가서 점검을 요청해볼 수도 있다. 음료수라도 한 통 가지고 가서 실력 점검을 요청하면 대부분의 선생님들은 흔쾌히 들어주실 것이다.

선생님들을 찾아가서 실력 점검을 요청할 때 주의할 점이 있다. 흔히 미리 만들어진 시험지를 가지고 테스트를 하는데, 이런 식의 일반적인 테스트로는 학생의 전반적인 실력을 제대로 점검하지 못할 때가 많다. 가장 바람직하고 효과적인 실력 점검 방식은 '일 대 일 면접 구술 테스트'이다. 선생님에게 자신이 공부한 부분에 대해 가장 중요한 것들을 제대로 알고 있는지 질문해달라고 요구하는 것이 좋다. 영어나 수학의 기초 개념, 기본 어휘, 기본 문법, 기본 공식, 기본 문제 유형을 먼저 점검받도록 한다.

일 대 일 면접 구술 테스트는 아주 중요한 의미를 가진다. 일반적으로 시험지 테스트는 풀이 과정을 전부 적고 그것에 대한 설명을 듣지 않는 한 학생이 그 문제를 구성하는 기본적인 이론과 맥락을 어느 정도 알고 있는지를 점검할 수가 없다. 그저 정답인가 아닌가에 대한 평가만 할 수 있을 뿐이다. 그러나 일 대 일 면접 구술 테스트를 하면 우선 질문자는 가장 중요한 것들부터 묻게 된다. 바로 가장 중요한 개념, 공식, 문제 유형 등에 대해 묻는데, 사실 이런 것들이 공부의 가장 중요한 기초를 구성하는 것들이다.

'기본 개념에 충실하라'는 다음 장에서 상세히 설명하겠지만, 수능이 도입된 이후 기본 개념에 대한 정리와 암기가 요즘 학생들에게 가장 부족하다. 그러므로 먼저 기본 개념, 기본 공식, 기본 단어와 숙어, 기본 문법, 기본적인 문제 유형에 대해 얼마나 정리가 되어 있는지를 한번 생각해보자. 그것들이 체계적으로 정리되어 반복학습을 통해 자신의 '몸'에 익숙하게 되었는가. 이처럼 기본적인 것들은 마치 목수가 눈을 감고도 못을 박을 수 있듯이 우리 몸에 익숙하게 익혀져 있어야 한다.

지금 당장 수학책이나 영어 문법책을 펼쳐서 단원의 제목을 읽고 그것을 설명해보라. '유리수'라는 단원이 나오면 유리수가 무엇인지 그 개념을 설명해보라. '무리수'가 나오면 무리수가 무엇인지 설명해보라. 이런 기본적인 수학 개념들은 중학교 때 배우지만, 고등학생 중에서도 제대로 모르는 학생이 많다. 지각동사와 사역동사의 사용법, 가정법의 종류에 대해서 떠올려보라. 이런 것들이 정리된 형태로 순식간에 머리에 떠오르고 바로 말할 수 있어야 기본을 '몸'으로 정리했다고 말할 수 있다. 이렇게 하는 것이 '머리'가 아닌 '몸'으로 하는 학습이다. 기본은 '머리'가 아닌 '몸'에 찰싹 달라붙어 있어야만 한다.

기본에 대한 철저한 정리와 반복학습, 그것을 '몸'에 익히고 나면 응용은 저절로 된다. 그러나 많은 학생이 기본에 대한 정리를 하지 않고 응용으로 달려간다. 이것은 우리 시대의 수능이 낳은 문제이다. 수능은 전체적인 맥락을 파악하고 해석하는 식의 문제로 구성되어 있다. 그래서 기본적인 개념에 대한 깊이 있는 학습과 반복을 기피하는 경향을 만들어놓았다. 그러나 이것을 하지 않는다면 절대로 성적이 오를 수 없다는 것이 현장에서 학생들을 가르치며 얻은 결론이다.

성적이 잘 나오지 않는 학생의 거의 80퍼센트 이상이 바로 이 문제 때문이다. 내가 교육 현장에서 20년간 학생들과 부딪혀 그들의 성적 향상 문제를 해결하려고 노력한 나날들의 결론이 바로 이것이다. 가장 기본적인 것들에 대한 훈련(practice)과 완전한 숙달(master) 없이는 어떤 성적 향상도 이룰 수 없다.

영어에서 '훈련'을 의미하는 practice, train, drill 등의 단어는 모두 '몸'과 연관이 있고 '반복'과 관련되어 있다. '숙달'을 의미하는 'master'는 '주인처럼 어떤 과정을 자유자재로 지배하는 능력을 가진 상태'를 의미한다. 많은 문제를 푸는 것이 중요한 것이 아니다. 기본 개념들을 몸을 통해 반복적으로 훈련하고 숙달시키고 나면 저절로 응용과 기술이 생겨난다. 이런 과정이 없는 공부는 '모래 위에 쌓은 성'에 불과하다. '기본적인 것들'의 반복학습이야말로 공부의 핵심이다.

최근 우리 교육의 가장 큰 문제점은 바로 기본기를 강조하지 않는다는 것과 반복학습이 없다는 것이다. 기본 개념들에 대한 강조와 학습을 통해 사회의 구성원들이 그것들을 공유하지 않는다면 우리 사회에서 기초적인 공감대는 사라지고 말 것이다. 1988년 미국에서 출간되어 베스트셀러에 올랐고 전 세계적으로 700만 부 이상 팔려나간 책이 있는데, 바로『내가 정말 알아야 할 모든 것은 유치원에서 배웠다』이다. 유치원에서 우리는 삶의 가장 기본적인 행동방식들을 배운다. 그러나 그 기본을 잃어버린 것이 복잡한 사회 문제의 원인이 되고 있다.

우리 선조들은 좋은 삶을 사는 기본 조건으로『소학(小學)』을 중시했다.『소학』을 모르면 누구든 몸둘 바를 모르게 된다고 생각해서 청소년들의 기본 서적으로 교육했을 뿐 아니라, 성인이 되어서도 항상 그 가르침을 소중히 여겼다. 사림파의 영수였던 조광조의 스승 한훤당(寒暄堂) 김굉필(金宏弼, 1454-1504) 선생은 늘『소학』을 가까이 했고, 나이가 들어서도 스스로를 '소학동자(小學童子)'라 불렀다.

우리는 항상 기본으로 되돌아가야 한다. 그 기본적인 것에서 모든 것들이 시작되고 그 기본적인 것들에 모든 것의 씨앗이 담겨 있다. 기본이 부족할 때 항상 문제가 발생한다. 좋은 삶은 어떤 대단한 철학이나 윤리의 문제가 아니다. 복음서에 나오는 예수님의 말씀이나『수타니파타』의 부처님의 말씀이 우리들에게 깊은 울림으로 다가오는 것은 기본적인 삶의 진리를 가장 쉬운 말로 우리들에게 전해주고 있기 때문이다. 예수님은 우리들에게 원수까지도 사랑할 것을, 부처님은 우리들에게 그 어떤 허망한 것에 집착하지 말 것을 가르쳐주신다. 그것은 복잡한 철학적 논리가 아니다. 그 기본에서 모든 것이 유추되어 나온다.

예를 들어 수학에서 삼각형에 대해 공부했다면, 선생님을 찾아가 삼각형에 대해 가장 기본적인 것들을 질문해달라고 부탁한다. 지수와 로그에 대해 공부를 끝냈다면, 그 가운데 중요한 것들을 질문해달라고 부탁한다. 영어에서 가정법을 공부했다면 가정법 과거, 가정법 과거완료, 혼합 가정법 등 가정법 공식과 중요한 내용을 질문해달라고 해보자. 자신의 실력이 어느 정도인지 구체적인 위치를 모른다면 그 과목 선생님을 찾아가서 전반적인 공부 정도에 대해 테스트해달라고 부탁하는 것이다. 기본적인 것들에 대해 막힘없이 술술 대답할 수 없다면 그렇게 될 때까지 반복학습을 해야 한다. '막힘없이 술술' 대답할 수 있는 것이 바로 '몸'으로 하는 공부이다.

일상에서 우리는 말을 머리로 하지 않는다. 가령 아침에 만나는 친구에게 "안녕!"이라고 말할 때, 이것저것 깊이 생각하고 말하는 경우는 없다. 그런 말은 '머리'로 하는 것이 아니라 '몸'으로 하기 때문이다. 'I love you.'라는 문장을 '나는 사랑해 너를.'이라고 해석하고 고개를 끄덕이는 학생은 없다. 그냥 그 뜻이 바로 이해된다. 'I love you.'란 구절을 지금 종이에 써보라. 저절로 손이 움직여 써나갈 것이다. 기본적이고 일상적으로 중요한 것은 이런 정도로 '몸'에 익혀야 한다. 깊이 생각하고 머리를 굴려야 하는 문제도 사실은 이런 기본적인 것들의 조합이고 발전이다. 그러므로 가장 기본적인 것들을 '몸'에 익히지 못한다면 더 어려운 문제로 나아갈 수 없다. 따라서 가장 먼저 평가받아야 할 것은 바로 기본을 우리의 '몸'으로 충실히 익히고 있는가 하는 점이다.

3. 기본 개념에 충실하라!

'수능형' 시험도 '학력고사형'으로 공부하라

제자 중에 별명이 용팔이라는 학생이 있었다. 용팔이는 재수, 3수를 하는 동안 나와 같이 공부했는데, 얼마 전 제대해서 지금은 대학에 다니고 있다. 용팔이는 잘생기고 재주가 많다. 재승박덕(才勝薄德)이라고, 재주가 많으면 덕이 없기 마련인데, 이 친구는 머리 회전이 아주 빠른 데다 주변에 친구들이 많고 인간관계도 좋았다. 또 여학생들에게 상당히 인기가 좋아서 공부할 때 그 문제가 걸림돌이 되기도 했다.

나는 용팔이를 '수능형 인간'이라고 불렀다. 학력고사를 대신해 나타난 수능은 '자료제시형'을 가장 큰 특징으로 한다. 낯선 자료를 제시하고 그 자료를 분석해서 답을 고르는 문제 유형이다. 수능이 나타나기 전 대입시험은 학력고사였다. 학력고사에서는 시험 범위와 문제 유형이 거의 정해져 있었다. 하지만 수능에서는 낯선 지문들이 많이 등장하고 그것을 해석해서 답을 찾으라는 문제가 많이 나온다.

언어 영역에서는 '비문학 독해'라고 해서 문학·예술·철학·종교·사회 과학 등 다양한 영역에서 낯선 지문들이 출제된다. 수학에서도 단답형의 문제보다는 다양한 영역의 복합적인 문제들이 나온다. 영어에서도 고전적인 문장들에서 반복적으로 출제되기보다는 새로운 지문들이 많이 출제되고 내용에 대한 꼼꼼한 파악보다는 전체적인 의미를 묻는 문제가 많이 나온다. 이런 경향은 논술에서도 마찬가지이다. 현재 출제되는 논술 문제들의 유형을 보면, 여러 지문을 제시하고 한 지문의 이론을 통해 다른 지문들을 종합 분석하라는 식의 문제가 많다. 그러므로 이전의 학력고사 세대가 '깊이 있는 공부(intensive study)'를 많이 했다면, 지금의 학생들은 '포괄적인 공부(extensive study)'를 많이 하고 있다고 보면 된다.

사실 이런 식의 수능 문제 유형은 상당한 의미가 있지만 학생들에게 많은 부담을 주고 있다. 학력고사 시대에는 공부해야 할 책과 구체적 내용들이 거의 정해져 있었고 그것을 얼마나 열심히 반복해서 파고드는가 하는 점이 성패를 좌우했다. 공부를 열심히 하는 학생과 그렇지 않은 학생들을 객관적으로 구별하는 것도 가능했고 자신의 공부 수준을 가늠하는 것도 그리 어려운 일이 아니었다. 문제가 구석구석에서 출제되다보니 노력하지 않는 천재보다 노력하는 둔재가 더 좋은 성적을 얻을 수도 있었다. 내 친구 중에는 하위권으로 고등학교에 들어와 재수, 3수를 거쳐 서울대에 합격한 친구가 있다. 노력하는 만큼 점수가 나오는 시험 제도였기 때문이다. 심지어 7수를 해서 서울대 공과대학에 합격한 친구도 있다. 이처럼 노력하는 시간만큼 점수가 주어지는 제도여서 좋은 점도 있었다.

한편 고3 내내 농구장과 영화관을 전전했음에도 핵심 요약정리를 잘해서 서울대 법대에 합격한 친구도 있었다. 이런 일들이 가능했던 것은 공부해야 할 내용이 거의 확정적으로 공개되어 있었고 그것을 잘 정리하기만 하면 누구나 좋은 성적을 얻을 수 있었기 때문이다. 그래서 과거에는 과외나 학원 없이 좋은 대학에 입학하는 것이 오늘날보다 더 쉬웠다. 나도 재수할 때를 제외하고는 한 번도 학원을 다녀본 적도, 과외를 받아본 적도 없다.

오늘날의 수능은 문제의 유형이 완전히 달라졌다. 앞에서도 말했지만 낯선 지문을 빠르게 읽고 해석해서 답을 찾는 능력은 이전의 학력고사에서 필요로 했던 것과는 다른 능력이다. 그래서 학생들은 '학력고사형 인간'이 아니라 '수능형 인간'이 되어야 한다고 생각하는 것 같다.

'학력고사형 인간'이란 주어진 자료를 반복적으로 깊이 있게 학습하고, 그것을 암기하고 차분히 한 걸음씩 나아가는 인간이라고 말할 수 있다. 반면에 '수능형 인간'이란 새로운 문제에 빠르게 적응하고, 낯선 지문의 내용을 순간적으로 요약할 수 있고, 부분에 얽매이기보다는 전체적인 맥락을 잘 파악하는 인간이다. 원래 이런 능력을 타고난 학생들도 있다. 학생들 중에는 유난히 눈치가 빠르고 상황 판단을 잘 하는 친구들이 있다. 앞에서 말한 제자 용팔이가 그랬다.

수능의 유형에 적합하게 단기적인 공부 비법들을 가르치는 사이비 강사들도 많이 등장했다. 예를 들어 영어 문제에서 전체 문장을 보지 않더라도 접속사를 통해 중요한 부분이 앞부분인지 뒷부분인지를 파악할 수 있고 답을 쉽게 찾을 수 있다는 식으로 강의하는 강사들이 나타난 것이다. 그러나 그런 방법은 문제에 조금 쉽게 접근할 수 있게는 해주지만 본질적인 해결방식은 아니다. 뒷부분이 중요하더라도 뒷부분에 나오는 단어 하나, 숙어 하나를 몰라 틀리는 일이 있기 때문이다. 제대로 해석이 되지 않아서다. 그런데도 이런 사이비 강좌들이 판을 치는 것은 바로 수능에 대한 오해 때문이다.

수능형 인간이 수능에 조금 더 쉽게 다가갈 수 있을지는 모르지만 그것이 본질은 아니다. 그것은 마치 만나자마자 편안하고 친근하게 느껴지는 사람이 반드시 깊은 인간관계로 이어지지는 않는 이치와도 같다. 수능도 결국은 지식에 연관된 문제들이다. 낯선 문장에 대한 해석은 그 문장에 나오는 내용들과 연관된 여러 지식을 많이 알고 있어야 하고, 그 문장의 의미와 맥락을 잘 파악할 수 있는 독서 능력이 있어야 가능하다. 그리고 아무리 책을 많이 읽더라도 기초적인 개념을 잘 정리하지 않으면 문장 해석에 반드시 문제가 발생한다. 언어 영역의 낯선 지문이든, 영어의 낯선 지문이든 그 문장이 어려워서 문제를 못 푸는 것이 아니다. 그 문장에 등장하는 '과학혁명', '열역학 제2법칙', '잠재의식', '국내총생산', '입체파', '크로스오버' 등의 개념들에 대한 지식이 없어서 문장이 제대로 이해되지 않는 것이다. 그러므로 이런 개념들에 대한 기본 지식과 정리는 수능형 문제를 푸는 과정에서도 반드시 필요하다.

긴 문장을 읽고 답을 찾는 영어에서도 비슷한 일이 벌어진다. 비록 주어진 문장을 완벽하게는 해석하지 못하더라도 답을 찾는 경우도 있다. 하지만 영어 문장에 대한 해석이 단어와 숙어, 문법에 대한 지식 없이 제대로 이루어질 리 없다.

나는 학생들에게 영어를 가르칠 때 수능에 나온 지문을 하나 선택해서 한글 번역본으로 주고 문제를 풀게 한다. 그렇게 하면 학생들은 좀 의아해하면서 웃는다. 너무 쉬운 문제가 되기 때문이다. 그럴 때 학생들에게 하는 말이 있다.

"정확한 해석만 된다면 모든 문제를 풀 수 있다."

정확히 해석하려면 단어를 알아야 하고, 숙어를 알아야 하고, 문법적인 구조를 알아야 한다. 단어와 숙어를 암기하기 위해서는 많이 적고 읽어봐야 하고, 문법적인 구조를 파악하기 위해서는 중요한 문장들을 반복적으로 읽고 기억해야 한다. 이런 식으로 공부를 시키면 학생들은 처음에는 거부 반응을 보인다. 수능형 공부는 많은 문장을 읽고 문제풀이 연습을 하는 것이라는 착각을 하고 있기 때문이다. 하지만 이런 식의 '수능형 공부'는 곧 한계에 부딪히고 만다. 몇 달이 되지 않아 '학력고사식 공부'를 한 학생들과 차이가 심하게 벌어지는 것을 현장에서 목격하게 된다.

용팔이는 학력고사식 공부에 적응하지 못했다. 용팔이의 사례를 다음에 자세히 다루겠지만, 계속해서 문제풀이 연습과 요약 연습을 위주로 한 수능식 공부를 고집했다. 그래서 결국은 실패하고 말았다. 어떤 공부든 원리는 같다. 핵심을 잘 정리하고, 그것을 '온몸'으로 반복학습해 익힌 뒤 점검하면 된다. 즉, '학력고사식'으로 기초를 다진 다음 '수능식'으로 많은 문제를 다루어 응용력을 키우면 된다. 학생들은 기본을 제대로 정리하지 않은 채 응용으로 나아가려고 한다. '본말이 전도되었다.'는 말은 이럴 때 쓰는 것이다.

은수(여의도여고 졸업)는 피아노를 전공해 교원대에 합격했고, 지금은 서울대 대학원에서 공부하고 있다. 은수는 언어 영역에서는 거의 매번 만점을 받았는데, 음악을 전공하는 학생으로 흔치 않은 경우이다. 은수는 용팔이와 달리 '수능형 인간'이 아니라 '학력고사형 인간'이다. 은수는 조금 느려 보이지만 아주 성실하고 지독하게 파고드는 집념이 있었다. 늦은 시각까지 피아노를 연습해야 하지만 숙제는 밤을 새워서라도 해오는 학생이었다. 건강이 상하지 않을까 어머니와 내가 오히려 걱정해야 할 정도였다. 은수는 언어 영역의 모의고사를 보면 반드시 오답 정리를 꼼꼼하게 했고 모든 문장에 대해 요약정리를 했다. 많은 문제를 푸는 것보다 몇 문제라도 깊이 있게 풀고 철저히 정리하고 그것을 반복해서 '몸'에 익히는 방법을 그대로 받아들였다.

물론 이런 은수의 능력이 하루아침에 이루어진 것은 아니었다. 은수는 안정된 가정에서 좋은 교육을 받았다. 어릴 적부터 상당한 양의 독서를 했고 그것들을 잘 정리해두었다. 자신이 목적하는 바에 대한 뚜렷한 목적의식이 있었고, 어려움을 잘 극복할 수 있는 깊은 신앙심도 있었다. 이런 배경들에 힘입어 은수는 결국 대학 입시에서 좋은 성적을 얻을 수 있었던 것이다.

요컨대 학생들이 하나하나 따지면서 모르는 것을 찾아보고, 그것을 정리하고 반복해서 '몸'으로 익히는 '학력고사식 공부'를 해야 하고 또

'학력고사형 인간'이 되어야 한다. 그런 기초 위에서 '수능형 문제'를 다양하게 풀고 '수능형 인간'의 장점을 가지기 위해 노력해야 한다. 그 구체적인 내용들은 용팔이의 사례를 통해 살펴보자.

'수능형 인간' 용팔이는 결국 실패했다

전형적인 '수능형 인간' 용팔이는 모의고사에서 대체로 좋은 점수를 받았다. 용팔이는 머리 회전이 빠르고 눈치가 빠르며, 문제를 푸는 기술이 뛰어났다. 하지만 나에게는 그렇게 좋은 학생이라고 생각되지 않았다. 나는 성실하게 공부하는 것을 좋아하고 듬성듬성 건너뛰는 것은 싫어하기 때문이다. 용팔이가 제일 싫어한 것은 '깜지노트(중요한 개념이나 풀이 과정을 익히기 위해 빽빽하게 적는 노트)'였다. 그리고 '오답노트'도 싫어했다. 용팔이가 가장 좋아한 것은 모의고사 풀이였다. 그러나 모의고사에서 틀린 문제를 정리하라고 하면 그것도 싫어했다.

용팔이는 특히 영어를 잘했다. 모의고사를 풀이하면 틀린 문제가 몇 개 되지 않았다. 하지만 정답을 맞춘 문제를 앞에 펴두고 해석을 시키면 정확하게 해석하지 못했다. 그래서 한 문장씩 잘 정리하라고 하면 그런 공부를 하지 않아도 답을 맞힐 수 있다고 항변했다. 용팔이는 '요즘 학생'의 전형적인 모습을 가지고 있었다.

용팔이와 같은 학생은 모의고사에서 좋은 성적을 받더라도 공통된 특징이 있다. 일단 성적의 편차가 심하다. 등급이 한두 등급 왔다 갔다 할 때가 있다. 물론 시험에 따라서 성적이 좋기도, 나쁘기도 할 수 있지만 등급이 바뀐다는 것은 몇 만 등이 왔다 갔다 한다는 의미이다. 학생의 실력이란 어느 정도 일정해야 하는데, 시험에 따라 등락이 심하다면 문제가 있다. 기본이 잘 정리되어 있다면 어느 정도 안정적인 점수가 나오는 것이 정상이다. 그래서 용팔이에게 기본교재를 우선 잘 정리해서 익숙하게 익히라고 말했지만, 용팔이는 나의 말을 듣지 않았다. 결국 용팔이는 원하는 대학에 진학하지 못했고, 다시 3수를 하기 위해 학원에 왔다.

모의고사 문제는 범위가 정해져 있다. 그리고 가장 중요한 문제들이 등장하지 않는 경우도 있다. 실제 수능에서는 가장 중요한 기본 개념들을 묻는 문제들이 등장하기 때문에 정확히 정리하지 않은 경우 용팔이처럼 실패하는 경우가 많다. 그리고 모의고사에서는 확률적으로 더 정답일 것 같은 선택지를 선택하게 되지만, 제대로 공부를 하지 않은 경우 자신에 대한 불신감이 무의식 중에 나타나 수능에서는 정답일 것 같은 문제를 피하고 오히려 확률이 낮은 선택지를 선택하는 경우가 많다. 실력은 실제 경기에서 더 정확하게 나타난다. 그래서 수능이 모의고사보다 더 정확하게 실제 실력을 반영한다. 그것은 학생들을 평가해보고 실제 수능 점수와 비교해보면 알 수 있다. 그런데 용팔이는 자신이 실수를 했다고 생각하고 있었다. 나는 용팔이를 우리 반이 아닌 다른 반에 넣었다. 보통 내가 맡는 반은 성적이 낮기 때문에 성적이 좀 좋은 반에서 자극을 받으며 공부하도록 했다. 그러나 용팔이는 3수를 하면서도 여전히 공부법을 바꾸지 않았다. 한번은 용팔이의 어머니와 상담을 했다.

"어머님, 용팔이가 작년처럼 공부하고 있습니다. 공부 방법을 바꾸어야 하는데 말을 통 안 듣는군요."

그러자 어머니가 정색을 했다.

"선생님, 작년보다 모의고사 성적이 더 좋게 나오는데요. 이번에는 다를 거예요."

그래서 나는 용팔이를 불러서 옆에 앉히고 영어와 수학에 대해 조목조목 질문했다.

"attend the meeting이 무슨 뜻이니? attend on은 무슨 뜻이지? attend to는? 가정법의 종류에 대해 설명해봐. 떠오르지 않니? 가정법과거, 가정법과거완료, 혼합가정법의 차이를 설명해봐. 지각동사와 목적어 다음에는 어떤 형태의 보어가 나오니? 원형이라고? 그것은 중학교 때 이야기이고 언제 원형 또는 doing이 나오고 언제 pp가 나오니? 사역동사의 종류를 우선 이야기해봐. make, have, let이라고? get까지 포함시켜서 이야기해보고 언제 원형이 나오고 pp가 나오고 to do가 나오고 be pp가 나오는지 구별해서 이야기해봐. succeed in은 무슨 뜻이고 succeed to는 무슨 뜻이야? respectful은 무슨 뜻이고 respective는 무슨 뜻이니? be known as, be known by, be known for, be known to는 각각 무슨 뜻이니? 'He is said to be rich.'라는 문장과 'He is said to have been rich.'라는 문장은 무슨 차이가 있니? to have pp가 무엇이고 무슨 의미지?"

대부분의 질문에 용팔이는 제대로 답을 하지 못했다. 영어를 좀 하는 학생이라면 기본적인 질문이라고 생각할 것이다. 그러나 용팔이는 제대로 대답을 못했고, 어머니의 얼굴은 서서히 붉어지기 시작했다. 학원에서 학생과 부모의 기를 죽이기 위해 어려운 시험문제로 학생들을 테스트하는 경우가 있다. 그러나 이 질문들은 정말 기본적인 것들이고 문법이나 단어 책들에서 제목을 차지하는 것들이다. 그 다음에는 수학에 대해 질문을 했다.

"로그의 밑과 진수의 범위를 이야기해볼래? 삼각형 면적 구하는 공식들 한번 쭉 이야기해봐. 1/2 곱하기 밑변 곱하기 높이는 초딩 때 하는 거고… 헤론의 공식이나 내접원·외접원 반지름과 관계된 공식 기억 안 나니? 단리법과 복리법이 뭐가 다른지 정의를 이야기해봐. 원리합계는 각각 어떻게 되니? 이항분포에서 평균 내는 공식을 이야기해볼래? np라고 아는구나. 그럼 도대체 어떤 게 이항분포인지 한번 설명해볼래? 모르는구나. 이항분포 평균 공식은 알면서 도대체 어떤 것이 이항분포인지는 모르네. 이름도 모르고 사람을 사귀고 있었던 거하고 같은 거야. 그럼 기수불이 뭔지 말해볼래? 이건 정석 기본 문제에 나오는 거야. 정의가 기억 안 나면, 기수불 적립총액 공식이라도 말해볼래? 모른다고? 그럼 힌트를 줄게. 저금 총액 구하는 게 기수불이야. 10만 원씩 월 이자율 1퍼센트 복리로 매월 넣을 때 1년 후에 얼마나 되는지 한번 적어봐. 봐, 힘들잖아. 공식 외워두면 쉬울 텐데… 그럼 기말불도 모르고, 할부금 구하는 공식도 모르겠네? sin 공식 한번 이야기해봐. cos 제2공식은? 두 변과 그 사이 각을 알 때 각의 대변을 구하는 공식 있잖아… x에 절대값, y에 절대값이 붙었을 때 그래프를 어떻게 그리는지 말해봐."

용팔이는 역시 제대로 답을 하지 못했고, 이쯤 되자 어머니의 얼굴은 사색이 되었다.

수학을 좀 하는 학생들에게 이런 질문을 한다면 가장 기본적인 개념과 공식들을 묻는구나 생각할 것이다. 이 질문들에 대해 바로 대답을 못하더라도 '그것은 이렇게, 저렇게 하면 구할 수 있어요.'라고 대답할 수 있어야 수학의 기초를 아는 사람이라고 할 수 있다. 그러나 정작 이런 질문들에 바로 대답할 정도로 기초가 잘 정리된 학생은 의외로 많지 않다.

용팔이는 좋은 머리를 타고났다. 그러나 좋은 머리가 용팔이에게는 오히려 독이 되었다. 마치 연습을 게을리 하는 운동의 천재처럼, 용팔이도 어설프게 다 안다고 생각하고 기본기를 반복해 '몸'에 익히는 일을 소홀히 했다. 단지 임기응변식 공부만 했던 것이다. 시험에는 언제든 가장 기본적이고 중요한 것들이 출제된다. 기본 개념을 잘 이해하고 있는지, 그것을 잘 응용할 수 있는지 묻는 것이 모든 시험의 기본 출제 방향이다. 기본 개념, 기본 문제, 기본 공식, 기본 숙어, 기본 문법을 잘 정리해서 이해하고 있으면 어떤 시험이든 적어도 80퍼센트 이상은 풀 수 있다.

수능이 끝나면 매년 교육과정평가원장은 비슷한 이야기를 반복한다.

"학교 교육을 충실히 받은 학생이면 누구나 풀 수 있는 문제들을 출제했다."

이 말을 대표적인 거짓말의 하나로 생각하는 학생들이 있다. 하지만 이 말은 결코 거짓말이 아니다. 그런데 기초적인 내용들을 구체적으로 정리하고 익히지 않았던 용팔이는 결국 그토록 원하던 연세대·고려대에 합격하지 못했다. 그래도 상당히 좋은 대학에 진학했고 지금은 성실하게 생활하고 있다. 그리고 틈날 때마다 찾아와 후배들에게 자신의 이야기를 들려주기도 한다.

　나는 항상 은수와 용팔이를 비교해서 학생들에게 이야기해준다. 두 친구는 서로 다른 장점을 가지고 있다. 은수가 용팔이의 장점을 조금 더 가지고, 용팔이가 은수의 장점을 조금 더 가지고 있다면 가장 이상적인 조합일 것이다. 하지만 둘 중 하나를 선택하라고 하면 두말할 것 없이 나는 은수를 선택할 것이다. 그리고 내가 지도하는 학생들에게 은수와 같은 형이 되라고 말한다. 빠른 머리 회전, 순발력 등과 같은 것은 어느 정도 타고난다. 그러나 정리와 반복은 누구나 할 수 있다. 그리고 결국 시험에서 좋은 성적을 얻을 수 있게 해주고 인생에서 성공하게 해주는 것은 좋은 머리가 아닌, 꾸준히 정리하고 반복하는 성실함이다.

몇 권의 책보다 한 권의 기본서를 반복학습하라

나는 학생들을 상담할 때 가장 기본적인 개념, 공식, 단어, 숙어, 문법 등에 대해 질문을 던진다. 그것을 익숙하게 '몸'으로 익히고 있는 학생들은 주저 없이 대답을 한다. 그런 경우에는 조금 어려운 문제들을 통해 기본을 되새기면서 응용 연습을 하면 된다. 그러나 그런 기본이 없는 경우에는 다시 처음부터 새롭게 시작해야 한다. 기본이 헷갈리면 더 이상 발전하기는 어렵기 때문이다. 식당의 음식이 맛없고, 목욕탕의 물이 더럽고, 백화점에 상품이 다양하지 않고, 할인 마트의 상품 가격이 비싸고, 학교가 학생에게 공부를 열심히 가르치지 않고, 병원에서 환자 치료를 제대로 하지 않는다면 그것은 기본이 안 된 것이고 본질이 훼손된 것이다. 달리기를 제대로 하지 못하는 친구가 축구를 잘할 수 없고,

기본 스윙을 제대로 하지 못하는 친구가 야구를 잘할 수 없다. 숨쉬기도 제대로 못하는 친구가 바다에서 먼 거리를 수영할 수 없고, 기본 스텝도 못 배운 친구가 무대에서 춤 공연을 할 수는 없는 일이다.

우리가 축구선수 박지성을 불러놓고 "저기까지 한번 달려보세요."라고 한다든지, 야구선수 이승엽을 불러놓고 "스윙 한번 해보세요."라고 주문한다거나, 가수 비를 불러 세워놓고 "스텝 한번 밟아보세요."라고 주문한다면 그들은 우리를 보고 웃을 것이다. 그들에게 이런 것들은 가장 기본적이고 당연히 전제된 것들이기 때문이다.

따라서 박지성에게는 여러 명을 제치며 돌진하는 현란한 드리블과 구석을 파고드는 날카로운 슈팅을 보여달라고 해야 한다. 이승엽에게는 구장을 훌쩍 넘겨버리는 파워풀한 홈런 스윙을 보여달라고 해야 한다. 비에게는 손발이 보이지 않고 뼈마디가 없는 듯 유연한 댄스 동작을 보여달라고 해야 한다. 이처럼 '달리기', '스윙', '스텝' 등은 가장 기본적인 것들이고 어떤 자랑거리도 될 수가 없다. 그러나 놀랍게도 축구와 야구와 춤의 '달인', '대가', '천재'인 그들조차 이런 기본기를 등한시하지 않는다. 그들은 오히려 기본기를 반복하고 연습하는 것을 게을리 하지 않는다. 일반인들이 의아해할 정도로 기본기 훈련에 집착한다.

영국 석간 〈이브닝 스탠더드〉는 2005년 6월 27일자 인터넷 판에서 "박지성의 성공은 타고난 재능뿐 아니라 엄청난 연습의 결과"라고 보도하면서, "우리의 일부 명청이들은 평생 한 발만 사용한다. 이들은 타고난 능력 이외의 것은 배우려 하지 않는다."고 비난하며 박지성의 '부지런함'을 배우라고 촉구했다. 평발에 굳은살이 박인 박지성의 발을 본적이 있는가? 박지성은 뛰고 또 뛰었다. 그 상처투성이 발이 그의 힘겨운 훈련과정을 증명해준다. 나는 학생들에게 이승엽이 하루에 스윙을 거의 천 개 이상씩 한다는 말을 한다. 이승엽이 가장 기본적인 스윙을 못해서가 아니다. 그것이 가장 기본적인 것이기 때문이다. 비는 〈스포츠동아〉 인터뷰에서 마이클 잭슨을 언급하며 다음과 같이 말했다.

"그분은 끝없이 노력했을 테고 자기계발을 많이 했을 거라 생각합니다. 무대에서 그의 모습은 그냥 그의 '끼'일 수도 있지만, 분명 어려서부터 백 번 천 번 노력해온 결과라 생각합니다. 그 큰 공연장에서 혼자서 수십만 관객을 움직이는 모습을 보면서 경이로움을 감출 수 없었습니다. 한 사람의 기(氣)가 그렇게 수십만 명을 압도하는 것은 정말 대단한 것입니다. 그 끼는 정말 피땀 어린 고통의 결과였을 겁니다. 저도 무대에서 정확한 박자와 엇박자를 만들기 위해, 그런 안무와 쇼를 만들기 위해 백 번 천 번 노력합니다. 그도 외롭고 힘들었을 것입니다. 이제 그는 많은 여운을 남기고 우리 곁을 떠났지만, 아직도 그분은 제 현실 속에 있다고 생각합니다."

이 글을 읽으면 젊은 비가 왜 세계적인 스타의 반열에 오르게 되었는지 이해할 수 있게 된다. '정확한 박자'와 '엇박자'는 춤의 기본에 해당한다. 그런데 그는 그 '정확한 박자'를 만들어내기 위해 '백 번 천 번 노력'하고 있는 것이다.

대가들도 가장 기본적인 것들을 등한시하지 않고 반복하고 또 반복해서 '몸'에 익숙하게 익힌다. 아니, 그들이 기본적인 것들을 끊임없이 반복했기 때문에 대가가 되었다고 보는 것이 옳다. 모든 것은 기본에서 시작한다. 수학의 어려운 문제들을 잘 분석해보면 기본적인 것들을 몇 개 조합해서 만들어진 것들이다. 결국 어떤 문제를 풀 수 있느냐 없느냐 하는 것은 기본적인 것을 얼마나 정리했는가 못 했는가에 달려 있다고 할 수 있다.

운동이나 음악, 미술의 경우 기본기를 제대로 배워서 익힌 사람과 그렇지 않은 사람 사이에는 확연한 차이가 난다. 공부도 마찬가지이다. 가장 중요한 기본 개념들을 철저히 '몸'에 익힌 학생들은 즉각적으로 문제에 접근한다. 그렇지 않은 학생들은 문제를 볼 때마다 생각에 잠긴다. 나는 수학을 가르칠 때 학생들에게 목차와 목차에 제시된 개념을 먼저 공부하게 하고 암기시킨다. 목차를 암기하고 공부하는 데에는 그리 많은 시간이 걸리지 않는다. 하지만 목차를 환하게 파악하고 있는 학생과 그렇지 않은 학생 사이에는 큰 차이가 있다.

지금 수학 목차를 한번 생각해보라. 학기 초라면 아마 대부분 떠오르지 않을 것이다. 목차를 잘 알고 있는 학생은 전체적인 맥락과 기본을 이미 파악하고 있는 것이다. 그래서 자신이 지금 어디에 서 있는지 그 위치를 대략이나마 알고 있는 셈이 된다. 그것을 아는 것과 모르는 것은 별것이 아닌 것 같지만 아주 큰 차이가 있다. 산을 오르면서 산의 윤곽과 지금 자신이 어디에 있는지 위치를 아는 사람과 모르는 사람의 차이와도 같다. 위치를 아는 사람은 어느 정도의 속도로 올라가야 할지, 밤이 되기 전에 정상에 오를 수 있을지 없을지, 중턱까지만 올라가야 할지, 어디에서 돌아서야 할지를 알 수 있다.

이처럼 전체적인 맥락을 파악하고 기본을 단단히 잘 다진 사람은 큰 실수를 하지 않게 된다. 기초가 단단한 집은 아무리 큰 바람이 불더라도 집이 무너지는 일은 없다. 하지만 기초가 부실한 집은 작은 충격에도 무너져버린다. 몇 권의 책을 풀었다고 자랑하는 학생들이 있다. 하지만 나는 한 권의 기본서를 여러 차례 반복해서 보기를 권한다. 기본서의 내용이 환하게 떠오를 때까지 그것을 반복해서 보라고 말이다.

우리 조상들도 이런 공부법을 잘 알고 있었다. 우리 선인들이 '독서백편의자현(讀書百遍義自見)', 즉 '책을 백 번 읽으면 그 의미가 저절로 떠오른다'는 것을 강조한 것은 이런 의미에서이다. 더 나아가 주자는 '독서천편기의자현(讀書千遍其義自見)'이라고 했다. 우리가 어떤 문장이나 문제를 백 번 천 번 읽고 풀이하는 것은 힘든 일이다. 하지만 중요한 문장을 열 번이라도 읽고 열 번이라도 반복해서 풀어 '몸'에 익혀 자기의 것으로 만들어야 한다. 열 개의 문제를 푸는 것보다 기본적인 하나의 문제를 열 번 풀이하는 것이, 열 개의 문장을 읽는 것보다 중요한 문장을 열 번 반복해서 읽는 것이 더 낫기 때문이다.

영어나 수학의 기본서를 한 권씩 정하고 그것을 암기할 때까지 읽고 풀어야 한다. 그리고 그 책들은 어디를 가든 가지고 다녀야 한다. 나는 그 책의 모양만 봐도 학생의 성적이 오를 수 있을지 없을지 판단할 수 있다. 책을 서너 번만 봐도 이미 너덜너덜해지고 부풀어오르기 시작한다. 열 번 보고 나면 책은 공처럼 둥글어진다. 내 어머니는 노년에 도전한 운전면허시험에서 예상문제집이 공처럼 둥글어질 때까지 반복해서 읽어 거의 만점으로 단번에 통과했다. 기본서를 굴릴 수 있을 때까지 반복해서 본다면, 책이 굴러가는 거리만큼 실력도 저 멀리 나아갈 것이다.

깜지노트, 기본 개념과 공식의 보고

기본 개념과 공식, 기본 유형의 문제들을 잘 정리하고 그것을 반복해서 '몸'에 익히도록 연습시키는 것은 저급한 의미의 '수능형 인간'을 지도할 때 참 힘든 일이다. 수능형 인간들이 가장 싫어하는 것은 '쓰는 것'과 '반복'이기 때문이다. 나는 매일 학생들에게 깜지노트 4페이지를 요구한다. 학기 초에는 영어의 단어와 숙어, 수학의 공식, 기본 문제 등을 깨알 같은 글씨로 적게 한다. 아래의 그림은 우리 반 학생이 매일 적은 깜지노트의 일부이다.

'깜지노트'에 대해서는 앞에서도 이야기한 바가 있다. 수능형 인간들이 가장 싫어하는 것은 '꼼꼼한 정리', '반복적인 학습', '쓰는 것' 등이다. 나는 처음부터 그들에게 정면으로 도전장을 던진다. 하루에 이 정도의 깜지노트를 쓰라고 하면 처음에는 별별 변명을 다 늘어놓는다. "저는 원래 쓰면서 공부하면 집중이 안 돼요.", "팔이 아파서 못 쓰겠어요.", "그냥 눈으로 공부해도 다 암기가 되는데 왜 적어요?" 등등. 나는 하기 싫으면 학원을 그만두라고 말하고는 설득하기 시작한다.

"기준을 세워놓지 않으면 공부 양을 구체적으로 확인할 수 없고, 적는 것은 단지 눈으로 읽는 것과는 다르니까 일단 시키는 대로 해봐."

그리고 앞의 학생 노트처럼 정자체로, 모르는 단어·숙어·문장·문제·공식 등을 천천히 생각하며 적으라고 말한다. 처음에 학생들은 불만스러워한다. 또한 어떤 말을 하더라도 그것을 그대로 받아들이지 않고, 다른 숨겨진 의도가 있다고 생각하는 경우가 많다. 더구나 자신들이 싫어하는 것을 요구할 때에는 더욱 그렇다. 하지만 몸으로 하는 공부법을 통해 성공한 선배들을 불러 이야기를 들려주면 태도가 조금씩 달라진다.

"우리도 처음에는 불만이 많았어요. 그냥 시키는 대로 해보세요. 그럼 잘될 거예요."

선배들이 찾아와 생생한 이야기를 들려주면 학생들의 태도는 서서히 달라진다. 실제로 선배들과의 대화시간 때 나는 밖으로 나간다. 내가 없는 상태에서 선배들이 여러 가지 이야기들을 진솔하게 해주고 질문을 받고 대답을 해주면 공부법에 대한 불신이 상당히 사라지게 된다.

이처럼 반복적으로 쓰는 것에 대해서 학생도, 선생님들도 문제를 제기하는 경우가 있다. 뒷부분에서 자세히 설명하겠지만 쓰는 것, 소리 내어 읽는 것, 읽은 것을 다시 들어보는 것 등은 감각기관, 즉 우리의 살아 있는 '몸'을 활용하는 것으로, 가장 효율적인 공부법이다. 그런데 학생들은 단순히 눈만을 사용한다. 그러나 단순히 눈으로만 읽는 것은 부족하다. 눈으로 읽고, 그것을 소리 내어 중얼거리고, 그 소리를 듣고, 적어보는 공부가 가장 효율적이다. 이것이 바로 '몸으로 하는 공부법' 혹은 '경험공부법'이다.

적어보거나, 그려보거나, 말해보거나, 들어보는 것은 추상적인 대상을 경험의 현장으로, 형체가 없는 대상을 '몸'의 차원으로 구체화하는 방법이다. 어렴풋한 인식이 아니라 그것을 적을 수 있고 말할 수 있고 설명할 수 있을 정도가 되어야 한다. 책을 읽었다고 기분 좋아하지 말고, 읽은 부분을 혼자서라도 설명해보고 그 내용을 한번 적어보는 것이 좋다. 막상 해보려고 하면 상당히 어려울 것이다. 하지만 이런 훈련을 지속적으로 하면 추상적인 개념들을 구체적으로 느낄 수 있게 된다.

최근 우리 교육 현장에서 많이 적고 많이 읽는 공부법이 사라져버렸다. 그 원인은 수능에 대한 오해 때문이다. 수능이나 논술 문제의 기본 유형은 '자료제시형'이다. 새로운 자료를 주고 그 자료를 잘 해석하라는 것이다. 그럼 학생들은 그 자료의 '해석 방법'에 대한 질문부터 던진다. 모든 문장을 다 읽고 해석할 수 있는 '비법'을 요구한다. 바로 여기에서부터 문제가 생긴다. 그런 학생들의 요구에 맞추어 비법을 가르치는 강의들이 있다. 내가 잘 아는 유명 강사도 그런 식의 비법으로 유명해졌다. 하지만 그 강사의 교재에는 자신의 비법으로 풀 수 있는 문제들만 실려 있다. 그 교재만 보고, 그 강사의 강의만 듣는다면 그 비법이 모든 문장에 적용되는 것처럼 느껴진다. 하지만 실제 시험에서 이런 방식은 결코 통하지 않는다.

언어나 영어의 긴 문장을 제대로 해석하고 이해하고 요약하기 위해서는 우선 단어들의 의미를 정확하게 잘 알고 있어야 한다. 단어를 모르면 문장을 해석할 수 없고, 문장의 의미를 모르면 전체의 맥락이 정리될 리 없다. 어려운 영어 문장이 나오면 우선 단어와 숙어들을 찾아보고 그 문장을 정확히 해석해보고, 그것을 적어두고 자신의 것으로 익히는 것이 공부의 기본 방법이다. 하지만 학생들은 그런 수고를 하지 않으려고 한다. 단어와 숙어를 모르더라도 전체적인 맥락을 파악하는 방법을 알려달라고 한다. 그리고 그런 학생들의 요구에 영합한 사이비 강사들이 있다.

"수능이 얼마 남지 않았는데, 언제 단어·숙어를 공부해서 문제를 맞힐 건가요. 단어·숙어를 모르더라도 문장의 흐름을 보면 답을 맞힐 수 있습니다. 우선 접속사에 유의하세요. however가 나오면 뒷문장만 읽으면 답이 있습니다."

이런 식의 말로 학생들을 유혹한다. 그러면 학생들은 좋아서 어쩔 줄을 모른다. 하지만 however 뒤에 나오는 한 문장의 단어 하나를 몰라서 전체 해석이 엉망이 되는 경우가 있다. 어떤 강사는 부사는 수식어여서 중요하지 않으니 문장에서 부사를 제외하더라도 아무런 의미가 없다고 말한다. 하지만 'I have barely met her(나는 그녀를 거의 만나지 못했다).'에서

barely를 빼버리면 '나는 그녀를 만나왔다.'는 문장이 되어버린다. barely 라는 중요한 부사 하나를 모르면 전체 문장에 대한 해석이 반대가 되어 버리는 것이다.

나는 매년 학기 초에 학생들을 만나면 우선 '전쟁'을 선포한다. 그것은 '저급한 수능형 인간들'과 '수능형 욕망들'에 대한 선전포고이다. 그 선전포고의 시작이 바로 깜지노트이다. 중요한 개념을 눈으로만 읽지 않고, 그것을 적어서 물질적인 '몸'으로 만드는 작업이다. 내 '몸'으로 추상적인 개념을 또 하나의 '몸'으로 만들고 그것과 만나야 한다. 이렇게 공부하는 것이 바로 '몸으로 공부하는 공부법'이다.

다행히 지난 20년 동안 많은 학생을 적에서 우군으로 변화시켰다. 그래서 그들이 성공하는 과정도 지켜볼 수 있었다. 이 책은 그런 전쟁과 평화의 기록이다. 지금은 학원을 운영하고 있는 선배 강사 한 분은 내가 학생들을 '잘 다루는', 즉 '잘 요리하는' 유능한 강사라고 생각했다고 한다. 그러나 내 옆 반에서 담임을 해보고 나서야 '원칙과 기본에 충실한 공부 방법'으로 학생들을 지도하고 있다는 것을 알았다는 덕담을 해주었다. 내가 어떤 '특이한 기술'을 가지고 있었다면 유명 인터넷 강사가 되어 많은 돈을 벌었을 것이다. 하지만 나는 가장 기본적으로 중요한 개념들을 학생들 스스로가 깜지노트와 같은 방식으로 반복하고 또 반복해서 자기 '몸'의 일부로 익히도록 돕기만 했다. 그 방법이 최선이라고 생각했기 때문이다.

최근 전반적인 시험의 유형이 전체적인 맥락을 잘 파악하는 학생에게 유리하게 나오는 듯한 감이 있지만, 실제 대부분의 시험을 잘 분석해보면 그렇지 않다. 전체적인 맥락을 파악하는 공부는 기초적인 개념에 대한 반복적인 학습 없이 이루어질 수 없다. 기초적인 개념을 세우는 데는 깜지노트 공부법이 효과가 있다. 기본에 대한 철저한 정리 없이 문제 풀이 기법을 알려달라고 하는 학생들에게 하는 말이 있다.

"그 말은 달리기도 제대로 못하면서 프리미어 리그에서 뛰겠다는 것과 같고, 숨쉬기 연습도 제대로 못한 상태에서 바다에서 수영하겠다는 것과 같다."

반기문 UN 사무총장의 영어 학습법

단순히 눈으로만 보지 말고, 읽어보고 적어보는 것은 기본 내용을 '몸'에 익히는 데 아주 큰 도움이 된다. 중요한 단어·숙어·문법·공식·문제 등을 깜지노트에 매일 일정량 적어야 한다. 그런데 무엇을 적을까 하는 의문이 생길 수 있다.

우선 영어를 공부하든 수학을 공부하든 기본서적을 확실히 정하는 것이 좋다. 다행히 수학에서는 공인된 기본서적들이 있다.『해법수학』,『수학의 정석』,『개념원리』,『쎈수학』,『개념과 원리』등이다. 오랜 기간 동안 공인받아온 아주 좋은 책들로, 알아야 할 기본적인 것들이 모두 망라되어 있다. 이런 책들은 한번 보고 던져버려서는 안 되고 소중한 친구처럼 항상 옆에 두고 가까이 하고 읽고 또 읽어야 한다. 이 책들의 내용을 환하게 파악하고 그 내용을 암기할 때까지 반복해야 한다. 암기한다는 말은 문제를 보자마자 풀이 과정이 머릿속에 환하게 즉각적으로 떠오를 때까지 반복한다는 것을 의미한다. 이렇게 하다보면 어디에 어떤 문제와 공식이 적혀 있는지 그 위치까지 떠오르게 된다. 이런 경지에 이르면 수학의 전체적인 내용이 환하게 정리되고 비록 풀 수 없는 어려운 문제를 만나더라도 그 문제가 어디에 속한 문제라는 것을 예측할 수 있는 정도가 된다.

이렇게 반복해서 보는 기본서가 있는 것과 없는 것은 큰 차이가 있다. 기본서는 언제나 돌아가야 할 집이며, 고향이며, 근거이며, 뿌리이다. 나는 학생들에게 자신이 정한 영어나 수학의 기본서는 항상 가지고 다니라고 말한다. 학교에 가든, 학원에 가든, 친구 집에 놀러가든, 부모님과 휴가를 가든, 그 어디를 가더라도 항상 가지고 다니라고 말한다. 잠잘 때도 머리맡에 두고 한번 쓰다듬고 자라고 말한다. 항상 같이 있으면 친해지기 마련이고 친해지면 잘 알게 된다. 항상 새로운 것이 나타나고 빠르게 바뀌어가는 세태 속에서 학생들은 이런 기본서 혹은 고전의 의미를 잘 모른다. 그래서 계속해서 읽고 또 읽고 반복해서 자기의 것으로 만들라고 하면 우선은 지루하게 생각한다. 여러 권의 책을 빠르게 정리하는 것을 좋아하고 한 권을 여러 번 보라고 하면 싫어한다. 그러나 책 열 권을 읽는 것보다 기본서 한 권을 열 번 반복하는 것이 더 좋은 방법이다.

영어의 경우에도 기본서를 정해야 한다. 요즘에는 확립된 영어 기본서가 없는 춘추전국 시대인 것 같다. 그래서 학생들에게 학교 교과서에 따른 자습서를 기본서로 채택하라고 말한다. 교과서가 너무 쉽게 느껴지거나 재수생인 경우에는 EBS의 교재를 기본서로 채택하라고 한다. 학교 교과서에 따른 자습서는 상당히 좋은 책들이다. 중학교 때부터는 내신이 중요하니 자습서를 달달 외우는 것이 아주 좋은 영어 공부 방법이다. 교과서에 나오는 지문들은 아주 좋은 문장들이다. 단어, 숙어는 말할 것도 없고 그 문장 자체를 암기할 정도로 반복해서 읽고 또 읽는 것이 좋다. 하루에 본문을 크게 소리 내어 두 번씩만 읽으면 열흘이 못 되어 거의 암기하게 될 것이다. 해석이 잘 안 되는 문장은 오답노트에 적어두고 하루에 세 번씩만 읽어봐도 금방 암기된다. 요즘 학생들이 영어 공부에 많은 시간을 투자하지만 심각한 곤란을 겪는 것이 이런 식의 공부를 하지 않기 때문이다. 기본적인 단어와 숙어, 문법과 모르는 문장을 잘 정리하고 반복학습해서 '몸'에 익히지 않기 때문이다. 대충 문장을 읽고 전체적인 의미만 파악하고 답을 추측하고 넘어가버리는 공부법으로는 더 높은 단계로 나아갈 수 없다.

반기문 UN 사무총장이 어릴 때 영어 선생님이 매일 스무 번 그날 배운 단어와 본문을 써오라고 했다고 한다. 다른 친구들은 수업 직전에 부랴부랴 숙제를 했지만, 반기문은 집에 돌아가자마자 숙제를 했다. 영어 선생님의 숙제는 지루할 수 있었지만 반복해서 쓰다보니 어느 순간부터는 교과서를 보지 않고 외워서 쓰는 단계에 이르렀다고 한다. 그러면서 영어 문장이 머릿속에 들어오기 시작한 것이다. 이것이 반기문 사무총장의 영어 공부법이었다. 그런데 이런 공부법을 고루하다고 비판하는 사람이 있다. 하지만 현장에서 학생들을 지도하다보면 결국 그런 전통적인 공부법을 통하지 않고는 실력 향상이 어렵다는 것을 느끼게 된다.

용팔이는 틈날 때마다 찾아와서 다음과 같은 이야기를 후배들에게 한다.

"선생님이 깜지를 하라고 하고, 정석을 반복해서 풀게 하고, 오답노트 만들게 하고, 매일 테스트하고, 틀린 것 열 번씩 쓰게 하고, 시험 때 틀린 문제 오답 정리하게 할 때 그게 아주 싫었는데, 그것을 제대로 하지 않아서 저는 좋은 성적이 안 나온 것 같아요. 여러분들은 열심히 하세요."

이런 용팔이의 조언은 저급한 수능형 인간들의 태도를 바꾸는 데 많은 도움이 되었다. 그리고 이제 기본의 중요성을 깨달은 용팔이는 대학 생활을 성실하게 잘하고 있고, 그때의 교훈을 항상 마음에 새기고 있다고 한다.

4. 불이 나면 들고 나갈
오답노트를 준비하라

오답노트, 나를 알면 백전백승

혹시 집에 불이 난다면 무엇을 가장 먼저 들고 나갈까. 효를 가장 중요한 덕목으로 생각한 우리 조상들은 조상이 혼이 깃들어 있다고 생각한 신주(神主)를 가장 먼저 옮겼다고 한다. 하지만 오늘날에는 다양해진 가치관만큼 다양한 대답이 나올 것이다. 나는 만약 집에 불이 나고 가족들이 모두 안전하다면 지금 이 글을 쓰고 있는 노트북을 가장 먼저 들고 나갈 것 같다. 이 노트북은 저렴하게 구입한 것이지만 나의 모든 생각과 삶의 기록들, 학생들을 가르치기 위해 만든 모든 자료가 고스란히 담겨 있는 소중한 것이기 때문이다.

앞에서 공부가 학생의 일이며, 구체적으로 접근해야 할 일이며, 건강검진 못지않게 학업 검진이 중요하고, 우선적으로 기본 개념을 정리해야 한다고 말했다. 그 기본 개념을 정리한 것이 바로 오답노트이다. 자신이 공부하다가 모르는 것을 잘 정리해둔 것이 오답노트이며, 이것은 학생에게 가장 중요한 것이 되어야 한다.

나는 학생들과 상담할 때 "네 단점은 뭐니?"라는 질문을 한다. 대부분의 학생들은 이 질문에 대해 선뜻 대답하지 못하고 주저한다. 요즘 학생들은 자신에 대해 반성하는 경우가 예전보다 드문 것 같다. 내향적이라기보다는 외향적이고, 생각하기보다는 느끼는 대로 행동하고 말하는 것이 요즘 학생들의 일반적인 경향이기 때문이다. 나의 경우에는 어릴 적부터 종교의 영향을 많이 받아서 항상 자신을 '죄인'이라고 생각했다. 그래서 세상에 대해, 자신에 대해 부정적으로 생각했던 것 같다. 그래서 행동도 조심스러웠고 자신의 단점을 지나치게 과장해서 생각했다. 물론 이런 태도가 공부에 대해 조금 더 조심스럽게 접근할 수 있도록 해준 점도 있었지만 부정적인 측면도 많았던 것 같다.

지나치게 스스로의 단점을 많이 의식하고 있었던 나도 문제이지만, 지나치게 자신감에 충만해서 자신의 단점을 제대로 파악하고 있지 못하다면 그것도 큰 문제가 아닐 수 없다. 요즘 학생들의 이런 태도는 공부에도 그대로 적용된다. 내가 학생들에게 단점이 무엇이냐고 물으면 학생들은 상당히 의아해 한다. 그리고 즉각적인 답을 하지 못한다. 그만큼 평소 자신에 대해 깊이 생각하지 않았다는 증거이다. 그래서 나는 학생들에게 이렇게 말한다.

"자신의 단점을 알고 있다면 무엇을 고쳐야 하는지 알 수 있겠지. 그래서 더 좋은 삶을 살 수 있을 거야. 공부도 마찬가지야. 공부에서 자기의 단점을 잘 알고 그것을 열심히 고치려고 애쓰면 공부를 잘할 수 있을 거야. 너는 모르는 것이 무엇인지 모르지?"

그럼 학생들은 이렇게 말한다.

"모르는 것을 어떻게 알아요?"

"그럼 모르는 것을 정리해두었니?"

이 질문에 대부분의 학생들은 "아니요."라고 대답한다.

이제 문제의 핵심에 도달했다. 공부란 모르는 것을 하나 둘 배우고 익혀 자기의 '몸'으로 만들어가는 과정이다. 그 과정에서 우리는 많은 '모르는 것들', '낯선 것들', '익숙하지 않은 것들'을 만나게 된다. 우리는 그것들을 배운다. 하지만 하루 이틀이 지나면 그것들은 다시 깊은 망각의 늪에 빠지고 만다. 플라톤은 인간이 전생에서 이생으로 오는 길목에서 영혼이 긴 사막을 지나고 망각의 강 레테(lethe)를 만나게 된다고 한다. 목이 말라 누구든 그 물을 마시게 되는데, 그러면 전생에 경험했던 '이데아(Idea, 사물의 본질)에 대한 기억'을 잃어버리고 만다는 것이다. 많이 마신 사람은 많은 것을 잊어버리고 적게 마신 사람은 어느 정도 이데아에 대한 기억을 가지고 있다고 한다. 현명한 사람이 있는가 하면 우매한 사람이 존재하는 것은 이처럼 '망각의 물'을 마신 정도가 사람마다 다르기 때문이다. 소크라테스는 그 잊혀진 '이데아'에 대한 기억을 되살리는 것을 필생의 과제로 삼았다. 그래서 그는 마치 소 등에 붙어 소를 끊임없이 괴롭히는 등에(날파리)처럼 사람들을 괴롭히며 진리를 일깨우려고 노력했다.

학생들은 많은 것을 배운다. 많은 책을 읽고 학교에서, 학원에서 혹은 인터넷에서 수업을 듣고 과외를 한다. 그 많은 책을 읽고 수업을 들었음에도 불구하고 학생들의 성적이 오르지 않는 것은 바로 이런 '망각' 때문이다. 우리는 책을 보고 수업을 듣기만 할 뿐 소크라테스처럼 망각에서 그것을 다시 '일깨우려' 하지 않는다. 많은 것을 배웠음에도 그것을 제대로 '정리'하지 않았기 때문에 그것을 다시 일깨우는 일은 불가능한 일이 되고 만다. 그래서 아테네에 '등에와 같은 소크라테스'가 필요했듯이 우리들에게는 오답노트가 필요하다.

공자는 논어에서 '학이시습지불역열호(學而時習之 不亦說乎)'라고 했다. '배우고 때때로 익히니 또한 즐겁지 아니한가.'라고 번역될 수 있는데, '학습(學習)'이라는 말은 바로 이 공자의 말에서 유래했다. 이 말처럼 공부의 요체를 잘 설명한 말은 없다.

학습이란 배우고 익히는 것을 의미한다. 학생들은 대부분 잘 배운다. 누구나 열심히 학교나 학원 수업을 듣고 인터넷 강의를 듣고 과외 수업을 받는다. 그러나 그렇게 잘 '배운 것'을 제대로 '반복'하는 친구들은 드물다. '학(學)'은 존재하지만 '습(習)'은 존재하지 않는 것이다. '습'이란 '복습을 통해 내 몸에 익숙해짐'을 의미한다. 요즘 학생들이 가장 싫어하는 것이 바로 이 '복습'이다. '습'이란 '습관'처럼 매일매일 반복해서 내 '몸'에 익숙해지는 것을 의미한다. 반복하다보면 익숙해지고, 익숙해지면 '능숙'해진다. 마치 한석봉 어머니가 어둠 속에서 떡을 썰듯 어떤 작업에 익숙해지고 편해져서 자유로워지는 것을 의미한다.

우리가 어떤 사람을 잘 알려면 많이 만나고 대화를 나누어보고 더불어 살아봐야 한다. 피아노를 잘 치기 위해서는 피아노의 기본서인 〈바이엘〉,〈체르니〉 등을 수없이 반복해서 쳐보아야 한다. 이런 점에서 학생들의 성적이 배운 만큼 오르지 않는 이유가 있는데, 바로 배운 것을 반복하지 않는다는 점이다.

우선 배운 것을 잘 정리해둔 오답노트가 있어야 한다. 그리고 그것을 반복적으로 학습해야 한다. 나는 수업을 하면 반드시 정리된 노트를 만들어준다. 내가 직접 만들어주거나 학생이 정리하도록 유도한다. 그리고 그 노트를 두세 번씩 적게 한다. 그리고 시험을 보고 틀린 문제는 다섯 번씩 적게 한다. 그리고 한 달 정도 지나면 다시 처음부터 반복을 한다. 학생들은 이런 반복을 아주 싫어한다. 시험을 싫어하는 것은 말할 것도 없고 반복해서 적는 것도 무척 싫어한다. 그러나 이처럼 모르는 것을 정리하고 반복하지 않고 공부를 잘하게 되는 것은 불가능한 일이다. 계속적인 반복과 복습만이 망각의 늪에서 벗어날 수 있는 길이다.

고등학교 2학년 이과생들이 처음 신화 미적을 배울 때 수십 개의 공식들을 만나게 된다. 그 도출 과정도 복잡하지만 결과를 암기하는 일도 쉽지 않다. 나는 학생들에게 암기할 생각을 하지 말고 일단 오답노트에 그것을 정리하라고 한다. 그리고 하루에 두 번씩 10일만 읽어보라고 한다. 그러면 대부분의 학생들은 그 공식들을 전부 암기하게 된다. 그리고 또 두 번씩 10일간 쓰면 거의 완벽하게 암기하게 되고 공식에 대해 자신감을 가지게 된다.

학생이라면 자기의 단점을 고스란히 적은, 자기가 모르는 것이 정리된 오답노트가 있어야 한다. 만약 없다면 지금 당장 가지고 다니기 쉬운 노트로 오답노트를 만들어야 한다. 오답노트는 배우는 학생에게 가장 중요한 것이다. 자신의 보물이 될 수 있도록 정성스럽게 만들고 보관하고 반복해서 꺼내 보아야 한다. 배우는 학생 시기는 미숙한 것이 당연하다. 이 '미숙함'을 오답노트에 모두 정리하고 하나하나 해결해가는 것이 바로 공부다. 불이 나면 가장 먼저 오답노트를 들고 나갈 수 있을 정도로 소중한 것이 되면 성적 향상은 시간문제일 뿐이다. 우리가 약점을 보완해서 성숙한 인간이 되는 것은 하루아침에 이루어지는 일이 아니다. 그것은 매일매일 수없이 많은 노력을 통해 이루어지는 일이다. 공자처럼 위대한 인물도 '배우고 때때로 익히는 일'을 반복했는데, 우리 같은 보통사람들은 더 말할 필요도 없다. 오답노트의 양이 많아질수록, 오답노트에서 지워지는 부분이 많아질수록 우리는 더 성숙한 인간에 가까워진다. 모르는 것이 적어지는 만큼, 아는 것이 많아지는 만큼 우리가 세상을 보는 눈도 더 넓어지고 깊어질 것이다.

"모르는 것이 뭐니?"라고 물었을 때, "선생님, 제가 모르는 것은 이 노트에 다 정리되어 있어요. 이것만 공부하면 돼요."라고 말하며 오답노트를 꺼낼 수 있는 학생은 성공에 한 걸음 더 다가선 것이다.

오답노트 만드는 방법

오답노트는 두껍지 않은 노트를 사용하는 것이 좋다. 스프링이 달린 너무 두꺼운 노트는 가지고 다니거나 펼쳐보기 힘들기 때문에 좋지 않다. 언제든 펼쳐서 볼 수 있고 가지고 다니기 쉬우려면 좀 얇고 작은 노트가 좋다. 일반적인 노트를 사용해도 좋고 작은 수첩을 사용해도 좋다. 각자의 기호에 맞게 사용하기 편한 노트를 준비하면 된다.

학생들에게 오답노트를 만들라고 하면 아주 거창하게 만든다. 모르는 문제를 장황하게 적고 그 풀이 과정을 적는가 하면, 모르는 문제를 통째로 잘라 붙여서 하루 이틀에 수십 페이지의 오답노트를 만들어 온다. 하지만 이런 식의 방법은 곧 사람을 지치게 만든다. 오답노트에는 공부하는 과정에서 만난, 모르는 것들을 가장 간단하게 정리하는 것이 좋다. 단어 · 숙어 · 공식 · 개념들을 간단하게 적어두고, 틀린 문제를 모두 잘라서 붙이기보다는 그 핵심을 요약해서 적는 것이 좋다. 영어의 경우 해석이 잘 안되는 문장은 그대로 적어두고 반복해서 읽는 것이 좋다.

오답노트를 만들어본 적이 없는 학생들은 처음에는 상당히 힘들어한다. 일단 모르는 것이 너무 많아서이다. 상엽(대성고 졸업)이에게 처음에 오답노트를 만들어 오라고 했더니『수학의 정석』표지를 지우고 그곳에 '오답노트'라고 적어 왔다. 반 친구들이 모두 웃었고 나한테 알밤을 한 대 맞기는 했지만 그 정신은 가상하다고 칭찬해주었다. 그 책을 다 암기하면 분명 수학에서 좋은 성적을 받을 수 있기 때문이다. 상엽이에게『수학의 정석』을 공부하다가 중요하게 생각되고 모르는 것들만 오답노트에 정리하라고 시켰다.

이렇게 오답노트를 정리하다보면 학생들은 점차 '정리'의 중요성을 알게 되고 그 방법을 터득하기 시작한다. 가장 간단하게 정리하다보면 요약해서 핵심을 정리하는 방법을 배우게 되고, 길고 어려운 문제를 간단하게 요약하는 방법도 배우게 된다. 예를 들어 영어의 사역동사에 대한 문법이 다음과 같이 설명되어 있다.

사역동사는 '시키다, −하게 하다'라는 뜻인데, make, have, let, get 등이 있다. 뒤에 목적어와 목적보어가 나오는데, 목적어와 목적보어의 관계가 능동의 관계이면 '−하게 시키다'라는 뜻이 되고 make, have, let의 경우 목적보어에 동사원형이 온다. get일 때에는 to do가 온다. 목적어와 목적보어의 관계가 수동일 때에는 make, have, get의 경우 '−되게 하다'란 뜻이 되고 목적보어 자리에 과거분사(pp)가 온다. let일 때에는 목적보어 자리에 be pp가 온다.

이렇게 긴 설명을 단 네 줄로 요약할 수 있다.

make/have/let A do B : A가 B하게 시키다
= get A to do B
make/have/get A pp : A가 −되게 시키다
= let A be pp

이런 식으로 간명하게 요약하는 방법은 정리를 해나가는 과정에서 스스로 터득하게 될 것이다. 단 가장 간단하게 정리해야 복습이 쉬워진다는 것을 염두에 두고 요약하는 연습을 하면 될 것 같다.

나도 오답노트를 가지고 있다. 나는 손바닥보다 조금 더 작은 노트를 오답노트로 이용한다. 작은 노트는 항상 휴대할 수 있기 때문이다. 오답노트를 항상 주머니에 넣어 다니면서 내가 살면서 만나는 중요한 문제들, 기억해야 할 문제들, 모르는 단어들, 숙어들, 공식들을 빼곡히 적어놓는다. 여기에는 영어도 있고 수학도 있다. '한 번 더 생각해보고 말하자.'란 구절도 있고, '상대방의 입장에서 생각하자.'란 구절도 있다. 이것은 내 인격의 '오답'이다. 나는 이 오답노트를 학생들에게 보여주고 따라서 하라고 한다. 그리고 한 번씩 그것을 검사한다. 잘못 정리된 것은 없는지, 중요하지 않은 것이 정리되지는 않았는지, 너무 많은 내용이 정리되어 있지는 않은지 등등을 검사한다.

너무 상세하게 정리한 것은 좋지 않은데, 너무 상세하면 다시 보고 싶은 마음이 없어지기 때문이다. 이때는 가장 단순하게 핵심만 정리하는 게 좋다. 가장 단순하게 정리하려고 노력하다보면 어렵고 복잡한 것들을 단순하게 요약할 수 있는 능력도 생긴다.

과목별로 오답노트를 만드는 학생들도 있다. 그러나 오답노트가 여러 권이 되면 가지고 다니기도 불편하고, 과목별로 떼어서 정리하다보면 통합적인 사고를 하는 데에도 방해가 된다. 가령 영어 단어 다음에 수학 공식이 나오기도 하고, 암기하고 싶은 아름다운 시가 나오기도 하면 덜 지루하고 박진감 있는 공부를 할 수 있다. 과목별로 분류하면 학생의 관심에 따라 특정과목은 지나치게 양이 많아지기도 해서 지겨워질 수도 있다. 그냥 한 권의 노트에 다시 반복해서 봐야 할 중요한 내용들을 과목과 상관없이 정리하는 것이 좋다.

고3 학생들과 재수생들은 매달 한 번씩 모의고사를 본다. 하루 종일 집중해서 시험을 보는 것은 참 힘들고 피곤한 일이다. 그래서 대부분의 재수 학원에서는 모의고사 보는 날은 학생들을 일찍 귀가시킨다. 그러면 학생들은 좀 자유롭게 하루를 보낸다. 그런데 우리 반 학생들에게는 그런 여유를 주지 않는다. 나는 시험 본 당일에 채점을 하고 틀린 문제에 대한 오답노트를 작성해오도록 한다. 틀린 문제에 붉은 펜으로 틀린 이유를 적고 그 핵심을 오답노트에 정리해오게 한다. 영어 같은 경우에는 문제에 나온 단어나 숙어 중 모르는 것을 다 찾아오게 하고 50문제의 단어 시험을 만들어오게 해서 다음날 서로 교환해서 시험을 보게 한다.

3월 첫 시험을 보는 날, 학생들은 시험이 끝나 홀가분한 마음으로 "숙제 다 해올게요."라고 외치며, 오랜만에 일찍 해방감을 맛보며 학원을 떠난다. 대부분은 바로 귀가하지 않고 친구들과 놀다가 저녁이 되어서야 집에 들어간다. 그리고 채점을 하면서 충격을 받는다. 너무 틀린 것이 많아서이다. 그리고 오답정리를 하느라 꼬박 밤을 새운다. 다음날 학생들은 피곤에 지친 얼굴로 이렇게 말한다.

"선생님, 오답노트 너무 힘들어요. 정답노트로 바꿔주세요."

사실 공부를 차근하게 해오지 않은 학생들은 너무나 많은 내용을 오답노트에 정리해야 한다는 사실에 충격을 받는다. 그리고 오답노트를 보며 한숨을 쉰다. 언제 이 많은 것을 다 공부할 것이며 앞으로는 얼마나 더 많은 것이 나올 것인가 싶어서다. 그러나 그 분량이 아무리 많더라도 모르는 것을 분명하게 정리해놓은 경우와 그렇지 않은 경우는 큰 차이가 있다. 공부해야 할 내용들이 내 손 안에 들어 있는 경우와 그렇지 않은 경우는 비교할 수 없는 차이가 있기 때문이다. 시험이 다가올 때 이런 정리가 되어 있지 않으면 도대체 무엇을 공부해야 할지 몰라 당황한다.

10월부터는 하루에 두 시간 이상 오답노트를 복습하게 한다. 틀린 문제를 또 틀리는 것이 보통이고 중요한 것들은 대부분 오답노트에 정리가 되어 있기 때문이다.

시험을 치르고 나서 학생들은 하나같이 오답노트가 큰 도움이 되었다고 말한다. 당연한 일이 아닐 수 없다. 오답노트를 만들어 활용하는 것이 정답에 이르는 가장 빠른 길이다.

오답노트로 명문대 합격

지금 강남에서 한의원을 운영하고 있는 재헌(영등포고 졸업)이는 고등학교 1학년 때부터 내 지도를 받았다. 참 성실하고 좋은 학생이었다. 열심히 공부했지만 본인이 가고 싶은 한의대에 갈 만한 성적을 받지 못했다. 당시에는 본고사가 잠시 도입되었는데, 재헌이는 그렇게 가고 싶지는 않은 대학에 지원해서 시험을 봤고 수석을 차지했다. 그 대학에서는 재헌이를 유치하기 위해 굉장한 노력을 기울였다. 총장님이 직접 연락을 하는가 하면 부모님에게 장학금, 유학 비용, 교수 자리까지 약속을 했다. 그러나 나는 단호하게 반대했다. 한의학에 관심이 있는데 지금 당장 편한 길을 선택한다면 재헌이가 생각하는 미래가 완전히 달라진다고 생각해서였다.

고민 끝에 재헌이는 그 대학에 진학하지 않고 다시 나와 함께 1년을 공부했다. 그때 재헌이의 장점과 단점을 더 많이 이해할 수 있었다. 재헌이의 장점은 남보다 집중력이 강하다는 것이었다. 한번 책상에 앉으면 잘 일어나지 않았다. 다른 것들을 생각하지 않고 몇 시간씩 한 자리에 앉아 집중하는 능력을 가지고 있었다. 재헌이가 남들보다 더 뛰어난 머리를 가지고 있는지는 잘 모르겠다. 하지만 그 집중력과 성실함으로 재헌이는 경희대 한의대에 합격했다. 재헌이와 같이 고등학교 1학년 때부터 지도한 성민(광신고 졸업)이도 같은 해 서울대 공과대에 합격했다.

재헌이와 성민이를 거의 매일 데리고 공부시키면서 강조한 것이 바로 오답노트였다. 재헌이는 성실했지만 정리를 그리 잘 하는 편이 아니었다. 성민이는 정리를 잘했지만 재헌이에 비해 덜 성실한 편이었다. 두 친구 모두 오답노트 만드는 것을 싫어했고 그것 때문에 처음에 무척 힘들어했다. 그러나 오답노트를 작성하는 것에 익숙해지자, 그것이 공부에 추진력이 되었다. 나는 자주 오답노트를 검사하고, 그것을 가지고 시험을 보기도 했다. 그리고 두 친구가 자기의 오답노트에 있는 내용으로 시험 문제를 출제해 서로 바꾸어 시험을 보게도 했다.

그때 나는 상도동에서 작은 학원을 운영하고 있었다. 강의실이 세 개인 초미니 학원이었다. 돈이 없어서 학원 한구석에 책상을 붙여 잠을 자고 추운 겨울에도 찬물에 세수를 하고 머리를 감아야 했지만 학생들에 대한 열정이 있었기에 그런 고생을 참아냈는지도 모른다. 고3이 10여 명 있었고 재수생은 재헌이와 성민이가 있었는데, 어떤 때에는 밤새도록 공부를 시키기도 했다. 재헌이와 성민이가 성실하게 지도를 받자 다른 학생들도 선배들을 따라 열심히 공부했다. 그래서 10여 명의 학생

모두 원하는 대학보다 더 좋은 대학에 합격했다.

합격 발표가 있던 날 우리는 밤늦도록 많은 이야기들을 나누었다. 입시를 위해 만났지만, 어느덧 끈끈한 정을 나누는 사이가 되었다. 그 후에도 우리는 틈나는 대로 만나 이제는 수능에 대한 공부가 아니라 인생에 대한 이야기를 밤늦도록 나눈다. 대학에 진학한 지 몇 년이 지났을 때 재헌이가 "그때 정리한 오답노트와 형이 정리해준 프린트들을 하나도 빠뜨리지 않고 다 가지고 있어요."라고 했다(이 친구들은 이제 나를 형이라고 부른다. 내가 학원 강사를 일찍 시작한 탓에 그들과 나이 차이가 그리 많지 않아서다). 그러자 성민이도 그렇다는 거였다. 그 말을 들으며 놀랍기도 하고 보람이 느껴지기도 했다.

바로 이런 점이 재헌이와 성민이를 성공으로 이끈 비결이라고 나는 지금도 믿고 있다. 그래서 앞으로도 오답노트를 작성하는 일을 게을리하지 말라고 말해주었다. 대학 진학에는 한 번 실패를 경험했지만 인생에서 또 다른 실패를 하는 것은 바람직하지 않기 때문이다. 사회생활에서 실패하지 않기 위해서는 업무내용을 잘 정리해두어야 하고, 정리한 것을 반복해서 자기의 것으로 만들어야 하고 그래서 또 오답노트가 필요하다.

지금 자신에게 가장 중요한 물건을 10가지만 적어보자. 아마 대부분 그 목록에 오답노트가 없을 것이다. 그러나 오답노트를 제일 먼저 적을 수 있도록 좋은 오답노트를 지금 당장 만들어 잘 활용하자. 오답노트는 대학 입시뿐 아니라 직장생활, 사회생활에서 실패 요소를 줄이고 성공으로 가는 밑거름이 될 것이다.

5. '온몸'으로 공부하는
현장학습법

공부를 느끼고 만지고 그려보라

'환상지(幻想肢) 현상'이라는 것이 있다. 사고나 전쟁으로 신체의 일부가 절단된 사람이 절단된 신체 부위가 여전히 있는 것으로 생각하고 감각이나 통증을 느끼는 현상을 말한다. 이것은 미국의 남북전쟁 때부터 본격적으로 알려지기 시작했는데, 사고를 당해 팔다리를 잃은 사람들이 일반적으로 경험한다고 한다. 이 현상을 통해 알 수 있는 것은 우리의 감각적 경험에 따른 지각이 강렬하고 지속적으로 우리 몸 어디엔가 남아 있다는 것이다.

나는 초등학교 4학년 때 시골에서 도시로 전학왔다. 그때는 등굣길에 고등학생 형들이 횡단보도에서 수신호로 교통을 정리했다. 어떤 형들은 귀찮다는 듯이 대충 손짓으로 신호를 하는데, 유난히 멋진 동작으로 차와 사람에게 신호를 보내는 형들이 있었다. 나는 그 동작이 너무 멋있어서 한참을 바라보았다. 그 형들은 다가오는 차들을 응시하며 자신의 온몸으로 신호를 보내고, 마침내 차들이 정리된 순간 사람들을 향해 건너라는 신호를 확신에 찬 몸짓으로 던졌다. 그 형들이 그 많은 차와 사람들을 하나의 흐름으로 잘 통제할 수 있었던 것은 바로 그 '온몸을 던지는 집중과 몰입' 때문이었다고 생각한다.

공부하는 학생들의 모습을 보면서도 이런 느낌을 받을 때가 있다. 공부 내용을 자신과 별 관계가 없는 '대상'으로, 단순히 풀어야만 하는 '객체'로 받아들이는 학생들이 있다. 그들에게 공부의 내용은 시험을 준비하기 위해 한 번 보고 넘어가야 할 대상에 불과하기 때문에 자신과는 무관한 '타자'들일 뿐이다. 이런 학생들에게 공부란 하나의 장애물에 불과하다. 목적을 위해 힘들고 싫지만 견디고 넘어가야 할 산인 것이다.

그러나 공부의 내용을 자신과 연관된 것으로 받아들이는 학생들이 있다. 그런 학생들은 공부를 지나쳐야 할 하나의 과정에 불과한 것이 아니라 자기 '몸'의 일부를 구성하는 것으로, 한 단계 더 높은 성숙을 위해 딛고 나아가야 할 발판으로 생각한다. 시험을 보기 위해 소설을 읽고 시를 암기하는 것이 아니라, 소설을 통해 세상을 배우고 시를 통해 세상을 느끼는 것이다. 억지로 수학 문제를 푸는 것이 아니라 논리적인 연습을 위해, 자신의 논리력을 시험하기 위해 수학 문제를 찾아다니며 재미있는 퀴즈처럼 풀이한다.

이런 학생들이 공부하는 모습을 보면 마치 문제와 어떤 '대화'를 나누는 것 같다. 고개를 갸우뚱거리며 그림을 그리기도 하고, 공간에 손동작을 하기도 하면서 문제에 접근하고 문제를 파악한다. 나 혹은 이웃의 문제로 소설을 접하고 아름다운 시를 자신의 느낌으로 받아들이고 암송한다. 그들은 살아 있는 존재를 만나듯 시와 소설과 영어 문장과 수학 문제를 만난다. 그것들을 살아 있는 '몸'으로 만나 대화를 나누고 결국은 자신의 몸 어디엔가 저장하고 만다.

나는 어린 딸 때문에 아내와 언쟁을 벌인 적이 있다. 딸은 여섯 살부터 피아노를 배웠는데, 진도가 너무 빠른 걸 보고 깜짝 놀랐다. 시작한 지 얼마 되지도 않았는데 벌써 〈바이엘〉을 다 끝냈다는 거였다. 물론 피아노에 대해서는 나보다 아내와 선생님이 더 잘 알겠지만, 그래도 미심쩍은 부분이 있어서 딸에게 배운 부분을 다시 한 번 쳐보라고 했다. 몇 개를 골라서 시켜봤더니 능숙하게 연주를 하지 못했다. 이처럼 제대로 익히지 못한 채 무조건 진도를 나가는 것은 좋은 일이 아니기 때문에 다시 처음부터 복습을 시키라고 했다. 무엇보다 연주하는 곡의 아름다움을 느끼지 못하고 지나가는 것이 안타까워서였다.

〈바이엘〉과 〈체르니〉는 그저 연습곡으로 한두 번 치고 지나가야 하기에는 무척이나 아름다운 곡들이다. 피아노 교육의 고전으로 남은 것은 그저 손가락 연습만을 시키는 곡들이 아니기 때문이다. 그런데 어린 딸이 피아노를 배우면서 그 곡들의 아름다움을 느끼고, 그것에 심취하고 즐기는 방법을 배우지 못한 채 기계적으로 피아노를 친다면 안타까운 일이 아닐 수 없었다.

이런 일이 발생하는 이유는 심지어 피아노를 치면서도 단지 눈과 손으로만 치기 때문이다. 그저 '들리는' 것에 머무는 것이 아니라 자신이 연주하는 곡을 스스로 주의 깊게 '들으면서', 그 곡을 '흥얼거리면서' 그 곡의 리듬과 멜로디를 즐기며 '온몸'으로 연습한다면 그 곡들은 정말 자신의 것이 된다.

공부할 때도 마찬가지이다. 우리는 흔히 공부를 '머리만 사용하는 인식작용'으로 생각하기 쉽다. 그러나 공부의 내용과 방식은 결코 그렇지 않다. 문학은 삶의 현장에 대한 기록이고, 수학은 실제 대상들에 대한 측정에서 발생했다. 사회에서 삶에 대한 기록과 자연에 대한 관찰의 기록이 사회와 자연이다. 살아 움직이고 생동하는, 그래서 우리가 온몸으로 경험하는 현실의 현장에서 나타난 것들이 우리가 하는 공부들이다.

그러므로 공부는 현장에서 살아가며 배우는 것이 가장 바람직하다. 우리가 살아가면서 배우는 것이 많지만, 그것들을 압축적으로 단기간에 교육하기 위해 학교가 생긴 것이다. 학교에서 하는 교육 내용들은 우리의 선배들이 삶의 현장에서 치열하게 살며 배운 것들을 정리한 삶의 기록, 삶의 핵심들이다. 우리는 학교에서 그것들을 단기간에 요약해서 배울 수 있는 특권을 누리고 있다. 그러므로 학교에서 배우는 모든 과목을 단순히 머리로만 배울 것이 아니라 생각하고, 말해보고, 들어보고, 느껴보고, 상상하고, 그 속에 들어가보고, 그것들을 만나보아야 한다. 즉, '온몸'으로 공부해야 한다.

모든 감각을 총동원하라

공부는 현장을 다루는 것이므로 그저 눈으로만 읽고 머리로만 생각하는 것으로는 부족하다. 모든 상상력을 동원하고 온몸을 동원하고, 모든 감각적 수단을 다 동원해서 학습 대상을 만나야 한다. 그래야 더 깊은 인식이 가능하다. 눈으로만 읽는 공부가 아니라 손으로 써보고, 만져보고, 공간에 그려보고, 읽어보고, 들어보는 공부가 더 깊은 인식으로 대상을 만날 수 있게 해준다.

어떤 사람에 대해 연상을 해보자. 그러면 그 사람에 대한 어떤 '느낌'이 갑자기 되살아날 것이다. 그것은 우리가 그 사람을 단순히 머리를 통한 '인식'으로 만난 것이 아니라 '몸'으로, 그의 '목소리'로, 그의 '손길'과 '표정'으로, 그의 '행동'과 나의 '반응'으로 만났기 때문이다. 그런 감각적이고 경험적인 만남이 하나의 인상과 이미지를 형성한다. 그래서 그 사람에 대해 '잘 알게' 되는 것이다.

어떤 사람에 대해 '들어만 본' 사람보다는 그 사람을 '만나본' 사람이, 만나만 본 사람보다는 '더불어 살아본' 사람이 그 사람에 대해 더 깊이 알게 되는 것이 당연하다. 그 사람이 어떤 특정한 행동을 하거나 하지 않을 것이라고 판단하는 것은 그 사람에 대한 '논리적인 분석과 추론'을 통해서가 아니다. 우리의 경험으로 익힌 그 사람의 '이미지'는 그 사람이 어떤 행동을 하거나 하지 않을 것이라는 논리적인 판단까지도 가능하게 해준다. 어떤 사람이든 특정한 행동 방식을 가지고 있는데, 더불어 살다보면 그것을 알게 되기 때문이다.

서로 마주보고 이야기를 주로 나눈 연인과 손을 잡고 다닌 연인은 많은 차이가 있다. 마주본 연인은 쉽게 잊을 수 있지만 몸으로 만난 연인은 쉽게 잊을 수 없다. 연인을 잃어버린 후 느껴지는 공허함은 그 연인의 몸, 그 연인과 함께했던 감각적이고 공간적인 관계가 사라져버린 것에서 오는 허전함이다. 그 연인의 몸에 대한 기억은 우리 몸 구석구석에 남아, 우리가 아무리 잊으려고 노력해도 잊히지 않고 공허한 쓰라림으로 우리를 고통받게 한다.

다녀왔던 나라를 생각해봐도 마찬가지다. 그 나라의 여러 모습이 머릿속에 떠오르기보다 그 나라에 대한 어떤 '느낌'이 먼저 되살아날 것이다. 아내는 예전에 다녀온 동남아의 어떤 나라를 생각만 해도 먼저 그 나라의 독특한 냄새가 코끝에서 난다고 한다. 지각에 따른 경험은 강렬하게 우리 몸에 남아 우리가 그것을 회상할 때마다 현실로 되살아난다.

공부는 인식과 기억과 추론 작용이며, 그것은 감각과는 별개로 존재하는 '머리'의 문제라고 생각하는 사람들도 있다. 수학 문제를 풀고 영어를 해석하는 것은 볼 수 있는 눈과 생각할 수 있는 머리와 그 보조 장치로 연필과 종이만 있으면 가능하다. 그것은 감각과는 별 관계가 없고 이성적인 사고와 추론의 문제 같기도 하다. 그러나 추상적인 수학을 공부할 때에도 감각적인 경험의 세계로 되돌아오는 것이 공부를 잘하는 지름길이다.

인식은 언제나 감각을 통해 시작된다. 그리고 단순히 보거나 들어서 안 지식보다는 '써보고', '그려보고', '말해보고', '경험해본' 지식이 더 오래 가고 깊이 있게 인식된다. 추상적인 인식이 아니라 구체적인 감각적 경험을 통해 얻은 인식은 더 선명하게 우리의 몸에 각인되기 때문이다. 그래서 학생들이 공부할 때에는 감각적인 만남을 계속 추구해야 한다. '온몸으로 하는 감각적 경험'의 공부가 가장 지속적이고 효과적이다.

예를 들어 초등생에게 "밑면이 원이고 기둥처럼 생긴 것이 원기둥이야."라고 입체도형을 설명한다면 아이는 금방 이해가 안 될 수 있다. 그러나 원기둥의 모양을 그려주면 어느 정도 원기둥에 대한 인식이 생길 것이다. 시각적 경험을 통해 원기둥을 인식한 것이다. 실제의 원기둥을 주고 돌려보고 만져보게 한다면, 시각적 경험과 촉각적 경험을 통해 원기둥을 더 잘 인식하게 된다.

또한 원기둥에 대한 설명만 들은 학생보다는 원기둥을 직접 본 학생이, 원기둥을 보기만 한 학생보다는 원기둥을 직접 만져보고 돌려본 학생이 원기둥을 더 구체적인 현실로 인식할 것이다. 원기둥을 그림으로 그려보게 한다면 추상적인 인식이 더욱 구체화될 수 있다. 이처럼 추상적인 개념의 차원에만 머무르지 말고 구체적인 경험의 차원에서 공부해야 더 수준 높은 추상적인 개념을 다룰 수 있다. 단순한 사고 작용이 아니라 시각·청각·촉각·후각·미각·공간감각 등 우리가 경험할 수 있는 모든 감각을 총동원하는 공부를 해야 한다.

다시 수학을 예로 들어보자. 공간 도형을 처음 배우는 학생들은 구, 삼각뿔, 원뿔, 사면체, 정육면체와 같은 공간 도형들을 반드시 우리 주변에서 찾아보고 만져보는 것이 좋다. 모형이 없다면 집에서 비슷한 모양의 물체라도 찾아서 만져보고, 돌려보고, 굴려보고, 던져보아야 한다. 그래야 그림 속, 머릿속의 공간 도형이 하나의 실체로서 다가온다. 그러면 나중에 복잡한 문제를 풀더라도 그 감각적 경험이 큰 도움이 된다. 시골에 살아보지 않은 사람이 시골에 대한 책을 아무리 많이 읽어도 시골의 향기를 맡을 수 없고, 할머니의 사랑을 경험해보지 않은 사람이 할머니의 따뜻한 사랑을 진정으로 느끼기 힘든 것과 마찬가지이다.

중학생들은 도형 문제를 아주 어렵게 생각하는데, 그 주된 이유가 도형에 대한 '인식'만을 하기 때문이다. 그 도형을 감각적으로 경험해보지 못하기 때문이다. 일반적으로 도형에 대한 문제는 보통 그 도형에 대한 설명과 그것에 대한 도해로 구성된다. 대부분의 문제들이 도형에 대한 설명을 왼쪽에 제시하고 친절하게도 오른쪽에는 그 도형을 그림으로 그려준다. 일단 학생들은 도형에 대한 설명을 제대로 읽지 않는다. 그리고 바로 그림을 보고 눈으로 보고 풀려고 한다. '백 번 듣는 것보다 한 번 보는 것이 더 낫다.'는 말이 이래서 생긴 것 같다.

나는 그 도형에 대한 그림을 가리고 설명부터 읽으라고 한다. 그리고 그것을 그림으로 그려보라고 한다. 그러면 학생들은 상당히 어려워한다. 그리고 처음에는 대부분 설명대로 잘 그려내지 못한다. 설명을 '현실화', '구체화'시킬 능력이 부족하기 때문이다. 그러나 이런 훈련을 반복적으로 하면 상당한 효과가 있다.

단순히 설명을 듣고 보기만 한 문제와 한 번 그려본 문제는 완전히 다르게 느껴진다. 전자가 '축구를 본' 사람이라면, 후자는 '축구를 해본' 사람이 된다. 전자가 '뉴욕에 대한 책을 읽은' 사람이라면 후자는 '뉴욕에 가본' 사람이다. 이런 연습을 반복하면 단순히 개념으로만 알던 도형을 실제로 구체화시키고 구성할 수 있는 능력을 갖게 된다. 육면체의 전개도를 가르치려면 작은 박스를 하나 구해오게 해서 반드시 잘라보게 해야 한다. 물론 잘라보지 않고도 그것을 바로 그릴 수 있는 학생들이 있다. 하지만 한 번 잘라보면 전개도를 더 깊이 인식하게 된다.

공식도 적어보고 소리 내어 읽어보고 중얼중얼 설명해보고 공간에 손짓으로 그려보는 것이 큰 도움이 된다. 공간 좌표를 배울 때, 공간을 평면에 그리는 것이 참 어렵다. 이때 나는 허공에 손가락으로 공간 좌표를 우선 그려보라고 한다. 그리고 주먹으로 구를 표시하고 평면은 손바닥으로, 직선은 손가락으로 표시해보라고 한다. 그렇게 연습해보면 공간에 대한 이해가 어느 정도 생긴다.

그리고 기본적인 문제 유형을 암기하고 설명하는 연습을 많이 하면 아주 도움이 된다. 예를 들어 원뿔에 대한 여러 가지 문제가 있다. 나는 그 대표적인 문제들을 일단 정리해준다. 그리고 그것을 반복적으로 말해주고, 학생들에게도 말해보라고 시킨다.

"원뿔에 대한 문제는 원뿔 전개도의 모양에 대한 문제, 밑면의 반지름에 대한 문제, 높이를 구하는 문제, 전개도의 면적을 구하는 문제, 밑면의 반지름을 구하는 문제, 부피를 구하는 문제, 부채꼴의 각도를 구하는 문제, 부채꼴의 면적을 구하는 문제 등이 있다."

이렇게 설명한 다음 그 문제들을 실제로 한 번씩 다루게 한다. 그리고 학생들에게 자주 그 문제들의 유형과 풀이 방법을 말해보게 한다. 그리고 설명하는 과정에서 원뿔의 모양이나 구하고자 하는 밑면, 모선, 높이 등을 손짓으로 그려보게 한다. 그처럼 능동적으로 상상을 구체화시키는 노력을 하면 공부 태도는 얼마 가지 않아서 매우 달라진다.

'몸으로 하는 공부법'을 일상에서도 실천해볼 수 있다. 일기를 쓸 때, "오늘 영어, 수학 공부를 열심히 했다."고 쓰는 것은 좋지 않은 태도이다. 영어의 어떤 부분, 수학의 어떤 단원을 공부했다고 쓰는 것이 더 구체적으로 서술하는 방식이다. "오늘 친구들과 즐겁게 놀았다."라고 쓰지 말고, "오늘 공원에서 지민이, 윤서와 함께 흙놀이를 하면서 즐겁게 놀았다."라고 쓰는 것이 더 구체적인 방식이다.

영어 공부를 할 때에도 마찬가지이다. 영어 단어를 공부할 때에도 그냥 눈으로 보고 넘어가면 안 된다. 중얼중얼 암송하는 습관을 가지는 것이 좋고 반드시 적어봐야 한다. 적을 때에는 그냥 보고 베끼는 것이 아니라, 우선 눈으로 보고 읽어서 대상을 인지하고, 잠시 눈을 떼고 그것을 연상하며 손으로 적어보면, 기억을 구체적으로 형상화하는 작업이 된다. 시간이 없어서 종이에 적을 수 없을 때에는 손가락으로라도 적어보아야 한다. 그리고 영어 단어나 숙어, 문법을 공부할 때에는 구체적인 문장을 통해 접근하는 것이 좋다. 영어를 공부할 때에도 '현장'에서 영어를 만나는 것이 필요하다.

중요한 영어 단어, 숙어를 하나 둘 정리해주는 것도 필요할 때가 있고 추상적인 문법을 먼저 강의해야 할 때도 있다. 하지만 중요한 단어, 숙어가 포함된, 꼭 알아야 할 문법이 포함된 문장을 우선 제시하고, 즉 현장에서 그것들을 만나게 하고, 그 문장들을 해석하는 과정에서 단어와 숙어, 문법을 공부하는 것이 더 효과적인 방법이다.

우리가 삶의 문제들을 다 배우고 나서 사는 것이 아니다. 살아가면서 삶의 문제들을 하나 둘 만나게 되고 그것을 해결하는 과정에서 차츰 성숙한 인격으로 성장하게 된다. 영어 문장을 보고 그 의미를 추측하고 단어를 찾고 해석하고 그것을 복습하는 과정을 통해 영어 실력이 증진된다. 단어 책들을 보면, 중요한 단어들이 굵은 글씨체로 제시되어 있고 예문은 오히려 작은 글씨로 되어 있거나 아예 없다. 이것은 잘못된 단어 암기법이다.

그럼 어떻게 공부하는 것이 좋을까. 단어를 먼저 보지 말고 문장을 먼저 보고 그 문장 속에서 그 단어가 무슨 뜻인지 추측해본다. 이렇게 저렇게 여러 번 추측해보고 나서 그래도 이해가 안 되면 뜻을 본다. 그리고 단어만 반복하지 말고 오히려 그 문장을 반복해서 읽는다. 그러면 그 문장의 내용과 더불어 그 단어를 실제의 '현장'에서 살아 있는 '몸'으로 만나는 것이 된다.

이처럼 영어도 살아 있는 형태로, 그것을 사용하는 현장에서 만나야 한다. 정리가 된 형태가 아니라도 현장에서 영어를 만나는 것에 익숙한 학생은 시험에서 모르는 단어나 숙어를 만나더라도 당황하지 않는다. 영어시험의 많은 문장에서 모르는 단어가 나타날 가능성은 항상 있다. 이런 상황에서 '상황적 맥락'에 대한 연습, 즉 현장에서의 실전 연습이 유리한 것은 말할 필요도 없다.

항상 우리는 '구체적으로' 사는 연습을 해야 한다. 우리는 너무나 많이 '추상적으로' 살아간다. 공부를 추상적인 개념이 아니라 구체적인 일로 만나야 한다고 이미 이야기한 바 있다. 공부하는 방식도 마찬가지이다. 말하고 듣고 써보고 그려보고 만져보는 것은 추상적인 공부를 물리적으로, 즉 '몸'으로 구체화시키는 방법이다. 눈으로 보지만 말고 읽어보고, 읽지만 말고 써보고, 그것을 한 장씩 모아두고 만져본다면 공부가 이전과는 다르게 살아 있는 '몸'으로 나에게 체험될 것이다.

조용한 공부 습관에서 적극적인 온몸 학습으로

단순히 눈이나 머리로 하지 않고 온몸의 모든 감각을 동원해 공부하는 '몸으로 하는 공부법'은 사실 오래 전부터 있어왔다. 바로 우리의 전통적인 공부법인 '낭독(朗讀)'이다. 고전을 소리 내어 반복해서 읽는 것이 우리의 전통적인 공부법이었다. 소리 내어 여러 번 반복해서 읽다보면 암기가 되고 그 내용을 잘 이해하게 된다. 낭독을 많이 하면 좌우 뇌를 자극하게 되고 기억력까지 증진된다는 연구가 있다.

읽다보면 스스로 듣게 된다. 보는 것은 수동적인 행위이지만, 읽는 것은 능동적인 행위이다. 멍청하게 텔레비전을 볼 수는 있지만, 아무 생각 없이 책을 소리 내어 읽는 것은 힘든 일이다. 읽기 위해서는 '주목'과 '집중'을 해야 한다.

티베트 불교에서는 경전 암송을 강조한다. 그들은 경전을 암송할 때 몸을 흔들어가며 중얼중얼 암송한다. 모든 승려가 20여 년에 걸친 수행기간 동안 불교의 모든 경전을 암송해야 한다. 경전을 앞에 걸어놓고 몸을 이리저리 흔들어가며 경전을 암송하는 모습이 참 인상적이다. 그들은 최라(choera : 대론對論)라는 토론을 하는데, 질문자가 앉아 있는 답변자에게 손뼉과 손짓, 발짓 등 온몸을 동원하며 질문을 한다. 고요히 경전 속에 잠자고 있는 이론을 고함과 손뼉, 격렬한 몸짓을 통해 생생하게 현실로 불러오는 방법이다.

이런 암송과 주고받는 토론을 통해 티베트 불교는 중국의 억압에도 불구하고 그 명맥을 여전히 이어오고 있다. 달라이 라마의 말과 글에서는 삶의 깊은 체험에서 우러나오는 사변화되지 않은 지혜를 만날 수 있다. 이것은 암송과 토론을 통해 생생하게 수행한 결과가 아닌가 한다.

요즘에는 학교에서도 학원에서도 쓰거나 소리 내어 읽거나 말하는 것을 권장하지 않는다. 영어 유치원이나 초등학교 영어 학원에서 많이 하던 영어 문장에 대한 암기와 발표, 그것을 바탕으로 한 대화는 중학교 이상이 되면 슬그머니 사라져버린다. 학교 현장에서 웅변도 사라져버렸고 학급회의도 사라져버렸다. 학교 현장에서 '말'이 사라지고 있다. 이것은 상급 학년으로 갈수록 더욱더 심해진다. 더 필요한 순간에 중요한 것들이 사라지고 학생들은 오히려 수동적인 존재가 되어버린다. 교실 분위기가 이렇다보니 많이 쓰고 읽고 말하는 방법으로 공부를 시키면 처음에는 낯설게 느끼고 힘들어한다.

전체적인 해석을 중요시하는 수능 문제 탓에 학생들은 전체적인 맥락을 추측하는 공부를 더 좋아한다. 사실 그것이 더 편하기도 하다. 그러나 그렇게 공부하면 실제 시험에서 실패하는 경우가 많다. 한 문장을 두고 철저하게 따져보고, 찾아보고, 적어보고, 반복하고, 암기하고, 말해보고, 토론하고, 설명하는 식의 공부를 스스로 해야 한다. 그것은 지속적인 연습만 하면 누구나 할 수 있는 일이다. 하지만 학생들은 많은 페이지를 공부하고 개략적인 설명만 하고 핵심을 지적해주고 문제 풀이 방법을 가르쳐주면 좋아한다. 그러나 이런 식의 공부는 '모래 위에 쌓은 성'에 불과하다. 그것을 스스로 설명해 남에게 전달할 수 있을 정도의 깊은 인식이 없기 때문이다.

실제 시험에서 틀리는 문제는 전체적인 맥락 때문이 아니다. 하나의 단어, 하나의 구절이 제대로 해석되지 않아서 틀리는 경우가 더 많다.

이 말이 제대로 이해되지 않는다면, 최근에 풀이한 영어 문제집이나 모의고사 문제들 중 맞은 문제를 펴놓고 한 문장 한 문장을 해석해보라. 대부분의 학생들은 조금 놀랄 것이다. 모르는 단어와 숙어가 있고, 해석이 제대로 되지 않았음에도 불구하고 맞은 문제가 많으니 말이다. 정확한 해석이 되지 않았음에도 답이 맞았다면 그것은 맞은 것이 아니라고 생각해야 한다. 답이 맞았으니 된 것이라고 하는 학생들은 결국 실제 중요한 시험에서 좋은 성적을 받기 어렵다. 불완전함이나 거짓은 실제 시험에서 그대로 드러나고 만다.

현장에서 영어 문장을 만나고, 단어·숙어를 조사하고, 문법을 공부하고, 그것을 '온몸'을 동원해 자기의 것으로 익히고, 다시 복잡다단한 현장으로 되돌아가 적용하는 '몸으로 하는 공부법'을 익히지 않으면 결코 성공할 수 없다.

미친 영어(Crazy English)로 중국을 휩쓸었던 리양의 공부법은 시사하는 바가 크다. 그는 미국인들이 자주 쓰는 문장을 미친 듯이 가능한 크게(as loudly as possible), 가능한 정확하게(as clearly as possible), 가능한 빨리(as quickly as possible) 소리 내어 외치라고 말한다. 그는 1986년 란저우(蘭州)대학 이과대학에 턱걸이로 입학하고, 3학기 동안 10개 과목에서 낙제점을 받았다. 이때부터 리양은 한적한 혁명열사릉에 영어책을 들고 가서 고함을 질러가며 읽어대기 시작했다. 하루도 거르지 않고 4개월 동안 영어 소설책 등 10권을 읽고 난 뒤 치른 첫 영어시험에서 그는 전교 2등을 차지했다.

물론 우리가 하루 종일 영어에 노출된 환경에서 몇 년 동안이라도 자연스럽게 듣고 말하고 읽고 쓰는 상황이 된다면 이런 '미친' 행위를 할 필요는 없을 것이다. 그런 상황이 되지 않기 때문에 과장된 몸짓, 과장된 소리를 통해 영어와의 만남을 더 깊게 하고 그것을 나의 몸으로 체화하려고 노력해야 하는 것이다.

나는 고등학교 1학년 때 성격이 매우 소심했고 말이 무척 어눌했다. 목이 좋지 않은 데다 자신감도 없어서 항상 목소리가 기어들어갔다. 그래서 매일 1시간씩 국어 교과서부터 시작해서 국어와 영어의 좋은 고전들을 소리 내어 또박또박 읽기 시작했다. 누가 가르쳐준 것도 아닌데 그렇게 하는 것이 도움이 될 것이라는 막연한 생각에서였다. 그런데 여러 달 동안 낭독을 하고 나자 아주 많은 변화가 나타나기 시작했다. 이전보다 말하는 것이 많이 나아졌고, 말이 조금 느려지기는 했지만 또박또박 말하는 습성이 길러졌다. 그리고 책을 읽을 때에도 건성으로 읽지 않고 하나하나 이해하면서 읽는 습성이 생겼다. 이때의 노력이 대학 입시에서 언어 · 영어 · 논술에 대해 크게 걱정하지 않을 수 있었던 기반이 되었다는 생각이 든다.

자기 방에서 꼼짝도 않고 조용히 공부하는 습관이 있다면 오늘 즉시 바꾸어야 한다. 일어서서 돌아다니며 손짓, 발짓, 몸짓을 하며 중얼중얼 소리 내어 읽어보도록 하라. 그러면 머리에 머물던 공부가 내 몸의 일부로 가깝게 다가올 것이다. 그러면 그때 공부는 내 것이 된다.

2부
공부 그릇을 키우자

1. '공부 그릇'을 키우자

'공부의 양' 보다 '공부 그릇'을 키워라

우리 어머니는 공부를 많이 하지 못했지만 삶의 지혜가 많은 분이다. 그래서 어릴 적부터 어머니에게 많은 가르침을 받으며 자랐다. 나는 어릴 때 화를 잘 내고 많이 우는 아이였다. 내가 두세 살 때, 화가 나서 눈을 뜨지 않았다고 한다. 놀란 부모님이 어두운 밤에 산을 두 개 넘어 큰집으로 나를 데리고 가셨는데, 내가 할머니 품에 안기자마자 눈을 동그랗게 뜨며 웃더라는 것이다.

잘못해서 벌을 받으면 금방 용서를 비는 형에 비해, 손을 들고 벌을 서면서도 나는 끝까지 용서를 빌지 않았다. 이런 나에게 어머니는 "해가 지도록 분을 품지 말라."는 말씀을 자주 해주셨다. 그리고 항상 "겸손한 마음으로 나보다 남을 낫게 여겨라."고도 하셨다. 순종하기를 바란 어머니는 "살아 있을 때 부모에게 순종하는 것이 부모가 돌아가시고 나서 제사를 지내는 것보다 더 낫다."는 말씀도 자주 하셨다. 이런 모든 말씀은 어머니가 신앙생활을 통해 얻고 체화한 삶의 지혜였다.

어머니는 공부를 가르쳐준 적도 없고, 공부하라고 소리치지도 않았고, 왜 성적이 그 모양이냐고 야단치지도 않았다. 하지만 어떻게 살아야 한다는 방향만큼은 분명하게 제시해주셨던 것 같다. 반면에 아버지는 모진 소리를 못하고 항상 하고 싶은 말들을 마음에 담아두고 멀리에서 걱정스런 얼굴로 바라보기만 하셨다. 이와 달리 적극적으로 인격적인 삶에 대해 말씀해주셨던 어머니는 나에게 공부하라고 채근하지는 않았지만 공부를 잘할 수 있는 계기를, 공부를 할 만한 '그릇'을 만들어주셨다.

내가 비록 어머니의 교훈을 따라 순종하고, 남을 나보다 더 낮게 여기며, 해가 지도록 분노를 품지 않는 좋은 사람이 된 것 같지는 않지만, 적어도 그렇게 살아야 한다는 마음자세만은 가질 수 있었다. 주이진 규칙을 어기지 않고 순종하려 노력하는 것, 남을 무시하지 않고 존중하고 인정하는 것, 화가 나더라도 분을 빨리 삭이고 평화로운 삶으로 곧 되돌아오는 것, 이런 것들은 바로 공부를 잘하는 데 필요한 태도이다. 공부를 잘하기 위해서는 선생님의 지도에 순종해야 하고, 나보다 뛰어난 사람을 낮게 여기고, 가르치는 사람의 지도에 성실하게 순종해야 한다. 힘들더라도 의무를 다하려고 노력해야 하며, 분노로 들뜬 삶을 평온하게 바꾸어 다시 고요히 책장을 넘길 수 있어야 한다. 이런 능력이 없다면 공부를 하는 것이 힘들어진다. 우리 어머니는 '공부'를 가르쳐주지는 않으셨지만, '공부할 능력'만은 그 어느 극성스러운 부모보다 더 많이 가르쳐주셨고, 나의 '공부 그릇'을 크게 해주셨다.

내가 태어난 경북 청송은 오지 중의 오지다. 대학교 1학년 때 서울내기인 아내를 고향 청송에 데리고 간 적이 있었다. 서울에서 대구까지 4시간, 대구에서 청송까지 2시간이 넘게 걸리는 먼 길이었다. 산을 넘고 물을 건너도 마을이 나오지 않자 아내는 "언제 집이 나오느냐?"고 계속 물었다. 마침내 고향 마을에 도착하자, "여기는 민속촌보다 더해."라는 말부터 했다. 나는 그런 오지에서 태어나고 자랐다.

내가 초등학교에 들어가기 전에는 전기가 없었다. 나는 어릴 적에 검정 고무신을 신고 다녔고, 할아버지가 소를 끌고 쟁기질을 하시면 나는 그 쟁기 위에 앉아 놀기도 했고, 낫으로 벼를 베다가 손을 다치기도 했다. 봄과 가을이면 산으로 들로 맛있는 열매를 따 먹으러 다니기도 했고, 여름에는 불어난 강물에 겁도 없이 뛰어들기도 했다. 겨울이면 썰매를 타다 옷을 다 버리기도 했다.

어린 시절 이처럼 마음껏 뛰어놀 때 어머니는 공부하라고 야단친 적이 없다. 다만 내 방은 반드시 내가 정리하도록 시켰다. 제대로 정리가 되어 있지 않고 어지러우면 많이 혼을 냈기 때문에 형과 나는 방을 항상 깨끗이 정리했다. 그리고 아주 어릴 적부터 신발도 스스로 빨아 신도록 했다.

내가 초등학교 1학년 때부터 신고 다닌 흰 운동화는 하루만 지나도 검은색으로 변했다. 요즘처럼 좋은 세제가 있었던 것도 아니고, 파란색의 세탁비누로 열심히 비벼 비누 거품을 낸 다음 플라스틱 솔로 빡빡 문질러야 겨우 때가 없어졌다. 어린 나이에 신발을 세탁하는 것은 참 힘든 일이었지만, 지금 생각해보면 그 과정을 통해 자기의 일은 자기가 해야 한다는 자립심이 길러진 것 같다. 학교 교장선생님이셨던 아버지의 교장실에는 '내 갈 길은 내가 개척한다.'는 교훈이 적혀 있었고, 그 말처럼 내 신발은 내가 세탁했으니 산교육을 받은 셈이었다.

요즘은 학생이나 부모들도 당장의 성적에만 급급해서 정말 중요한 '공부 그릇 키우기'에는 소홀한 것 같다. 대부분의 학생들은 '공부의 양'과 성적과 등수에만 관심이 많을 뿐, 어떻게 하면 공부를 잘할 수 있는 '능력'과 '그릇'을 갖출 것인가에는 관심이 별로 없다. 사람의 능력에는 한계가 있다. 100미터를 15초에 달리는 선수가 아무리 12초에 달리고 싶은 욕망이 간절하더라도 그것이 갑자기 이루어질 수는 없다. 다리의 근육이 더 좋아지든지, 새로운 주법을 끊임없이 연습해서 주법의 변화가 이루어지든지 해야 한다. 이처럼 발전하려면 선수 자신의 역량이 달라질 때 기능해긴다.

아내는 요즘의 보통 부모들처럼 교육에 정말 열성적이다. 내가 반대했는데도 딸을 영어 유치원에 보냈고, 지금도 열심히 영어를 가르친다. 미리 숙제를 다 점검하고 시험을 보게 해서 학원 시험에 별로 틀리는 것이 없도록 준비한다. 이제 초등학교 2학년인데, 피아노와 미술과 주산을 시킨다(주산은 반드시 시키라고 권했다. 어린 시절에 수 개념이 제대로 정착되지 않고 계산 능력이 떨어지면 나중에 수학 공부할 때 고생을 많이 한다). 미술도 사교육으로 미리 준비한 덕에 딸아이는 초등학교 1학년 들어가자마자 과학 상상화 그리기 대회에서 금상을 탔다. 그러나 나는 그런 아내에게 너무 많은 것을 시키지 말라고 자주 이야기한다. 그러면 아내는 좀 시무록해지는데, 자신의 노력을 인정받고 힘을 실어주기를 바라서일 것이다.

물론 음악, 줄넘기, 피아노, 미술 등은 좋은 교육이라고 생각한다. 그리고 밤마다 한 시간 넘게 책을 읽어주는 정성에 대해서도 깊이 감탄하고 찬사를 보낸다. 그러나 영어나 수학 선행 학습을 너무 많이 시킨다든지 하는 것은 말리는 편이다. 요즘 학생들은 어릴 때부터 수많은 교육을 받는다. 영어만 해도 영어 유치원부터 시작해 커서는 어학연수까지 몇 차례 다녀오기도 한다. 하지만 영어 성적, 영어 실력을 생각해보면 그 효과가 의심스럽다. 그처럼 어린 시절부터 많은 교육을 받지만, 과연 그만큼의 실력을 쌓을까. 대부분이 그렇지 못한 이유는 지속적으로 자기의 '몸'에 익히려는 노력이 없었기 때문이다.

쌀 한 말을 담을 수 있는 그릇이 있다. 그 그릇에 쌀 한 가마니를 담고 싶다 해도 담을 방법이 없다. 그러나 대부분의 사람들은 쌀의 양에만 욕심을 내서 그것을 작은 그릇에 모두 담으려고 발버둥친다. 그릇이 작으면 그릇부터 키워야 하는데 말이다. 우선 생각해봐야 할 것은 자신이 담을 수 있는 그릇의 크기가 어느 정도 되는가이다. 그 크기를 먼저 생각해보고 그것을 더 크게 할 수 있는 방법이 없는지를 고민해야 한다.

공부도 결국은 삶의 일부이다. 우리는 좋은 삶을 살기 위해 배우고 익히는 것이다. 따라서 공부를 잘 하고 싶은 학생이라면 우선 좋은 삶을 살도록 노력해야 한다. 공부를 잘 한다는 것은 학생으로서 좋은 삶을 살고 있다는 증거이다. 그처럼 열심히 공부하다보면 더 좋은 삶을 살 수 있는 계기가 마련될 것이다.

대부분의 부모가 잔소리를 많이 한다. 방을 치워라, 숙제해라, 동생과 싸우지 마라, 늦잠 자지 마라, 입은 옷은 세탁기에 넣어라, 텔레비전을 많이 보지 마라 등등. 이런 지적을 잔소리로만 듣지 말고 자신을 반성할 수 있다면 크게 성장할 수 있다. 책상은 엉망이고, 책은 이리저리 뒹굴고, 책가방은 정리되어 있지 않고, 자기 옷이 어디에 있는지도 모르고, 모든 일을 어머니에게 의존하는 학생이 공부를 잘하기는 어렵다. 부모의 도움으로 지금 당장은 공부를 잘한다 하더라도 앞으로 살아가는 동안 한계에 부딪칠 수밖에 없다. 하루하루의 생활이 부모가 보기에 잔소리할 것이 없을 만큼 성실하다면, 그것이 바로 공부할 그릇이 커진 것이다. 이처럼 생활이 달라지면 좋은 성적을 얻는 것도 가능해진다.

나는 학생과 첫 상담을 할 때 반드시 학교와 집에서 어떻게 생활하는지 구체적으로 질문한다. 선생님들과의 관계는 어떤지, 친구들과는 어떻게 지내는지, 만났을 때 주로 무엇을 하는지 묻는다. 집에서 부모와 어떤 문제로 갈등이 있는지, 어떤 이야기들을 하며 지내는지를 자세히 묻는다. 일상에서 자신이 해야 할 일들을 어느 정도 하는 학생이라면 성적 향상은 그리 어렵지 않다. 그러나 일상에서 자기 일들을 하지 못하고 있다면 우선 그러한 습관들을 고치려고 노력해야 한다. 그 과정에서 공부는 자연스럽게 향상된다.

맹자는 '지극히 크고 굳센 마음'인 호연지기(浩然之氣)는 집의(集義)를 통해 얻을 수 있다고 했다. '집의'란 매일매일 의로운 일을 반복하는 것을 말한다. 그것은 하루아침에 되는 일이 아니다. 매일 좋은 습성을 가지려고 노력해서 그것이 '몸'에 배면 어느 순간 자기도 모르게 큰 마음을 가진 큰 사람이 되고 이를 통해 공부할 그릇도 커지게 되는 것이다.

정리정돈 못하는 생활 습관이 불러온 실패

최근 지도한 학생 중에 한길(가명)이는 중학교 졸업 뒤 몇 년 동안 외국에서 공부하고 돌아와 수능을 준비했다. 한길이는 키가 크고 덩치도 좋지만 무엇보다 남에게 상처를 주지 않는 착한 마음을 가지고 있었다. 오토바이를 좋아해서 긴 머리를 휘날리며 경주용 오토바이를 타고 다녔다. 나도 오토바이를 거의 10년 정도 탄 적이 있어서 누구보다 그 위험성을 잘 알기 때문에 몇 번 그만 타라고 충고했지만, 역시 모험은 젊은이의 몫인 것 같다.

한길이는 외국에서 공부했기 때문에 영어 실력은 좋았다. 단어, 숙어, 문법 등을 자세히 아는 것은 아니었지만, 영어에 대해 상당한 '감'을 가지고 있어서 좋은 성적이 나왔다. 그리고 언어에 대한 감각도 상당히 좋아서 걱정하지 않아도 될 정도였다. 그런데 수학이 문제였다. 보통 공부를 열심히 하는 학생들은 국어, 영어, 수학에서 어느 정도 고른 점수가 나온다. 특별히 한 과목을 잘하는 학생들은 있지만, 공부의 원리가 다 비슷한 것이기 때문에 어느 정도 비슷한 성적이 나오는 것이 정상이다. 그래서 한길이에게 그 이치를 설명했다.

"네가 외국에 살면서 영어를 '많이' 했기 때문에 영어를 잘하는 거야. 이제부터 수학을 '많이' 하면 수학도 잘할 수 있어."

그리고 수학을 몇 달 동안 집중적으로 가르쳤다. 그러나 시간이 지날수록 그것이 그렇게 쉬운 일이 아니라는 것을 느끼게 되었다. 흔히 생각하듯이 한길이가 '계산 능력'이나 '수학적 추론 능력'에 문제가 있는 것은 아니었다. 오히려 설명을 바로 이해하고 날카로운 질문을 던지기도 한다. 그런데 문제는 그때뿐이라는 것이다.

나는 수학을 가르칠 때 태블릿 노트북을 사용한다. 노트북에 문제를 붙이고 그 밑에 자세한 풀이 과정을 적어주고 중요한 것들을 적어 프린트해준다. 그리고 그것을 두 번 적어오게 한 다음 풀이 과정을 지우고 다음 시간 전에 시험을 본다. 틀린 문제는 다섯 번씩 다시 풀게 한다. 이런 단순한 반복 과정을 통해 수학에 익숙해지도록 하는 것이다. 수학을 잘하려면 수학과 더불어 살아야 하고 영어를 잘하려면 영어와 더불어 살아야 한다. 이런 과정을 성실하게 따르는 학생들은 대부분 성적이 올라간다.

그런데 이처럼 간단하고 단순한 과정을 한길이는 따라오지 못했다. 처음에 적은 것을 달라고 했더니 잃어버렸냐는 서었다. 낯 번 그러길래 한길이가 하기 싫어서 일부러 그러는 것으로 생각했다. 그러나 한길이는 생각지도 못한 대답을 했다.

"선생님께서 정리해준 노트를 찾을 수가 없어요."

학원 구석에 있는 한길이의 자리는 그야말로 쓰레기장 같았다. 나는 매번 책과 프린트를 정리하라고 말했지만 그것은 그 순간뿐이었다. 책은 책대로, 프린트는 날짜와 진도에 맞추어 정리하라고 수없이 이야기하고 시범도 보였지만 모두 허사였다. 며칠만 지나면 한길이 책상은 또다시 쓰레기장으로 변하고 내가 치워주는 것도 하루 이틀이었다. 용게 숙제를 하고도 숙제한 노트가 어디에 있는지 몰라 검사할 수 없었다.

어느 날은 집에 두고 왔다고 하고 어느 날은 노트를 못 찾겠다고 하고 어느 날은 식당에 두고 왔다고 했다. 한길이가 수업을 들은 교실에는 항상 한길이의 물건이 한두 개씩 놓여 있었다. 펜이 놓여 있기도 하고 옷이 의자에 걸려 있기도 하고 책과 프린트가 이 방 저 방에 흩어져 있었다. 이처럼 정리하지 못하는 습관은 공부에 큰 장애가 되었다.

나는 한길이를 붙잡고 간곡하게 여러 차례 이야기 했다.

"내가 사장이고 네가 직원이라고 생각해봐. 사장이 '이 문서는 중요하니까 잘 보관하고 내용을 잘 파악해둬.' 하면서 너에게 줬어. 그런데 사장이 며칠 지나 그 문서를 달라고 하는데, '몰라요, 잃어버린 것 같아요.' 하면 어떻게 될 것 같아? 그 회사에서 널 직원으로 그대로 쓰겠니? 그 내용을 잘 숙지하라고 했는데, 그 문서조차 보관하지 못한다면 어떻게 믿고 일을 맡기겠어? 공부도 똑같은 거야."

이렇게 말하면 한길이는 워낙 착한 성격이라, "예, 선생님. 앞으로는 정말 잘 정리할게요."라고 진심으로 대답한다. 그러나 그 약속은 또 하루 이틀 만에 어디론가 사라져버리고 만다. 이처럼 습관은 정말 무서운 것이다. 긴 시간 동안 그 습관은 한길이의 몸 구석구석 배어들어 바뀌지 않았다.

한길이는 또 거절을 못하는 성격이다. 늦은 시각 공부를 마치고 집으로 돌아가다가도 친구들이 농구를 하자고 하면 다음날 해야 할 일이 있는데도 친구들의 요구를 거절하지 못했다. 새벽까지 농구를 하고 잠자리에 들어 결국 아침에 일어나지 못하는 일이 빈번했다. 더 중요한 일을 위해 자제할 줄도 알고, 자신의 생활을 균형 있게 만들어가고, 내일을 기대하며 오늘을 절제하는 지혜로운 '습성'이 한길이에게는 없었다. 공부를 열심히 해야겠다는 '생각'만 있었을 뿐 한길이의 몸은 생각과는 반대로 움직였다.

한길이는 힘들게 공부했지만 원하는 대학에 진학하지 못했다. 한길이가 실패한 것은 좋은 습성이 몸에 배어 있지 못한 탓이다. 물론 한길이가 더 강한 의지를 가지고 노력했더라면 상황이 달라졌을 수도 있다. 하지만 나쁜 습성이 너무 강했기 때문에 그것을 단기간에 고치기 힘들었던 것이다.

이 책을 쓰고 있을 때 한길이가 학원에 놀러왔다. 그래서 이 책의 원고를 보여주었더니, 한길이는 심각한 얼굴로 한참 동안 원고를 읽었다. 한길이가 그처럼 집중해서 글을 읽는 것을 본 것은 처음이었다. 그러고는 원고를 한 부 복사해달라고 했다. 자신의 문제점을 다시 심각하게 생각해보고 고쳐나가겠다는 거였다. 그래서 한길이는 이 책의 첫 번째 독자가 되었다. 그 다짐만큼 이제 한길이는 좋지 않은 습관을 하나씩 고쳐 더 나은 삶을 살게 될 것이라고 굳게 믿는다.

이처럼 공부 습관뿐 아니라 생활 습관은 매우 중요하다. 생활 습관을 잘 조절하지 못하면 공부에 장애가 되기 때문이다. 먼저 자신을 돌아보고 어떤 나쁜 생활 습관이 있는지 오답노트에 적어보라. 적어두는 것만으로도 자신을 객관화시키는 좋은 방법이 된다. 적어둔 것을 지속적으로 읽기만 해도 그것을 고쳐야겠다는 생각이 들고 실천 의지가 조금씩 싹트게 될 것이다.

좋은 습성이 바로 '공부 그릇'이 된다. 좋은 습성이 많으면 공부 그릇이 커지고 나쁜 습성이 많으면 공부 그릇은 작아진다. 공부를 하기 전에 자신에게 어떤 나쁜 습성이 공부를 방해하고 있는지 잘 생각해보라. 이것이 성적 향상을 위해 꼭 필요한 준비 작업이기 때문이다.

좋은 습관을 연습하면 '공부 그릇'이 커진다

'습관은 제2의 천성'이라는 말이 있다. 습관은 하늘이 내려준 천성처럼 고치기가 정말 어렵다. 하루 이틀에 만들어진 것이 아니기 때문이다. 공부란 이런 '습관', '습성'과 연관이 있다. '습성'이란 '익숙한 것'을 의미한다. 공부도 익숙함과 연관이 있다. 우리가 익숙한 곳을 떠나기란 쉽지 않다. 어릴 적에 자란 익숙한 마을의 전경과 친숙한 분위기는 한 사람의 평생을 지배하는 법이다. 우리는 항상 그런 익숙함, 친숙함으로 되돌아가고 싶기에 평생 고향을 그리워한다. 익숙함에서 벗어나고 싶지 않은 것이 인간의 기본적인 욕망이다. 이것은 '의식', '결단', '사고', '숙고', '이성' 등의 영역이라기보다는 어느 정도 동물적인 영역이다. 공부를 열심히 하겠다는 결심만으로 공부가 잘 되지 않는 이유가 여기에 있다. 생각은 단호하지만 몸이 따라주지 않는 것도 그 때문이다. 그래서 공부를 열심히 하겠다는 생각보다 공부를 열심히 할 수 있는 몸을 만드는 것이 더 우선이다.

김유신 장군이 애마의 목을 벤 이야기가 있다. 김유신 장군이 젊었을 때 천관녀라는 기생을 사랑해 그 집에 자주 드나들었는데, 어머니의 꾸지람에 발길을 끊었다. 그러나 어느 날 술이 취해 애마를 탔는데 그 말이 평소처럼 그녀의 집으로 향한 것이다. 잠이 깬 김유신은 그 말의 목을 벴다.

흔히 공부를 '지성', '머리', '인식', '추론', '이성'의 영역이라고 생각한다. 하지만 실제로 공부 과정을 잘 살펴보면, 그것은 '습관', '몸', '손동작', '반복', '실행', '감각'의 영역일 때가 많다. 어머니의 꾸지람은 이성적인 영역이다. 대업을 위해 여자에 빠져 있으면 안 된다는 당연한 '추론'과 '이성적 판단'이다. 하지만 김유신은 아직 젊은 탓에 감정적이었고, 게다가 이성을 마비시키는 술까지 먹은 상태였다. 그는 의식이 정지된 잠에 빠져 있었고, 그런 김유신을 그녀에게 이끈 것은 바로 김유신의 애마, 즉 동물이었다. 이 애마는 김유신의 동물적인 본성과 습성을 상징한다. 잠이 깬 김유신은 자신을 잘못된 길로 이끈 동물적인 본성을 단칼로 베어버리며 이성의 단호한 승리를 보여준다.

이 이야기는 인간의 습성이 얼마나 무서운 것이며, 그것은 단호한 결단을 통해, 이니 큰 희생을 치르고 나서야 비로소 끊을 수 있는 것임을 보여준다. 김유신이 칼로 벤 것은 단순히 자신의 애마가 아니었다. 그것은 자신의 몸의 일부로 남아 있는 나쁜 습성이었다. 습성을 고치는 것은 이처럼 고통스럽고 결단이 필요한 일이기도 하다.

하지만 학생들이 이처럼 단호하게 잘못된 습관을 고치기는 어렵다. 그런데 자녀에게 이런 결단을 요구하는 부모들도 있다. 공부를 하지 않는다고 책을 다 불태워버린 부모, 집에서 나가라고 소리 지르는 부모, 여학생의 머리를 빡빡 밀어버린 아버지도 있다. 이런 극단적인 방법들이 효과를 낼 때도 있지만 오히려 부작용이 더 많다. 습성에는 습성으로 대처해야 한다. 우리가 쉽게 막을 수 있는 병은 간단한 약으로 치료할 수 있지만, 뿌리 깊은 병은 또 긴 시간을 두고 서서히 조금씩 고쳐 나가야 한다. 습성이란 하루아침에 만들어진 것이 아니기에 그것을 고치는 데에도 또 그만큼의 시간이 걸릴 수 있다. 김유신 같은 위대한 인물은 그것을 단칼에 해결하고 다시는 뒤돌아보지 않을 수 있겠지만, 보통 사람이라면 또 술을 먹고 그녀의 집으로 향하게 될 것이다. 강한 이성과 결단력이 부족하기 때문이다.

한길이가 몇 달 동안 나와 전쟁을 벌였지만 결국 성공하지 못했던 것은 바로 그런 긴 전쟁을 단기간에 끝내려고 했기 때문이다. 하지만 한길이도, 우리 다른 모든 사람들도 김유신 장군과 같은 결단을 소유하고 있지는 않다. 그래서 다른 방식으로 전쟁을 해야 한다. 그 전쟁은 단기전이 아니라 장기전이다. 그것은 공부하는 곳에서만이 아니라 매일매일의 생활에서 행해야 할 전쟁이다. 삶의 현장에서 좋은 삶을 살려고 의식적으로 노력하고, 이를 반복하며 오랜 연습을 통해 자기도 모르게 서서히 변모하는 '양의 질로의 전화(轉化)'이다. 의식이 무의식이 되고, 노력이 자연스런 행동으로 변모하는 과정이다.

헤밍웨이는 「젊은이에게 주는 글(Advice to a Young Man)」에서 습성의 중요성을 강조했다. 나는 학생들에게 항상 이 글을 먼저 소개하고 암기시킨다.

To love with an ideal is a successful life. It is not what one does, but what one tries to do, that makes a man strong. "Eternal vigilance," it has been said, "is the price of liberty." With equal truth it may be said,

"Unceasing effort is the price of success." If we do not work with all our might, others will; and they will defeat us in the race, and pick the prize from our grasp. Success grows less and less dependent on luck and chance. Self‑distrust is the cause of most of our failures. The great and indispensable help to success is character. Character is crystallized habit, the result of training and conviction.

이상을 가진 삶은 성공적인 삶이다. 사람을 강하게 만드는 것은 지금 무엇을 하고 있는가가 아니라 무엇을 하려고 노력하는가이다. "영원한 경계는 자유의 대가이다."라는 말이 있다. 마찬가지로 "끊임없는 노력은 성공의 대가이다."라고 말할 수 있다. 우리가 모든 힘을 다해 일하지 않는다면 다른 사람들이 그렇게 할 것이고, 그들은 우리의 손아귀에서 상을 빼앗아갈 것이다. 성공은 행운이나 요행과는 점점 더 먼 것이 된다. 자기 불신은 실패의 가장 큰 원인이다. 성공에 가장 중요하고 필수적으로 도움을 주는 것은 인격이다. 인격은 결정화된 습관이고 그것은 훈련과 신념의 결과이다.

아주 좋은 글이기에 원문까지 실었다. 학생들이 꼭 암기했으면 좋겠다. 그러나 그것도 '오늘 당장 암기해야지.'가 아니라 '하루에 두 번씩 10일을 읽어야지.'라고 생각하는 것이 머리나 결단이 아닌, 몸이나 습성으로 공부하는 방식이다.

헤밍웨이는 우리들에게 성공하는 삶을 살기를 권유하고 있다. 그것은 이상을 가진 삶이다. 우리는 각자의 이상을 스스로 찾아야만 한다. 그 이상을 실현하기 위해서는 끊임없는(즉, 반복적인) 노력을 해야 하며 좋은 인격을 가져야 한다. 그런데 그 인격은 다름 아닌 습관(habit)의 결과이며, 그것은 훈련(training)을 통해 얻어지는 것이다. 좋은 습성을 반복적으로 훈련하면 좋은 인격을 얻을 수 있고, 좋은 인격은 우리를 성공의 길로 이끈다.

김남일을 발굴하여 최고의 선수로 만든 것은 히딩크였다. 『히딩크 500일의 기록』이라는 책을 보면, 김남일은 처음 베어벡 코치의 추천을 받았다고 한다.

"김남일은 상대 공격수를 교묘히 괴롭히고 몸싸움 능력도 뛰어나다. 대부분 한국 선수들은 스스로 미안해서 반칙도 적당히 하고 마는데 김남일은 상대의 반응과 상관없이 끝까지 집요하게 플레이를 방해하는 플레이가 장점이다."

이런 능력은 히딩크의 월드컵 팀에서 극대화되었다. 그러나 이렇게 된 것은 히딩크가 김남일에게 몸싸움 방법이나 축구 기술을 더 가르쳤기 때문이 아니다. 히딩크는 한 인터뷰에서 김남일이 처음에는 자신의 눈을 똑바로 쳐다보지도 못하는 선수였다고 말했다. 그러나 히딩크는 김남일에게서 근성을 봤고, 그 근성을 더 적극적으로 발현하도록 도왔다. 김남일이 감독의 눈을 똑바로 노려볼 수 있는 담력을 가질 수 있도록 도왔고, '몸가짐' 즉 '태도'를 바꾸어 축구를 잘할 수 있는 그릇으로 만들어주었다. 그러자 김남일의 모든 것이 바뀌었다.

히딩크는 대표팀의 문제점을 이렇게 지적했다.

"카리스마를 가진 저돌적인 선수가 없다. 분위기를 살리는 리더가 없고 모두가 순한 양이다. 강팀만 만나면 지레 꼬리를 내린다. 축구의 생명이라는 플레이메이커 부재도 모두 그런 이유 때문이다."

골 결정력, 드리블 실력이 문제가 아니라 경기를 풀어나갈 저돌적인 성격, 카리스마가 필요했던 것이다. 그런 카리스마의 씨앗을 가지고 있는 김남일의 날개를 펴게 해주자 세계를 무대로 훨훨 날았고 월드컵 4강이라는 위대한 업적의 중심이 될 수 있었다.

메이저리그에서 활약 중인 야구선수 추신수의 아버지는 아들의 근력을 키우기 위해 철봉에 계속 매달려 있게 하는가 하면, 비오는 날 공동묘지를 달리게까지 했다고 한다. 추신수의 아버지는 야구의 기술보다 그 바탕이 되는 담력을 키워야만 야구를 더 잘할 수 있다고 생각해서 그 힘을 키워준 것이다. 식비로 나오는 20달러를 아끼기 위해 구단에서 주는 빵을 하나 더 가지고 와서 아침식사를 해결할 만큼 어려웠던 5년간의 그 긴 마이너리그 생활을 견뎌낼 수 있었던 것도 이렇게 끈기와 담력을 훈련했기 때문이 아닐까?

축구선수가 축구를 하고, 야구선수가 야구를 하듯 학생의 일은 공부다. 지금은 공부를 잘 못해도 상관없다. 먼저 자신이 왜 공부를 잘 못하는지 생각해보고 새롭게 시작하면 된다. 공부도 하나의 일인 만큼 반복적인 노력을 통해 누구나 잘할 수 있다. 그러나 중요한 것은 그처럼 반복적인 노력을 할 마음이 있는가, 반복적인 노력을 할 그릇이 되어 있는가이다. 그것은 반드시 공부하는 순간들을 통해서만 길러지는 것이 아니다. 일상에서 자신의 방을 정리하고, 학교 가방과 준비물을 스스로 준비하고, 일상에서 해야만 하는 일들을 스스로 해내려 노력하고 훈련하는 과정을 통해 얻어질 수 있다. 아빠 엄마의 일이 있듯이 내가 해야할 일이 있고, 내가 살아가야 할 삶이 있고, 내가 정리해야 할 일들이 있다. 공부도 그런 일들 중의 하나이기에 하루하루 열심히 해나가다 보면 공부하는 그릇도 더욱 커질 것이다. 이런 매일의 노력이 바로 맹자가 말한 '집의(의로운 일을 반복적으로 행함)'이다.

자, 지금 당장 일상에서 변화를 시작해보자. 먼저 자기 주변의 물건들을 잘 정리한다. 내일 학교 시간표대로 책가방과 준비물 숙제를 다시 정리하고 꾸린다. '내 갈 길은 내가 개척한다.'는 교훈을 책상 앞에 적어서 붙이고 틈날 때마다 읽는다. 그리고 매일 내 삶을 내가 살아가고 있는지, 끌려다니는 삶을 살고 있는지 돌아본다. 그러면 매일 조금씩 공부 그릇은 자연스럽게 커질 것이다.

2. 비인부전 :
최고의 제자가 되자

원하는 과에 가지 못한 천재

학생들을 오래 가르치다보니 이곳서곳에서 상남 요정을 많이 받는다. 그때마다 학생들의 학력에 대해 정확하게 진단하고 그 결과를 정직하게 말해주려고 노력한다. 그래서 상담 때 반드시 학부모를 옆에 앉게 하고 기본 서적을 펴놓고 하나하나 손으로 지적해가며 질문을 한다. 평가도 몸과 몸이 만나야 정확히 이루어지기 때문이다. 물론 가장 중요한 것부터 질문을 한다. 그래서 학부모도 선생이 학생에게 무엇을 묻고 있는지를 이해하고, 학생이 어느 정도의 실력인지 파악할 수 있게 된다.

상담하기 전 먼저 물어보는 것이 있다.

"왜 영어와 수학 성적이 좋지 않지?"

그러면 대부분의 학생들은 이렇게 대답한다.

"응용 문제를 잘 풀지 못해서요."

"그러면 기본적인 것들을 물어볼게. 이건 마치 의사가 몸이 아픈 환자를 진단하는 것과 같은 일이니까 성실하게 아는 대로 대답해야 된다."

그리고 기본 개념부터 하나씩 점검해나간다. 그러나 대부분의 학생들은 기본 개념조차 제대로 대답하지 못한다. 사실 응용이 아니라 기본에서부터 문제가 발생하는 경우가 많은 것이다.

내가 가르친 기은(가명)이는 어릴 적부터 천재라고 불릴 정도로 아주 총명한 여학생이었다. 많이 준비하지 않았는데도 민족사관고등학교에 합격했다. 그런데 건강 문제로 그만두고 다시 일반 고등학교에 들어갔다. 아는 분의 소개로 상담 요청이 왔을 때, 나는 여느 때처럼 부모님과 함께 상세하게 학업에 대한 진단을 한 뒤에 '기본이 부족하다.'고 말해주었다. 그러자 아버지가 이해하기 어렵다는 표정으로 말했다.

"우리 기은이가 민사고에도 합격했고 지금은 전교 1, 2등을 다투고 있는데 기본이 부족하다는 선생님의 말씀은 선뜻 납득이 되지 않는군요."

선생의 견해가 자신의 견해와 다른 경우 대부분의 부모들은 조금 흥분하기 마련인데, 기은이 아버지는 전혀 그런 기색 없이 아주 진지하게 물었다. 그래서 나는 다시 삼각형의 면적을 구하는 문제를 냈다. 그런데 기은이는 그 문제를 10여 분에 걸쳐서 풀었다. 나는 기은에게 이렇게 말했다.

"참 잘 풀고, 넌 정말 듣던 대로 천재적인 능력을 가지고 있구나. 그런데 이 헤론의 공식은 가장 기본이어서 모든 책에 정리되어 있잖아. 30초 만에 풀 수 있는 문제인데, 너는 그 공식을 암기하지 않아서 이렇게 시간이 많이 걸린 거야. 마치 수학경시대회에서 문제를 푸는 것 같구나. 수능은 수학경시대회가 아니잖아?"

기은이는 아주 독창적인 학생으로 단순 암기식의 교육에 대해서는 상당한 거부감을 가지고 있었다. 그래서 어떤 공식이나 쉬운 풀이법에 대해 반감을 가지고 있었다. 물론 이런 태도는 상당히 좋지만 해결해야 할 문제도 있었다.

"우리가 어려운 문제는 어려운 대로 접근하고, 공식으로 쉽게 풀 수 있는 문제는 또 쉽게 공식으로 접근하는 것이 필요한 것 같아. 그러니까 그런 것에 대해 반감을 갖지 말고 우선 중요하게 취급되는 공식들은 다 암기하고 시작하자."

기은이도 근의 공식, 인수분해 공식 등 대표적인 공식들을 다 사용하고 있기 때문이다. 공식이 만들어진 방법조차 모르고 공식만 달달 암기하는 것도 문제이지만 대표적인 공식들을 모르고 수학 문제를 푼다는 것도 문제이다.

영어도 마찬가지였다. 기은이 아버지는 자녀교육에 상당한 관심을 가지고 있어서 업무상 외국에 가면 좋은 책들을 많이 사서 딸에게 선물했다. 한번은 기은이가 댄 브라운의 『다빈치 코드』를 가지고 있기에 물어봤더니 하루 저녁에 다 읽었다는 것이다. 나는 좀 의아하기도 해서, 이 소설의 절정에 해당하는 부분을 펼쳐서 한번 해석해보라고 했다. 남성성과 여성성의 상징과 여성에 대한 기독교의 역사적 억압 과정이 묘사된 부분이었다. 그런데 그 대목을 기은이는 정확하게 해석하지 못했다. 그 내용은 사실 고등학교 2학년이 이해하기에는 상당히 어려운 부분이다. 기은이는 전체적인 맥락은 알고 있고, 또 그것을 파악하기 위해 그렇게 읽었다고 했다. 물론 부분에 얽매이지 않고 전체적인 맥락을 파악하며 읽는 독서도 필요하다. 그 긴 책을 한 문장씩 숙고하면서 읽는다면 결국 다 읽지 못하고 포기할 수도 있을 테니 말이다. 하지만 공부에서는 양 극단을 다 피해야 한다. 너무 꼼꼼하게 세부 구절에 얽매이는 것도 문제이지만, 대충 맥락만 알고 그것을 다 읽었다고, 다 안다고 말하는 것도 문제이다.

그래서 기은에게 여러 달에 걸쳐 '성실하게 정리하고 반복하는 연습'을 시켰다. 그것이 기은에게 가장 부족한 면이었기 때문이다. 그러나 기은이는 결국 그런 덕목을 배우지 못하고 나와의 공부를 끝냈다. 그 과정에서 상당한 '긴장 관계'가 있었다. 나는 마지막 수업을 하면서 이렇게 말했다.

"기은아, 서울대 면접과 논술도 봐야 하고 수능도 얼마 안 남았으니, 남은 기간 동안 선생님이 정리해준 노트를 철저히 반복해서 좀 보도록 해."

그러나 기은이는 자신이 하던 공부 방법을 버리지 못했다. 비록 처음에 상담할 때 자신의 문제점이 무엇이라는 것을 인정하고 나와 같이 공부를 시작했지만, 결국 자기의 습성을 버리지 못한 것이다. 내가 정리해준 것은 새롭고 신비스러운 비법이 아니었다. 그것은 가장 기본적이고 중요한 내용들이었고 익숙하게 익혀야만 할 것들이었다.

결국 기은이는 서울대학에 합격은 했지만 본인이 원하던 과에는 가지 못했다. 참 아쉬운 일이 아닐 수 없다. 기은이의 이야기는 사실 '기본 개념에 충실하라'는 장에서 하고 싶은 이야기였다. 기은이는 명민하고 적용능력이 아주 뛰어난 천재적인 학생이었다. 몇 가지의 기본적 개념들만으로도 충분히 수학에서 고득점을 할 수 있었다. 그러나 반복적으로 출제되는 기본적인 문제들을 익숙하게 연습하지 않은 결과 시간 낭비를 많이 했다. 그래서 정작 독창적인 사고력과 응용력이 필요한 문제에서 시간을 확보하지 못하는 결과가 나타나버렸다. 기은이가 이런 점에만 조금 더 유의해서 익숙하게 문제 푸는 연습만 했더라면 본인이 원하는 대학과 학과에 쉽게 합격할 수 있었을 것이다. 이 때문에 '게으른 천재'보다는 '부지런한 둔재'가 더 낫다고 학생들에게 자주 말한다.

기은이는 기본 개념을 정리하라는 충고를 제대로 받아들이지 않았고, 나와의 수업에서 정리한 내용들을 성실하게 복습하지 않았다. 그래서 수업을 하는 동안 미묘한 갈등이 있었다. 그것을 기은이 부모님도 잘 알고 있었을 것이다. 수업을 그만두며 기은이 아버지는 "선생님, 기은이가 이제 혼자서 배운 것을 정리해보겠다고 하네요. 제 생각에는 또 선생님에게 연락드릴 일이 있을 것 같아요."라며 딸의 장래에 대해 열어두는 배려를 보였다. 날카로운 지성을 가진 기은이가 아버지의 사려 깊음과 신중함을 함께 가졌더라면 얼마나 좋았을까 하는 생각을 했다. 내가 기은이에게 가르치고 싶었던 것이 바로 그 부분이었다.

어떤 선생이든 학생을 바라보는 시각은 학생 자신이 스스로에 대해 생각하는 것과 상당히 다를 수 있다. 선생님들은 많은 학생을 상대하기 때문에 어떤 학생에 대해 균형적인 시각을 가질 수 있다. 기은이가 싫증낼 정도로 기본적인 것들에 대한 정리를 많이 시킨 것은 그것이 기은이에게 가장 부족한 점이었기 때문이다. 나는 '게으른 천재'인 기은이를 '부지런한 천재'로 만들고 싶었다. 그러나 그것을 기은이는 받아들이지 못했다. 그래서 기은이는 '부지런한 둔재'가 성취할 수 있을 정도의 결과를 얻을 수밖에 없었다.

다산 정약용이 제자 황상에게 보낸 편지에 다음과 같은 구절이 있다.

> 학문을 좀 한다는 자들에게 세 가지의 병통(문제)이 있는데 너에게는 해당하는 것이 하나도 없구나… 첫째, 외우기를 빨리하면 재주만 믿고 공부를 소홀히 하는 폐단이 있고, 둘째, 글재주가 좋은 사람은 속도는 빠르지만 글이 부실하게 되는 폐해가 있으며, 셋째, 이해가 빠른 사람은 한번 깨친 것을 대충 넘기고 곱씹지 않으니 깊이가 없는 경향이 있다… 둔한데도 계속 열심히 하면 지혜가 쌓이고, 막혔다가 뚫리면 그 흐름이 성대해지며, 답답한데도 꾸준히 하면 그 빛이 반짝반짝하게 된다… 둔한 것이나 막힌 것이나 답답한 것이나 '부지런하고, 부지런하고, 부지런하면' 풀린다.

다산의 말은 공부에서 유의할 점을 잘 지적하고 있다. 재주가 좋은 사람은 그 재주 때문에 오히려 더 높은 단계로의 발전이 가로막힐 수 있다. 내가 기은이에게 했던 말은 바로 다산이 애제자에게 한 말이었다.

유난히 자신과 많이 부딪히는 선생님이 있을 것이다. 물론 선생님이 유별나서 그럴 수도 있고 학생에게 문제가 있어서 그럴 수도 있다. 하지만 자신의 생각과 다른 지시를 내려 자주 부딪히는 선생님이 있다면 그것은 심각하게 생각해봐야 한다. 배우는 학생이므로 우선은 자신에게 어떤 문제가 없는지 생각해보고, 일단은 선생님이 하라는 대로 해보는 것이 좋다. 한두 달이라도 시키는 대로 해보고 그래도 문제가 되면 어떤 문제가 있는지 선생님과 허심탄회하게 이야기하고 대책을 마련하는 것이 좋다. 이렇게 하는 것이 좋은 제자가 되는 길이고, 자기 발전을 이루는 길이다.

아무리 좋은 선생님이 있더라도 좋은 제자가 없다면 의미가 없다. 기은이는 좋은 학생이었지만 적어도 나에게는 좋은 제자가 아니었다. 그런 제자들을 보면 안타까운 마음이 들 때가 많다. 잘 따라오도록 유도하는 것이 선생의 역할이고 능력이겠지만 나도 그런 능력을 많이 가지지는 못한 것 같다.

선생을 선택하는 아이들

여러 해 전 친구의 조카를 지도한 적이 있었다. 중학교 3학년 학생이었는데, 전에 그 학생의 사촌형들을 가르친 적이 있었다. 그래서 그 학생의 친척들은 거의 나를 알고 있었다. 그런데 이 학생은 공부를 제대로 하지 않았고 숙제도 거의 하지 않았다. 그래서 나에게 야단을 많이 맞았다. 세 달 정도 수업을 하다가 갑자기 그만두었는데, 나는 그 이유를 잘 모르고 있었다.

그 학생은 결국 대학 입시에 완전히 실패했다. 화가 난 부모님이 자초지종을 물었더니 선생님들과 거의 공부를 하지 않았다고 말하더라는 것이다. 수업을 하지 않더라도, 학원에 오지 않더라도 부모님에게 연락하지 않는 것으로 선생님들과 일종의 타협을 했다고 한다. 자신의 '여유'와 선생님들의 '재등록'을 서로 맞바꾼 것이었다. 그런데 오 선생님과는 그런 타협을 못했다고 하더라는 것이다.

학생들은 우선 편하면 좋은 것으로 생각하는 경향이 있다. 하지만 '좋은 약은 입에 쓰다.'는 평범한 금언을 되새겨야 한다.

지금 학생들은 너무 학생 중심적인 교육에만 익숙해져 있다. 교육의 이상은 학생의 자연스런 성장을 유도하는 것이지만, 교육 과정은 어느 정도 수직적인 상하 관계의 설정을 필요로 한다. 눈높이 교육이란 피교육자가 교육의 내용을 어떻게 받아들이는지에 대해 교육자가 피교육자의 입장에서 생각해보라는 것이지, 학생의 모든 요구에 맞추라는 것은 아니다. 나에게 잘 맞는 선생이 있다면 오히려 그것을 한번 심각하게 생각해보아야 한다. 공부에 문제가 있어서 선생을 찾았을 것이고, 그 공부를 중심으로 관계가 이루어진다면 일단 선생과 학생은 자주 충돌해야 한다. 모르는 것을 배우고 잘못된 것을 고치는 과정에서 갈등은 어느 정도 생길 수밖에 없기 때문이다. 친구의 조카가 그 힘든 과정을 조금만 더 참았더라면 그의 미래는 분명 달라졌을 것이다. 부모도 마찬가지이다. 자녀의 이야기만 듣고 선생과 상담하지 않은 것은 그 부모의 잘못이다. 선생님이 가르치는 것이 이해가 잘 안 되고 실력이 없다는 말을 그대로 믿지 말고 학생과 선생과 학부모가 같이 앉아 함께 머리를 맞대고 의논을 했어야 했다. 진정으로 성적을 올리고 싶은 생각이 있었다면 말이다.

내 사무실에는 '비인부전(非人不傳)'이라는 말이 적혀 있다. 이 말을 처음 접한 것은 이문열의 소설 「금시조」에서였다. 나는 이 소설을 여러 번 읽었는데, 「금시조」는 두 사람의 뛰어난 사제 – 석담과 고죽 사이에 학문과 인간적인 갈등을 담은 작품이다.

이 소설에는 진정한 스승과 제자의 관계가 녹아들어 있다. 진정으로 좋은 스승은 제자에게 아부하지 않는다. 제자가 자신을 떠날 것을 염려해서 제자의 부족한 점을 그냥 눈감고 넘어가는 일을 하지는 않는다. 마찬가지로 진정한 제자는 스승에게 그저 복종하지 않는다. 스승에게 반항하고, 스승을 부정해보기도 한다. 스승을 넘어서려고 노력하는 것이 진정한 제자의 모습이다.

오늘날 이런 스승과 제자의 모습을 찾는 것은 어려운 일이다. 학교가 학생에 대한 지배력을 상실했고 동네에 널린 수많은 학원은 학생의 비위를 맞추지 않으면 생존하기 힘들어졌다. 이 소설을 통해서 좋은 제자가 되는 길이란 어떤 것인지를 살펴보자.

고집을 버리고 일단 선생을 믿어보라

이 소설에는 학생들이 공부의 과정에서 명심해야 할 진리가 포함되어 있다. 조금 길지만 줄거리를 살펴보자.

석담은 퇴계의 학통을 이어받은 한말 마지막 문인이었다. 나라가 기울자 그의 한 친구는 조카인 고죽을 석담에게 맡기고 독립운동을 위해 상해로 떠난다. 고죽은 석담의 집에서 기숙하며 모든 집안일을 돌보며 살아간다. 석담은 그런 고죽을 그저 집안의 일꾼으로만 생각할 뿐 학문이나 글씨를 전수할 생각은 하지 않는다. 하지만 고죽은 타고난 재주를 가지고 있었다. 그래서 석담이 가르치지 않았어도 곁눈질로, 어깨 너머로 배워 대단한 경지의 서예가가 된다. 그런 고죽을 석담은 더욱 멀리하며 자신의 제자로 받아들이지 않는다. 자기 제자의 뛰어난 천재성을 인정하고 격려하고 북돋우기보다는 오히려 그것을 염려하고 무시하는 지경에까지 이른다.

석담은 고죽을 제자로 받아들인 이후에도 고죽의 지나친 재기를 염려하며 경계한다. 고죽이 좀 배우고 나자 자신의 실력을 뽐낼 작정으로 각종 문인대회를 휩쓴다. 그래서 쌀가마니와 서예 도구를 자랑스레 얻어오지만 석담은 그것을 불태우게 한다. 그리고 "너의 그림에서는 기생의 분 냄새가 난다."는 악담을 쏟아놓는다. 고죽은 석담에게 다시 들어가 정진하지만 석담과 예술에 대한 견해 차이를 좁히지 못한다.

고죽은 서예를 하나의 예술로 생각했지만 석담은 서예를 하나의 '도(道)'로 생각했기 때문이다. 고죽은 서예에, 글씨나 그림 자체에 의미가 있다고 생각했지만 석담을 그것을 크게 꾸짖는다. 서예는 '지극히 높은 정신적 경지'에 이르기 위한 수단에 불과하다는 것이 석담의 견해였다. 용을 잡아먹는 금시조가 용을 잡기 위해 솟아오르는 기운을 보고 싶다는 것이 석담의 예술관이었다. 고죽은 석담의 이러한 정신적 경지를 사기라고 부정했고 석담은 고죽의 천박한 정신을 재확인하고 집에서 내쫓아버린다.

고죽은 석담을 떠난 뒤 방탕하게 살아가며 자신의 예술을 마음껏 뽐낸다. 하지만 우연히 석담이 세상을 떠났다는 말을 듣게 되고, 석담의 마지막 유언이 자신의 관상명정(관 위에 이름을 쓰는 글)은 고죽이 쓰게 하라는 것이었음을 듣게 된다. 그제야 고죽은 죽은 석담과 정신적 화해를 하게 된다. 고죽은 자신의 스승이 자신을 부정한 것이 아니라 진정으로 자신을 아끼고 사랑했다는 것을 알게 된다. 석담은 고죽의 천재성이 올바른 방향으로 나아가지 않을까를 염려했고, 그 천재성 때문에 오히려 더 높은 경지에 오르지 못할 것을 염려했던 것이다. 하지만 스승은 이미 돌아가셨고 고죽은 석담의 빈소에서 통곡을 한다.

후에 고죽은 자신의 모든 작품을 모은다. 그리고 스승의 기준, 즉 금시조의 기운을 떠올리며 자신의 작품을 하나하나 평가한다. 그리고 그 기준에 맞지 않는 작품을 하나하나 가려낸다. 결국 드높은 정신의 경지에 이른 작품이 하나도 없음을 파악하고 자신의 모든 작품을 불에 태우도록 한다. 그때 그 불길 속에서 고죽은 금시조가 날아오르는 것을 본다. 그리고 고죽도 스승의 곁으로 떠난다. 고죽은 비록 금시조를 자신의 서화를 통해 실현하지 못했지만, 죽기 직전 자신의 삶을 통해 비로소 금시조를 완성했다.

만약 고죽과 같은 학생이 있다면, 고죽이 그랬던 것처럼 아마 동네방네 자랑을 하고, 각종 대회에 나가고, 영재학교에 가고, 특목고 준비를 하는 등의 소동을 벌일 것이다. 그것이 인지상정일 수 있다. 그러나 그런 태도는 오히려 더 높은 단계로 상승할 수 없도록 만든다. 어릴 적 천재가 커갈수록 천재성을 잃는 것도 그런 이유 때문이다. 아이에게 천재성이 나타나더라도 그것이 숙성될 수 있도록 기다리는 인내가 있어야 한다. 천재성은 오히려 그것을 부정할 때 더 성숙해질 기회를 가진다.

그리고 고죽 같은 천재에게 석담 같은 스승이 나타나서 냉담하게 대한다면 부모가 앞장서서 그런 선생을 바꿔버리고 말 것이다. 내가 공부하던 시대만 하더라도 선생의 권위는 의심할 수 없는 것이었다. 그러나 지금 선생의 권위는 땅바닥에 떨어지고 말았다. 선생의 권위보다 학생의 의견이 앞서고, 학생의 선택권이 존중되는 시대가 되었다. 목동이나 대치동에는 집 근처에 학생이 선택해서 갈 수 있는 학원이 줄잡아 100여 개는 넘는다. 학생들은 학원에 불만이 있으면 참지 않는다. 그래서 학생들은 학원을 전전하며 뱅뱅 돈다. 처음 강사를 하는 선생님은 학생이 강의 방식에 불만을 가지고 그만둔다면 무척 걱정을 한다. 사실 그럴 필요가 없다. 정말 선생에게 문제가 있는 경우도 있지만 학생 자신에게 문제가 있는 경우가 더 많기 때문이다. 정말 문제가 무엇인지 알고 싶고 공부를 잘하고 싶은 학생이라면 먼저 상담을 할 것이다. 그러나 대부분의 학생들은 그러지 않는다. 학생도 마찬가지고 부모도 마찬가지이다. 부모는 학생의 말만 듣고 판단을 내려버린다.

아내는 나에게 가혹한 아버지라고 말한다. 어린 딸이 자기 옷에서 친구들이 구슬을 떼어가서 옷을 망쳤다고 집에 와서 울 때도, 이유 없이 선생님이 벌을 세웠다고 말할 때에도 나는 그 말을 믿지 않았다. 오히려 아이의 말만 듣고 흥분하는 아내를 나무랐다. 그것은 딸이 남들보다 나쁜 품성을 지녔다고 생각해서가 아니다. 사람은 누구나 자기의 입장에서 말하기 마련이고 어린아이는 더욱더 그렇기 때문이다. 우선은 내 딸에게 어떤 문제와 잘못이 있다고 생각하고 살펴보는 것이 더 안전하고 교육적인 태도이다.

선생의 쓴소리를 소중히 여기고 오히려 찾아다녀야 한다. 그것은 자신의 성장을 위해 필요한 태도이다. 지금 학생에게 불편하고 껄끄러운 선생이 있다면 좋은 선생님일 가능성이 많다. 그리고 무엇 때문에 그런 불편한 관계가 조성되었는지 원인을 잘 생각해보라. 그리고 그 선생님의 말을 잘 듣고 적응하도록 노력해본다면 분명히 성장에 큰 도움이 될 것이다.

'비인부전'이라는 말을 사무실에 붙이고 처음 오는 학생들에게 반드시 설명을 해준다. '인간이 안 된 놈에게 도를 전하면 안 된다.', '인간이 안 되면 결국 제대로 배울 수 없다.'는 등의 의미로 해석하고 주의를 준다.

"전에 뭔가 문제가 있어서 실패했고 그래서 나를 찾아온 게 맞지? 그러니까 이제는 '자기'를 버리고 내가 하라는 대로 묵묵히 한번 따라와봐."

그리고 좀 유치하지만 '도사' 이야기를 꺼낸다.

"도사에게 도술을 배우러 가면 도술은 가르치지 않고 3년간 밥하고 빨래하고 청소하는 것을 시키시. 왜 그러는 줄 아니?"

그러면 학생들은 제대로 답을 못한다. 기껏해야 "체력 훈련시키려고요."라는 식의 대답을 한다.

"밥하고 빨래하고 청소하는 것은 도술과 관계없지. 그런 일을 3년 동안 묵묵히 할 수 있는 사람이라면, 정작 중요한 도술을 가르칠 때 가르친 대로 할 것이라고 생각해서 그런 시험을 미리 하는 거야."

이것은 내가 훌륭한 선생이라든지, 모든 선생을 다 믿어야 한다든지 하는 말이 아니다. 다만 필요에 따라 어떤 선생님을 찾아갔으면 일단은 일정 기간 동안 잘 따라서 해보는 것이 필요하다는 것이다. 선생님의 방식대로 열심히 따라 해보고 그래도 안 되면 왜 안 되는지 물어보는 식의 태도가 필요하다. 문제가 있어서 선생님을 찾아갔다면 선생님이 지도하는 방식이 그대로 받아들여질 리 없다. 틀린 것을 고치려면 힘든 적응의 과정이 필요하다. 어린 학생들이 그런 태도를 가지는 것은 참 힘든 일이다. 하지만 그런 태도가 있어야만 변화할 수 있다. 그런 태도가 없다면 어떤 것도 선생님에게서 배울 수 없다.

예를 들어, 기본 개념이 부족해서 학원을 찾은 학생에게 기본 개념을 가르치고 반복시키기 위해 깜지노트를 쓰게 한다. 그러나 학생은 쓰는 것을 싫어해서 쓰지 않겠다고 말한다. 이런 상황이라면 다른 방법이 있을 수 없다. 건강에 문제가 있어서 찾아온 환자가 쓴 약은 먹고 싶지 않다고 한다면 어떻게 하겠는가. 치료를 하려면 그 약을 반드시 먹어야 하는데 말이다.

아주 어릴 적부터 가까이 지낸 친구 중에 신문기자가 있다. 어릴 적부터 우리는 같은 교회에서 컸고, 나는 그 친구의 누나를 무척 좋아해서 내 사촌형과 결혼하도록 중매를 하기도 했다. 그러나 그 친구는 아주 어릴 적부터 나와는 많은 것이 달랐다. 성격도 다르고 생각도 달랐다. 모든 면에서 달랐기 때문에 우리는 만날 때마나 삐걱거리는 관계였다. 지금도 그 친구와 만나면 어딘지 어색하고 불편한 구석이 있다. 하지만 나는 그 친구의 다른 면을 소중하게 생각한다. 나는 항상 내가 잘못이 많다고 생각하는 편이다. 내가 잘못이 많기 때문에 그 친구와 조화롭게 지내지 못하는 것이고, 그런 것들을 잘 극복하면 나는 더 훌륭한 사람이 될 수 있다고 생각해왔다. 내가 정말 부족한 점이 많지만, 이런 태도만은 훌륭하다고 스스로 자랑한다. 그 친구는 지금도 내게 가장 싫은 소리만 골라 하지만 가장 소중한 친구이다. 그리고 잘 고치지는 못하지만 그 친구의 여러 지적을 소중히 여기고 귀 기울여 듣는다.

지금 주위에 석담과 같이 훌륭한 선생이 없는지 한번 살펴보라. 아니면 고죽과 같은 아집으로 석담같이 훌륭한 선생을 몰라보고 배척하고 있지는 않은가? 좋은 선생이 없어서 공부를 못한다고 부정하기 전에 자신이 좋은 제자인지를 먼저 생각해봐야 한다.

선생의 직관은 경험에서 나온다

생각만 해도 흐뭇해지는 제자들이 있다. 그 학생들 가운데 한 명이 재은(서울예고 졸업)이다. 처음에 학원 동료 선생의 부탁으로 재은이의 언니를 가르쳤다. 그 언니는 좀 씩씩하게(?) 생겼는데, 마음씨가 정말 착했다. 하루는 문을 열어놓고 수업을 하는데 웬 여자애가 특이한 발걸음으로 스르르 지나가는 것이있다. 나는 그 걸음걸이가 아주 자연스러우면서도 특이해서 누구냐고 물었더니 친동생 재은이라고 했다.

"걸음걸이가 좀 특이하네."

"예고에서 발레를 해요."

언니 동생인데도 참 다르게 생겼다는 것이 첫 인상이었다.

한번은 언니가 새 옷을 몇 벌 정리해서 책상 위에 놓아두었기에 무엇이냐고 물었더니 동생 옷이라고 했다.

"왜 동생만 좋은 옷을 사고, 너는 왜 그런 옷을 입고 다니니?"

농담조로 물었더니, 재은이 언니는 아무렇지도 않은 얼굴로 말했다.

"선생님, 저는 일반고에 다녀서 아무 옷이나 입고 다녀도 되지만, 재은이는 예고에 다녀서 좋은 옷 입고 다녀야 해요. 그래서 제가 매번 사줘요."

그때 나는 큰 감동을 받았다. 씩씩하게만 보이던 그 친구의 얼굴이 그렇게 아름다워 보일 수가 없었다.

재은이는 버릇이 없는 편이었지만 언니에 대해서는 아주 순종적으로 따르고 의지했다. 이런 태도는 바로 언니의 인격적인 희생에서 비롯된 것이라고 생각된다. 언니는 참 착하고 인성이 좋은 학생이었다. 공부를 더 잘할 수 있는, 그릇이 큰 학생이었지만 공부할 시간이 너무 부족했다. 공부를 조금만 더 일찍 시작했더라면 성적을 많이 올려서 좋은 대학에 진학했을 텐데 너무 늦게 시작한 것이 문제였다. 나는 재수라도 시키고 싶었지만, 본인은 공부에 더 이상 뜻이 없고 진학한 대학에 열심히 다니겠다고 했다.

나중에 그 동생 재은이를 가르치게 되었는데, 언니와 달리 너무 힘이 들었다. 그 당시에는 예체능을 하더라도 수학 공부를 해야 할 때였다. 재은이도 발레를 하면서 영어와 수학을 하는 것이 물론 힘들었을 것이다. 연습 때문에 몸을 많이 혹사하는 것 같았고, 피곤에 지쳐 공부하려니 제대로 될 리가 없었다. 게다가 톡톡 쏘는 성격 때문에 공부가 잘 진행되지 않았다. "문제 좀 풀어봐." 하면, "잘 푸는 선생님이나 풀어봐요." 라고 반항했고, 발레 연습이라며 다리를 머리에 붙이고 앉아 있기도 했다. 심지어 빙고 게임을 해서 자기가 이기면 수업을 바로 끝내야 하고, 내가 이기면 10분만 수업을 더 해야 한다며 억지를 부리기도 했다. 결국 수업을 진행하는 것이 너무 힘들어서 고3 때 다시 하자며 공부를 중단했다.

그런데 고3이 되어서 다시 같이 공부하게 되었는데 여전히 쉽지 않았다. 내 기억으로 학생을 가르치면서 그렇게 많이 야단 치고, 소리 지르고, 심지어 책까지 내던진 적은 없었던 것 같다. 재은이도 지지 않고 막 대들기도 했고 울기도 했지만 한계를 넘지는 않았다. 그런 소동을 치르면서도 파국까지는 가지 않은 아슬아슬한 시간들이 이어졌다. 지금 생각해보면 당시만 해도 내가 젊은 혈기에 어린 학생에게 너무 많은 것을 요구했던 것 같다. 그럼에도 오히려 재은이가 잘 참았다는 생각이 든다. 선생의 지나친 요구에 반항은 했지만 결국 본질을 훼손하는 데까지는 나아가지 않은 것 같다. 감히 비유하건대, 내가 '석담같이 괴팍하지만 도움이 되는 스승'이었다면, 재은이는 '고죽보다는 더 나은 학생'이었던 것 같다.

힘들었지만 그래도 잘 견딘 덕에 재은이는 좋은 성적을 얻어 이화여대 무용학과에 합격했다. 합격 발표 후에 재은이는 갓 태어난 내 어린 딸에게 줄 예쁜 옷을 사가지고 왔다. 나는 '화해'를 위해 경치가 좋은 곳에서 비싼 점심을 사주었다.

"선생님 때문에 수능 못 봐서 떨어질 뻔했는데, 제가 실기 잘해서 붙었어요!"

재은이는 얄밉게 말을 던졌고, 나도 "너 같은 애 다시는 안 가르친다."고 응수 했다. 그래도 이제 다시 그 지긋지긋한 공부로 다시 만나지 않아도 된다는 것을 축하하며 맛있게 점심을 먹었다.

재은이가 힘들었지만 주어진 목적을 무난히 달성할 수 있었던 것은 결국 좋은 제자로 끝까지 남아 있었기 때문이다. 그것은 어느 정도 혹독한 육체적 훈련(practice)의 결과인 것 같기도 하다. 재은이는 밤이 되면 몸을 가눌 수 없을 정도로 힘들어했다. 흔히 발레를 하는 학생들이 마사지를 받아야만 몸이 풀릴 정도로 힘든 육체적 훈련을 받았다. 하지만 이런 과정을 통해 정신적인 면에서도 인내심이 길러진 것 같다. 많은 양의 공부를 시켰는데도 재은이는 잘 견뎌냈고 결국은 성공에 이르렀다.

재은이는 발레를 좋아했고, 발레를 계속하기 위해 좋은 대학에 진학해야 한다는 분명한 목적이 있었다. 그리고 나와의 수업이 힘들지만 도움이 된다는 분명한 인식을 가지고 있었다. 그래서 자주 투정을 하기는 했지만 공부와 수업이라는 본질에서 벗어나지는 않았다. 바로 이런 태도가 중요하다. 배우는 내용이 어렵고 힘들면 가르치는 선생에게 재은이처럼 불평과 투정은 하더라도, 계속 배워서 알고야 말겠다는 분명한 의지만큼은 잃지 말아야 한다.

수진(신광여고 졸업)이는 그리 넉넉하지 않은 가정에서 첫째 딸로 태어났다. 여동생이 세 명이나 있는 딸 부잣집의 첫째 딸이었다. 수진이는 어릴 때부터 동생들이 많아 엄마가 힘이 든다는 것을 잘 알고 있었고, 자신이 엄마 아빠의 말을 잘 들어야 동생들에게 모범이 된다는 생각을 항상 가지고 있었다. 그래서 어릴 적부터 학교에서도 선생님이 시키면 시키는 대로 열심히 했다. 어떤 말이든 거역하는 것이 없는 그야말로 '범생'이었다. 한번은 학교에서 축제를 한다고 구경하러 오라고 해서 간 적이 있다. 축제가 끝난 뒤 다른 친구들과 함께 커피전문점에 가자고 했더니 수진이 혼자 싫다고 해서 못 간 적이 있다. 학교 선생님이 그런 곳은 가지 말라고 했다는 것이다. 그때가 고등학교 2학년 때였다. 이렇게 순종적이고 착한 학생이었다.

선생님 말에 순종하며 열심히 공부하던 수진이도 딱 한 번, 그것도 중요한 순간에 말을 듣지 않았다. 수능에서는 그런대로 성적이 나왔는데, 논술 시험을 앞두고 준비를 제대로 하지 않는 것이었다. 그때 나는 작은 학원을 운영하고 있었고, 우리 학원에는 고3이 10여 명 다니고 있었다. 모두 열심히 논술을 준비하는데 유독 수진이만 제대로 나오지 않고 불성실하게 행동했다. 논술이 합격을 좌우할 수 있으니 열심히 준비하라고 여러 번 수진이를 타일렀다. 수진이는 이과여서 논술을 체계적으로 준비해본 적이 없었다. 아마도 논술 공부가 너무 막막해서 아예 시작하기도 싫은 모양이었다.

나는 예상 문제들을 뽑아 미리 준비를 시켰다. 그 중에 한글전용과 한자병용에 대한 문제도 포함되어 있었다. 그런데 실제 시험에서 그 내용이 그대로 출제되었다. 수진이는 시험을 보고 와서는 미리 준비하지 않은 것에 대해 많이 후회했다. 만약 미리 한 번이라도 써보고 토론에 참가했더라면 실패하지 않았을 것이다. 계속 잘해오다가 결정적인 순간에 전과 다르게 불성실하게 행동한 것이 큰 손실로 이어졌다. 수진이와 친했던 형란(신광여고 졸업)이는 평소에 내 말을 잘 듣지 않았다. 그런데 수시 원서를 쓰지 않아 빨리 쓰라고 재촉해서 마감 직전에 원서를 냈는데 운좋게도 정원 미달로 바로 합격을 했다. 평소 성실하던 수진이는 오히려 결정적인 순간에 말을 듣지 않았고, 평소에 고집대로 하던 형란이는 오히려 결정적인 순간에 내 말을 들어 본인이 원하는 대학에 쉽게 합격할 수 있었다.

선생님들의 판단은 무슨 심오한 사색에서 나오는 것이 아니다. 많은 경험에서 나오는 것이기 때문에 직관에 가깝다. 이런 판단에 대해 열린 마음을 가지고 따르는 것이 학생에게는 도움이 된다. 맹목적인 복종을 요구하는 것이 아니다. 선생님들은 경험을 통해 나름대로의 방법을 가지고 있고, 배우는 학생들은 그 선생님에게서 배우기로 한 이상 성실하게 선생님의 방법을 따라가보는 태도가 필요하다는 것이다.

수진이는 성실함을 바탕으로 1년을 다시 준비해 가고 싶어 하던 경희대 치과대학에 합격했다. 지금은 의사가 되어 있고, 앞에서 이야기한 제자 성민이와 결혼해 예쁜 딸을 낳고 잘 살고 있다. 얼마 전에는 돌잔치를 했는데, 애기는 엄마의 희망대로 돌잡이에서 청진기를 잡아서 모두를 즐겁게 했다.

학생이라면 좋은 제자의 미덕을 갖추도록 노력해야 한다. 그것은 진리에 대한 복종을 의미한다. 요즘 세태에서 학생과 부모들에게 낯선 것이다보니, 자신을 불편하게 하는 선생은 피하려 든다. 그러나 자신의 문제점에 직면해 대결하지 않고 피하기만 한다면 영원히 자신의 결점을 고칠 수 없게 된다. 지금도 이 학원 저 학원 옮겨다니는 메뚜기 신세를 면치 못하는 학생들이라면 반드시 이 말을 새겨야 한다.

3. '전체적인 판단력'을 기르자

성적 향상은 배우려는 열의에 비례한다

선생이 아무리 좋은 계획을 세우고 지도해도 학생이 따르지 않는다면 아무런 소용이 없다. 선생은 가장 빠른 지름길을 가르쳐줄 수 있지만 결국 그 길을 가는 것은 학생들이기 때문이다. 아무리 맛있는 밥상을 차려놓더라도 그것을 먹어야 뼈가 되고 살이 된다. 먹지 않는 이상 건강해질 수가 없다. 내 지도를 받아 좋은 대학에 진학한 학생들은 내가 훌륭하게 지도했거나 그들이 뛰어난 학습 능력을 가지고 있었기 때문이 아니라, 배우려는 자세를 가진 좋은 제자로 변화되었기에 성공할 수 있었다.

내가 많은 학생을 만나면서 느낀 것이 있다. 최상위권 대학에 진학한 학생이나 아예 대학에 들어가지도 못한 학생들이나 그들의 지적 능력에는 큰 차이가 없는 듯했다. 그보다 더 큰 문제는 학생들의 태도였다. 좋은 태도, 좋은 습성, 좋은 자세를 가진 학생들은 결국 좋은 대학에 진학했고, 그렇지 못한 학생들은 좋은 성적을 얻지 못했다. 이 때문에 나의 고민은 항상 어떻게 하면 학생들이 좋은 태도와 습성을 몸에 익히도록 할까 하는 것이었다.

공부란 결국 태도의 문제다. 이것은 재수생을 가르치는 입시학원에 있어보면 잘 알 수 있다. 재수 학원의 강사들은 자존심이 강하고, 자신의 강의에 대해 상당한 자신감을 가지고 있다. 그래서 재수 학원의 학생들에게 상당한 인기를 얻은 강사들은 자신의 명성과 능력을 믿고 재학생을 가르치는 학원을 여는 경우가 많다. 입시 학원은 규모가 커야 하기 때문에 비용이 많이 들고, 재학생을 가르치는 학원은 큰 비용 없이 학원을 열 수 있기 때문이다. 그런데 참 이상하게도 재수생을 잘 가르치던 강사들이 재학생 학원을 열면 대부분 실패를 한다. 논리적으로 생각하면, 재수생을 지도하든 재학생을 지도하든 수능의 영어나 수학 등의 과목을 지도한다면 큰 차이가 없어야 한다. 그러나 재수 학원에서 좋은 평가를 받던 강사가 재학생들에게서는 좋은 평가를 받지 못하는 경우가 많다. 재수생을 지도해 좋은 대학에 보내던 선생들이 재학생을 지도해서 실패하는 경우가 많은 걸 보면 말이다.

여기에 중요한 실마리가 있다. 왜 같은 선생님이 재수생을 가르치면 성공하고 재학생을 가르칠 때는 실패하는 걸까? 그것은 성공과 실패의 열쇠가 선생에게 있다기보다는 학생에게 있다는 것을 의미한다. 재수

학원에서 강의에 성공한 선생님들이 망각하고 지내는 것이 한 가지 있다. 그것은 재수생의 경우 이미 들을 준비가 된 좋은 학생들이라는 점이다. '소 귀에 경 읽기'라는 속담이 있다. 소는 위대한 경전을 들을 능력도 없고, 그럴 준비도 되어 있지 않다. 해탈에 이르는 부처님의 경전을 아무리 소에게 읽어주더라도 그것은 아무런 소용이 없는 일이다. 예수님도 이런 말씀을 하신 적이 있다.

> 귀 있는 자는 들을지어다. 이 세대를 무엇으로 비유할꼬. 비유컨대 아이들이 장터에 앉아 제 동무를 불러 가로되 우리가 너희를 향하여 피리를 불어도 너희가 춤추지 않고 우리가 애곡하여도 너희가 가슴을 치지 아니하였다 함과 같도다.

피리를 불면 함께 춤을 추고, 애곡하면 함께 가슴을 치는 것이 가족이고 이웃이고 친구이다. 그러나 기쁜 일이 있어 피리를 불어도 함께 춤을 추지 않고, 슬픈 일이 있어 울어도 함께 울지 않는, 공감이 없는 가족과 친구와 이웃이라면 이미 공동체가 아니다. 아무리 열심히 가르쳐도 호응하지 않고 따라오지 않으면 배움을 주고받는 공동체가 더 이상 아닌 것이다.

재수 학원에서 다시 공부하는 학생들은 이미 인생에서 뼈아픈 실패를 경험한 상태이다. 그들은 '상한 갈대'이고 '꺼져가는 등불'이다. 그들은 이미 귀를 열고 눈을 부릅뜨고 배울 준비를 하고 있다. 그들에게 조금이라도 좋은 강의는 구원의 메시지처럼 들리고, 피안에 이르는 길로 보인다. 재수생을 가르치던 선생님들이 재학생을 가르치는 학원을 열면 바로 이런 점을 제대로 알지 못하기 때문에 실패하는 것이다. 이미 성실하게 따를 준비가 된 학생들을 가르치는 것은 참 쉽고 즐거운 일이다. 그래서 맹자가 '천하의 영재들을 얻어 교육하는 것이 인생의 세 번째 즐거움(得天下英才而敎育之三樂也)'이라고 한 말이 이해가 된다.

하지만 재학생을 가르치는 학원을 운영해보면 재수생을 가르치는 것보다 더 어렵다. 일단 재학생들은 재수생에 비해 바쁜 일이 무척 많다. 그리고 공부의 필요성을 절감하지 못하는 경우도 많다. 자신의 현재 위치에 대해서도 재수생보다는 제대로 인식하지 못한 경우가 대부분이다. 그래서 재수생보다는 재학생을 가르치는 것이 더 힘들고, 따라서 성적 향상도 더디다.

다시 말해 어떤 학생이든지 한 번 실패를 경험한 재수생처럼 열린 마음과 배우려는 열의를 가진다면 성적 향상은 어려운 일이 아니다. 사실 재수생들이 받는 정신적인 충격은 상당하다. 인생에서의 첫 실패란 참 고통스러운 일이기 때문이다. 더구나 친구들은 좋은 대학에 진학했고, 미팅을 하고, 동아리 활동을 하고, 보란 듯이 대학 교재를 가지고 다니고, 대학의 상징이 그려진 옷을 자랑스레 입고 다닌다. 그런데 자신은 고등학생도 대학생도 아닌 상태라는 것이 착잡할 수밖에 없다. 어릴 때부터 같이 컸던 옆집 친구가 명문대에 들어가고, 의대에 다니고, 한의대에 다니는 걸 보면서, 공부에 대해서, 자신의 미래에 대해 새롭게 각오를 다지고 더욱 노력하게 된다.

학생과 학부모는 좋은 선생을 찾으려고 애쓰지만, 학생의 성적 향상은 좋은 선생에게 달려 있는 것이 아니다. 그보다는 학생 자신의 태도에 달려 있다. 학생이 열린 마음을 가지고 미래에 대한 희망을 가질 때, 노력하지 않으면 초라한 미래가 기다린다는 것을 절절히 느낄 때, 이미 성적 향상은 시작된 것이나 다름없다.

이런 태도를 가지기 위해서는 우선 자신의 미래에 대한 기대가 있어야 한다. 어떤 미래를 살겠다는 계획이 있다면 현재의 시간을 허비하지 않을 것이기 때문이다. 현재의 관심은 미래의 희망과 연관이 되어야 한다. 지금 좋은 것들만 하고 살 수 있다면 그것보다 더 좋은 일은 없을 것이다. 더 나은 미래를 위해 현재를 준비하며 보낼 수 있는 것이 '전체적인 사고'이고 그것을 가능하게 하는 것이 '전체적인 판단력'이다. 편협하고, 단세포적이고, 미래를 내다보지 못하고, 자기 안에 머문 사람은 전체적인 판단력이 부족하다. 먼저 이러한 틀을 깨고 멀리 내다볼 수 있어야 한다.

미래를 그리고 꿈을 키워라

'발등에 불'이라는 말이 있다. 그런데 발등에 불이 떨어지고 있는데도, 아니 발등에 불이 이미 떨어졌는데도 상황을 제대로 인식하지 못하는 경우가 많다. 1년 혹은 2년 후 입시를 치르는 학생들은 그때 평생의 직업을 결정할 대학이 정해진다. 1년, 2년 열심히 해서 자신이 원하는 좋은 대학, 자신의 직업과 직결된 학과에 입학한다면 평생 좋은 삶을 살 수 있는 기반을 얻게 된다. 하지만 열심히 노력하지 않아서 원하는 대학과 학과에 갈 수 없다면 평생 그것을 후회하면서 힘든 삶을 살게 된다. 물론 대학이 인생의 전부는 아니지만 인생의 그 어떤 시점보다 더 쉽게 꿈을 이룰 수 있는 좋은 시기인 것은 사실이다. 나이가 들수록 꿈을 이루기는 더 힘들어지기 때문이다.

그러나 많은 학생은 자신의 꿈에 대해 생각해본 적이 없고, 또 꿈이 있더라도 그것을 실현하기 위해 노력하지 않는다. 내가 만나본 많은 학생들은 공부에 거부감이 있었다. 공부하는 것 자체가 싫고, 한두 시간도 책상에 앉아서 집중하지 못한다. 그래서 공부는 아무리 해도 안 되는 거라고 포기하고, 틈만 나면 친구들에게, 컴퓨터 앞으로, 게임기로, 핸드폰 문자로, 인터넷으로 달려간다.

공부에 마음을 잡지 못할 때 무엇부터 해야 할까. 가장 쉬운 방법은 공부를 했을 때와 하지 않았을 때 자신의 미래에 대해 자주 생각해보는 것이다. 그리고 주변의 선배들이나 부모님에게 그것에 대해 이야기를 들어보는 것이다. 재수생들은 한 번 실패했기 때문에 공부를 하지 않았을 때 어떤 일이 발생하고 그것이 얼마나 큰 고통인지 경험을 통해 알고 있다. 부모님의 실망하는 얼굴과 좋은 대학에 진학한 친구들의 즐거운 이야기들을 듣는 것만으로도 그들은 큰 고통을 겪는다. 또다시 치르는 한 번의 시험을 통해 미래가 결정된다는 것을 매일 의식하며 사는 것도 얼마나 힘든 일인지 모른다. 그래서 그들은 더 노력하고 강의에 귀를 기울이게 된다. 그러나 이런 경험이 없는 중학생이나 고등학생의 경우 그것이 현실로 다가올 리 없다. 경험해보지 않고는 가슴으로 느끼지 못하기 때문이다. 그래서 들어서 아는 것과 실제 경험을 통해 아는 것은 큰 차이가 있다.

미래에 대해 자주 구체적인 상상을 하고 경험을 해보는 것이 좋다. 신학기가 되어 학생들이 새로 들어오면 하루에 거의 1시간 이상씩 앞으로 공부할 진도 계획과 미래에 대해 상세히 이야기한다.

1. 5월까지 영어와 수학의 맥락을 잡기 위해 기본서를 몇 차례 본다.

2. 언어 영역과 영어를 대비하기 위해 주말에는 모의고사를 한 회씩 푼다.

3. 깜지노트는 매일 영어, 수학 두 페이지씩 쓴다.

4. 매일 중요 과목 수업에 대한 시험문제를 열 문제씩 출제해, 다음날 친구들과 바꾸어 시험을 본다.

5. 매일 신문 사설을 두 페이지씩 정리한다.

이와 같은 계획을 상세히 설명한다. 그리고 공부 계획대로 공부를 해나갔을 때와 그렇게 하지 않았을 때의 차이를 상세히 설명한다. 그런 다음 입시에 실패한 후에 겪었던 고통을 상기시키고 같은 경험을 하지 않아야 한다는 것을 말한다. 그리고 대학에 진학해서 좋은 직업을 가지려고 노력해야 그 이후 더 좋은 삶을 살 수 있다고 장황하리만큼 이야기한다. 이렇게 며칠 이야기하고 나면 학생들은 싫증을 내지만, 그래도 나는 또 이야기한다. 정말 귀에 못이 박히도록 듣지 않으면 기억하지 못할 때가 많기 때문이다. 그러면 학생들은 대략 내가 해준 이야기를 암기하게 된다. 그러면 공부를 했을 때와 하지 않았을 때의 차이를 자신도 모르게 느끼게 된다.

미래를 생각하는 사람은 아무 생각도 없이 사는 사람과 분명히 다르다. 그러므로 공부를 열심히 했을 때와 하지 않았을 때로 나누어 자신의 미래를 예상해서 글로 적어보고 그것을 매일 한 번씩 10일만 읽어본다. 그러면 고치고 싶은 부분도 나올 것이고 그 글에 적힌 이야기가 선명하게 자신의 미래로 떠오를 것이다.

자신의 미래가 잘 떠오르지 않으면 가까운 선배들에게 물어보는 것도 좋다. 상급 학년 선배도 좋고 대학생이 된 선배도 좋다. 가까이에 지내는 삼촌에게 물어보는 것도 좋다. 물론 부모님에게서는 종종 이야기를 들었을 것이다.

학생들은 보통 제한된 경험을 가지고 있으므로 어떤 것이 자신에게 진정으로 좋은 미래인지 예측하기 힘들 때가 많다. 그러므로 많은 선배들의 이야기를 들어보는 것이 좋다. 나의 경험을 이야기해보면, 내가 대학에 다닐 때 학생들은 거의 양분되어 있었다. 고시공부를 하거나 학생운동을 했다. 고시공부는 출세의 지름길이었고, 학생운동은 순수한 이념적 · 실천적 갈증을 채워주는 것이었다. 나는 그 어느 쪽에도 속하지 못하고 오로지 학원 강의와 영어 · 문학 · 철학 · 정치학 등에 대한 공부만을 했다. 아버지는 사법고시를 보라고 여러 번 말씀하셨지만, 나는 그것에 대해 막연한 거부감을 가지고 있었다. 나는 자신이 '죄인'이므로 다른 사람을 판단할 입장이 아니라는 종교적인 태도만을 가지고 그 직업을 막연히 거부해버렸다. 그 직업을 가지고 할 수 있는 일이 무엇인지 따져보지도 않고 말이다.

내가 좋은 학생이었다면 아버지와 좀 더 많은 시간을 내어 사법시험에 대해 이야기했을 것이다. 이 책을 쓰던 도중 아버지는 운명하셨다. 나는 큰 충격을 받았고 그래서 이 책도 조금 지연되었다. 아버지의 유품을 정리하다가 20년 전 내가 대학에 다닐 때 아버지에게 보낸 편지를 발견했다. 그 편지를 보고 나는 큰 충격을 받아 많이 울었다. 그 편지는 그저 의례적인 안부를 묻는 내용이었다. 그 편지에는 나의 삶이 구체적으로 담겨 있지 않았다. 간단한 인사뿐이었고 나의 학교 생활도, 학원 생활도, 관심사도, 내가 읽던 책도, 듣고 있던 강의도, 교수님들도, 내 친구와 여자 친구도, 내 여자 친구의 가족들도, 내가 사는 곳도 그 편지에는 등장하지 않았다. 나는 아버지를 표피적으로만 만났고 진정한 소통을 하려고 노력하지 않았다. '공감(sympathy)'은 '함께(sym-)' '느낌(paths)'을 의미한다. '동의(consensus)' 역시 '함께(con-)' '지각함(sense)'에서 나오는 것이다. 그러나 나는 아버지와 진정한 의미의 공감에도, 동의에도 이르지 못했다. 아버지와 진정으로 함께 해보지 못했다는 자책감으로 뼈저린 후회를 했다. 아버지와 나의 미래를 두고 구체적이고 진지하게 이야기를 나누었더라면 나는 편협하지 않은 전체적인 시각을 가질 수 있었을 것이다. 아버지는 나보다 경험이 더 많은 어른이었고, 더구나 학생들을 이끌어오신 교장선생님이어서 과거와 현재, 미래를 통합하는 전체적인 시각으로 나의 삶을 객관적으로 바라보고 도움을 주실 수 있었는데, 나는 어리석게도 그 좋은 도움을 거부해버렸다.

철학자 보나벤투라에 의하면, 우리는 '회상에 의해서 과거를, 지각에 의해서 현재를, 기대에 의해서 미래를 가지는' 존재이다. 현재의 지각만으로 하루하루의 일에만 얽매인 삶은 불충분한 삶이다. 우리는 과거를 회상해야 하고 미래를 기대해야 한다. 그래야 '완전하고 전체적인 삶'을 살아갈 수 있다. 나는 현재의 지각에만 얽매여 삶을 전체적으로 보지 못하고 있었다.

보나벤투라의 말은 공부에도 그대로 적용될 수 있다. 과거의 공부한 내용을 '복습'해야 하고, 현재 새로운 문제들을 '지각'해야 하고, 미래에 대한 '기대'를 가져야만 한다. 이런 시제의 통일이 없다면 '전체적인 삶'을 기대하기 힘들다. "어떤 사람들은 세 가지 종류의 곤란을 가지고 산다. 가졌던 것, 지금 가지고 있는 것, 가질 것(Some people bear three kinds of trouble – the ones they've had, the ones they have, and the ones they expect to have)"이라는 H. G. 웰즈의 말을 긍정적으로 해석하면 과거(복습)와 현재(학습)와 미래(예습)는 학생이 항상 염려해야 할 '곤란'이라고 할 수 있다.

우리는 공부에서도 예습을 해야 하지만, 미래의 자신에 대한 예습은 더욱더 시급한 것이 아닐 수 없다. 가장 직접적으로 그것은 우리가 가야 할 대학이다. 그러므로 그 대학에 가보고 그 대학을 몸으로 느끼는 것이 좋다. 그것이 가장 가깝고 직접적인 우리의 미래이기 때문이다.

자신의 미래를 자주 생각해보자. 미래가 잘 그려지지 않는다면 인터넷으로 검색해보고, 부모님과 이야기하고, 선배들을 찾아가 물어보면서 정리해두면 공부에 좋은 자극제가 된다. '나의 미래'라는 제목으로 글을 써서 컴퓨터에 저장해두고 중요한 내용을 첨가해나가도 좋을 듯하다. 어떤 직업을 가지려면 어느 대학 무슨 과를 가야 하며, 그렇게 하기 위해서는 내신과 수능은 어느 정도의 성적이 나와야 하는지 구체적으로 생각하다보면 실제로 노력할 마음이 생기게 된다.

학생들에게 한 학기에 한 번 이상씩 자기가 목표로 하는 대학에 다녀오게 한다. 주말을 이용해 그 대학을 방문해 캠퍼스를 둘러보고 가능하면 도서관이나 강의실에 가서 공부를 하고 오라고 한다. 그리고 그 느낌을 생활계획표에 적어오라고 한다. 다녀온 학생들은 대학에 대해 구체적인 현실로 느끼고 자신의 위치에 대해 서글픔을 느끼게 된다. 자신과 별 차이가 없는 학생들이 그 학교에서 즐겁게 생활하는 모습을 보면 실패한 재수생들은 상당한 충격을 받는다. 그리고 며칠이 지나면 나도 갈 수 있다는 꿈과 자신감을 가지게 된다.

주말에는 자신이 꼭 가고 싶은 대학 캠퍼스에 한번 가보라. 캠퍼스를 산책해도 좋고 운동을 해도 좋고 도서관이나 강의실에서 공부를 해도 좋다. 내가 이 학교의 학생이라고 상상해보는 거다. 상상만 해도 즐거운 일이 아닐까? 학교가 현실감 있게 느껴지면 그곳에 가기 위한 노력도 더 구체적으로 할 수 있게 된다. 학교를 느끼기 위해서는 그 학교에 '몸'으로 가보아야 한다. 그리고 적어도 하루 정도라도 그곳에서 '몸'으로 생활해보는 것이 좋다. 그러면 학교가 살아 있는 실체로 다가오게 된다. 내가 서울대학에 갈 수 있다고 생각한 것은 사촌형 때문이었다. 형은 법대에 합격했는데, 그 덕분에 나도 서울대학에 가볼 기회가 있었다. 잘 아는 형이 합격한 걸 보니까 나도 할 수 있다는 자신감이 생겼다. 막연히 가고 싶다는 꿈이 아니라 구체적인 현실로 대학이 느껴져야만 그 대학에 가고 싶은 생각도 간절해진다.

가고 싶은 대학과 학과를 책상 앞에 크게 붙여놓는다든지, 그 대학의 상징이 인쇄된 옷이나 문방구를 가지고 다니는 것도 좋은 일이다. 우리가 목표를 가지고 그것을 실현하기 위해 노력하다보면 생각지 못한 힘이 생긴다. 목표는 구체적일수록 더욱더 좋다. 지금 당장 가고 싶은 대학을 책상 앞이나 방문에 적어서 붙여놓으라. 이번 주말에는 친구들과 가고 싶은 대학에 가서 '온몸으로' 하루를 보내보라. 꿈은 더 가까워질 것이다.

다양한 분야의 지식을 습득하라

최근 입시제도는 학생들의 공부 부담을 줄여준다는 명목으로 과목을 대폭 축소했다. 이 때문에 영어와 수학에서 거의 당락이 좌우된다고 해도 과언이 아니다. 그러나 과연 교육의 목표는 무엇인가. 우리 사회에서 건전한 상식을 가지고 살 수 있는 인격체로 만드는 것이 아닐까. 그런데 이런 식의 교육은 분명히 잘못된 것이다. 우리나라가 일제 식민지지배와 한국전쟁의 참화를 딛고 세계의 선진국 대열에 설 수 있게 된 것은 교육 때문이었다. 나는 이것을 '교육을 통한 상승에의 열망'이라고 정의했다.

이런 전통은 오래된 것이다. 조선 시대에 관료는 시험을 통해 선발되었다. 위대한 학자가 위대한 정치가로 간주되었고 왕마저도 학문의 권위로 견제받았다. 왕도 매일 학자인 신하와 더불어 정치 학습(경연)을 해야 했다. 일본의 식민지로, 한국전쟁으로 나라가 완전히 피폐해졌지만 우리나라를 지금의 모습으로 일으킨 것은 교육이었다. 과거의 교육이 잘못되었다고 비판하지만 오늘의 교육은 오히려 과거의 교육보다 더 못한 듯하다.

학생들의 부담을 줄인다고 시험 과목을 줄인 결과 영어·수학 의존도가 지나치게 커져서 심화 학습을 위해 오히려 학원에 다녀야 하는 상황이 되었다. 문과생은 과학 과목을 제대로 모르고 이과생은 사회 과목을 제대로 모른다. 영어·수학·언어 영역에 모든 것을 집중하는 편협한 시험제도 때문에 오히려 사회적 비용이 증가하고 있다. 수험생의 부담을 줄이기 위해 과목을 줄인 것이 국·영·수에 대한 집중도를 증가시켜 오히려 부담과 비용을 증가시키고 있다. 이제 영어인증시험까지 도입한다고 하는데, 그렇게 되면 영어를 위해 어학연수까지 다녀와야 할지 모른다.

한 친구는 외아들을 1년간 캐나다로 어학연수를 보냈다. 학원에서 레벨 테스트를 해서 반을 나누니 방학 때마다 몇 달씩 외국에 나가는 친구들을 당해낼 수 없었던 것이다. 1년간 영어를 집중적으로 배운 덕에 이제는 레벨 테스트에 대한 두려움이 없어졌다고 한다. 어쩔 수 없이 친구는 1년 동안 기러기 아빠가 되어 술만 먹으면 외로운 처지를 개탄했고 아내와 아들에 대한 그리움을 쏟아내었다.

이처럼 입시 제도와 학습 현장에서 영어는 지나치게 강조되고 있다. 그 때문에 학생은 학생대로 힘들고, 부모는 사교육비 때문에 힘이 드는 상황이다.

현대사회는 복잡다단하고 다양한 문화가 교차하며 급격하게 변하고 있다. 따라서 다양한 지식이 필수적이다. 국어·영어·사회·과학·음악·미술·체육 등 다양한 분야에 대한 기본적이고 상식적인 지식을 습득해 전인(全人)을 만드는 것이 청소년 교육의 목표가 되어야 하는데 지금은 그 방향이 반대로 가고 있다. 하지만 이렇게 영어와 수학, 언어와 논술에 편중된 입시제도하에서도 다양한 과목에 대한 관심을 잃지 않는 것이 시험을 위해서도, 자신의 인격적인 성장을 위해서도 꼭 필요한 일임을 잊지 말아야 한다.

현행 입시에서 영어와 수학의 배점이 높다고 영어와 수학만 공부하다보면 다양한 상식을 가지기 힘들어진다. 상식이 부족하면 지금의 입시제도에서도 좋은 성적을 받기 힘들다. 영어와 언어 영역에서는 다양한 주제에 대한 지문들이 등장하고 그것에 대한 해석을 요구하기 때문이다. 영어와 언어의 지문들을 잘 이해하고 소화하기 위해서는 일차적으로 학교에서 배우는 사회와 과학 과목을 잘 이해해야 한다. 사회와 과학의 배점이 낮다고 그것들을 등한시하면 결국 다양한 주제에 대한 지문을 제대로 이해하지 못하게 된다. 논술에서 사회와 과학, 철학, 예술 등의 지문이 등장하기 때문에 이런 과목에 대한 관심도 지속적으로 가져야 한다.

물론 다양한 지식을 가지기 위해서는 광범위한 독서가 필요하다. 규칙적으로 책 읽는 습관은 전체적인 사고를 위해 꼭 필요하다. 일단은 학교에서 배우는 사회와 과학 과목만이라도 잘 배우고 정리해두면 나중에 큰 도움이 된다. 그리고 매일 접하는 시사 문제들에 대해서 관심을 가지고 찾아보는 것도 많은 도움이 된다. 어떤 소재든 제대로 이해가 되지 않는 말들이 나오면 바로 인터넷을 찾아보고 그것을 잘 정리해두는 것이 좋다. 인터넷은 정보의 보물창고이다. 그것을 잘 이용하면 많은 것을 아주 손쉽게 알아낼 수 있다. 요컨대, 단순히 영어·수학에만 집중하지 말고 다양한 분야에 대해 관심을 가지고 알려는 노력을 게을리 하지 않아야 한다. 그러면 지금의 입시제도에서 수험생활을 하는 데에도 큰 도움이 될 뿐 아니라 폭넓은 인생을 살아가는 데도 많은 도움이 된다.

어릴 때부터 많은 경험을 하면 그만큼 아이들은 성장한다. 앞에서 말한 내 친구는 초등학교 4학년 아들이 외국에서 1년 동안 힘들게 살다 와서 부쩍 많이 큰 것 같다는 말을 했다. 아이는 그곳에서 단순히 영어만을 배운 것이 아니라, 낯선 땅에서 다양한 경험들을 하고 '전체적인 판단력'을 키우는 데 도움을 받은 것이다. 그렇다면 그것은 참 소중한 경험이 아닐 수 없다. 꼭 외국에 나가서 경험하는 것만이 아니라 우리나라에서 다양한 체험학습을 통해서도 세상의 다양한 모습을 이해하고 성장할 수 있다. 보고 듣고 체험해본 만큼 폭이 넓어지는 것이다.

자신에게 무엇이 부족한지를 먼저 살펴보는 것이 중요하다. 절제심이 부족하다면 방학을 이용해 예절학교를 다녀보는 것도 좋다. 예술적 감각이 부족하다면 주말마다 미술관을 찾아가는 것도 좋다. 담력이 부족하다면 해병대 교육에 입소해 정신력을 강화시키는 것도 좋다. 수리력이 부족하다면 방학을 이용해 주산이나 암산 교육을 받는 것도 좋다. 친화력이 부족하다면 캠프에 참가해 많은 친구를 사귀는 것도 좋다. 자신을 살펴보고 부족한 점을 채워가다보면 전체적으로 균형 잡힌 삶으로 나아갈 수 있고, 그 힘을 바탕으로 입시에서도 좋은 결과를 얻게 될 것이다.

성공하는 학생들의 11가지 특징

몇 년 전 새롭게 학원을 열어 학생들에게 꼭 필요한 것들을 많이 가르치려고 열정이 넘치는 때, 마침 논술이 새롭게 부각되어 나는 무료로 논술을 지도해주었다. 논술 주제를 출제하고 천 자 원고지에 논술을 하게 하고 첨삭을 해주었다. 기연(가명)이는 아주 똑똑한 학생이었는데, 이상하게도 논술을 하지 않겠다고 했다. 중학교 2학년 때에는 꼭 논술을 해야 한다고 설득했지만, 기연이는 그때 유행하던 "됐거든요."라는 말을 던지고는 휙 나가버렸다. 그래서 나는 기연이에게 다음과 같은 편지를 썼다.

오늘 아침에 우리 딸이 나한테 혼났단다. 어린이집에 데려다주려고 엘리베이터에 앞에 서 있는데, 엘리베이터 버튼을 누르라고 하니, "아빠 나 피곤해서 못 누르거든."이라고 말해서… .

내가 정말 싫어하는 말이 "됐거든."이란다. 그래서 그런 식으로 말을 하면 내가 혼을 낸단다.

"서윤아, 왜 그런 식으로 말하니? 서윤이가 아빠한테 아이스크림 사달라고 하는데 '나 돈 없거든'이라고 말하면 너는 좋겠니?"라고 말했더니 눈에 눈물이 글썽하더구나. 그래서 달래주었는데 나도 마음이 무척 안 좋았단다.

"됐거든."이라는 말은 더 이상 이야기하지 말자는 것이고, 말도 안 되는 말을 꺼내지 말라는 식의 표현이겠지. 이런 식의 말은 더 이상 서로 이야기할 필요도, 상대방의 이야기를 들을 필요도 없다는 닫힌 태도여서 정말 좋지 않은 것 같구나….

이런 모습만 고쳐주면 기연이는 더 좋은 학생이 될 수 있을 것 같은데. 상대방을 존중하고 서로 진지하게 의사소통할 수 있는 태도를 가지면 기연이는 더 나무랄 데 없이 좋은 학생이니까. 다시 서로 이런 일이 없도록 하자.

나중에 안 것이지만 기연이는 원장이 학생들에게 논술 수업을 듣게 하려고 호의를 베푼 것으로 생각하고 그런 태도를 보였다고 한다. 기연이는 어린 학생이지만 그런 의도까지 생각할 수 있을 정도로 예민한 학생이었다. 하지만 그것이 아닐 가능성까지는 생각하지 못했던 것이다. 만약 그렇게 생각했다 해도 나중에 확인한 뒤 거부하면 되는 일이 아닐까? 미리 앞질러 거부할 것이 아니고 말이다.

기연이처럼 날카로운 지성을 가진 학생들에게는, 항상 재승박덕(才勝薄德)에 대해 이야기한다. 재주나 너무 뛰어나면 덕이 없고, 결국 덕이 없어서 실패하는 경우가 많다는 이야기를 반드시 해준다. 그리고 한 박자만 늦추어서 생각하고 말하고 행동하라고 한다. 재주로 최고의 대학에 진학할 수 있고, 재주로 최고의 직장에 갈 수도 있고 최고의 부를 얻을 수도 있다. 그러나 그것이 전부일 수 있기 때문이다.

'덕불고필유린(德不孤必有隣)'이라는 말이 있다. 덕이 있는 사람은 결코 외롭지 않고 반드시 이웃이 있다. 공부하는 과정에서도 덕이 있다면 외롭지 않고 즐거운 공부를 할 수 있다. 재주는 뛰어나지만 덕이 부족한 기연이는 선생의 숨은 의도를 꿰뚫어본 것이라고 생각했지만, 그 날카로움 때문에 선생과의 즐거운 지적 교류의 기회를 잃어버렸고 혼자만의 세계에 갇혀버렸다.

5분만 수업을 늦게 시작해도 불평을 하는 학생들이 있다. 나는 그런 학생들에게 "친구가 지금 다 왔다고 하니 5분 늦게 시작해서 5분 늦게 마치자. 5분쯤은 늦어도 괜찮잖아."라고 말한다. 그런 학생은 5분 늦는 것에 대해 원통해하면서도 친구와 같이 공부해야 한다는 공동체 의식은 없다. 이런 학생은 결국 친구에게 어떤 도움도 받지 못해 실패할 수 있다. 부적응 문제로 어느 도에서 자퇴한 학생이 2008년에 중학생 1,155명, 고등학생 3,172명이라고 한다. 억지로 힘들게 다니고 있는 학생들은 아마 이보다 더 많을 것이다. 부적응의 이유는 다양하겠지만 많은 경우 전체에 대한 판단력이 부족해서다. 그래서 공부도 어느 정도 하고, 친구와도 잘 지내고, 운동도 좀 하고, 놀 때도 잘 어울리며 모나지 않은 태도를 기르는 것은 참 중요한 일이다.

성공한 제자들을 생각해보면 이처럼 폭넓은 삶의 태도를 가지고 있었던 것 같다. 동은(당곡고 졸업)이는 외아들인데 꼭 성공해서 고생한 어머니를 잘 모셔야 한다는 강한 책임감이 있었다. 그리고 그것이 공부의 가장 큰 원동력이 되었다. 고려대 공대에 합격한 동은이는 좋은 직장에 취직했고 지금은 유럽 명문대 MBA 과정에 있다.

동은이의 친구 황제(성보고 졸업)는 맏이로서 동생들에게 모범을 보이고 아버지가 하는 사업을 이어가야 한다는 책임감을 가지고 있었다. 열심히 공부해 성적이 많이 올랐고 한양대 공대에 합격했다.

윤정(당곡고 졸업)이는 각별하게 보살펴주는 부모의 사랑과 정성에 보답하기 위해서라도 꼭 의대에 가야 한다는 말을 많이 했다. 그 말처럼 고3 때 정말 많은 노력을 해서 한림대 의대에 합격했다. 성민이와 주희(문영여고 졸업)는 자식을 서울대에 보내고 싶어 서울대에서 가장 가까운 곳에 이사한 부모의 뜻을 이루어야 한다는 말을 많이 했다. 비록 재수를 하기는 했지만 두 학생 모두 서울대에 합격해서 부모의 소망을 이루어드렸다. 상엽이는 학기 초에 수학을 포기하겠다고 말했다가 『수학의 정석』으로 알밤을 한 대 맞았다. 그 일을 계기로 상엽이는 더 정신을 차리고 『수학의 정석』을 다 암기했다. 그리고 수학에서 거의 만점을 맞아 경희대 건축공학과에 합격했다. 자기가 가장 부족한 점을 스스로 알고, 그것에 집중한 결과 성공을 거두게 된 것이다.

이런 학생들에게는 공통점이 있다. 날카로운 지적 능력, 뛰어난 기억력, 대단한 추론 능력보다는 다음과 같은 중요한 덕목들을 갖추고 있다는 것이다.

성공하는 학생들의 11가지 특징

1. 이해가 안 되는 것을 자기의 것으로 만들려는 의지

2. 긴 시간 동안 공부에 전념하는 인내심

3. 모르는 것을 인정하는 솔직함

4. 모르는 것을 물어보는 겸손함과 열린 태도, 용기

5. 중요한 자료들을 잘 정리하는 정성스러움

6. 선생님과 좋은 관계를 유지해 도움을 받는 것이 좋다는 성숙한 사고

7. 더 어려운 문제에 도전하는 담대함

8. 자신의 목적을 위해 덜 중요한 문제는 뒤로 미루는 현명함과 자제심

9. 삶에서 만나는 다양한 변수들을 목적에 맞게 정리해가는 계획성과 사려 깊음

10. 주변 사람들을 배려하는 마음

11. 과거에 대한 반성과 현재의 노력 그리고 미래에 대한 기대를 조화시키는 '전체적인' 안목

　

이런 능력들을 한마디로 정리한다면 전체적인 판단력이 아닐까 한다. 이런 능력을 가지려면 삶의 과정에서 만나는 모든 것을 우선은 존중하는 것이다. 우리는 흔히 기호에 맞는 것은 존중하고, 그렇지 않은 것은 배척하는 경향이 있다. 기연이는 나의 지도 방식이 자연스럽게 싫었을 수 있다. 하지만 그런 학생의 태도가 반드시 옳은 것은 아니다. 내가 싫어하고 배척하는 것이 어쩌면 나에게 가장 중요한 것일 수도 있다는 생각을 해보는 것이 '전체적인 판단력'을 가지기 위해 우선적으로 필요한 태도이다.

퇴계 이황 선생은 항상 '경(敬)'을 강조했다. '마음을 하나로 집중하여(主一集中)' '경에 거하며 이치를 추구하라(居敬窮理)'는 선생의 말씀은 단순히 말로 끝나지 않았다. 선생은 항상 그렇게 모든 것을 존경하는 삶을 살았고 우리의 스승이 되었다. 56세의 대학자인 퇴계는 30세의 아들 같은 신진 학자 기대승에게 이렇게 편지를 썼다.

제가 무오년에 서울에 갔던 일은 완전히 실패하였는데 한편으로 다행
스러웠던 것은 우리 명언(기대승)을 만나보았던 점입니다. 그후 남쪽
으로 내려와 은거하면서 묘연히 다시 만날 기약이 없어 명언에게로
향하는 마음 그칠 길 없었는데, 마침 정자중이 전해주는 편지와 사단
칠정에 관한 논설을 받아보고서 기쁨을 느꼈습니다. (중략) 그리하여
나의 좁은 소견을 대략 밝혀 지면으로 대신 질정을 구했던 것입니다.

나이 어린 젊은 학자를 무시하지 않고 겸손하게 진리를 논하는 퇴계
선생의 '경'은 정말 존경스럽다.

하루하루 구체적인 삶의 현장에서 만나는 사람, 책, 상황, 물건들을
우선 존경하고 의미 있게 여기고 인정하는 태도를 가져보라. 이런 공경
의 태도가 전체적인 사고를 하게 해줄 것이다. 그리고 모든 것을 공경
하고 전체적인 사고를 하게 되면, 삶의 많은 것이 달라진다는 것을 몸
소 경험하게 될 것이다.

'지금, 여기'에서 전체적인 판단력을 훈련하자

전체적인 판단력을 가지려면 하루하루 살아가면서 만나는 모든 것을
존중하는 태도를 가져야 한다. 생활에서 어떻게 실천할 수 있을까.

1. 아침에 일어나서 부모님에게 깍듯이 인사한다.
2. 매일 만나는 형과 동생을 더 친절하게 대한다.

3. 방에 어지럽게 널린 물건들을 하나하나 꼭 있어야 할 위치에 놓고 잘 정리한다.

4. 친구를 가장 소중한 사람이라고 생각하고 대화를 나눈다.

5. 지금 읽고 있는 책이 가장 소중한 진리를 알려주고 나의 미래를 좋은 방향으로 변화시켜줄 것이라고 생각한다.

6. 학교 선생님의 강의가 최고의 강의라고 생각하고 열중해서 듣는다.

이런 태도를 가지면 삶이 상당히 달라진다. 내가 타인과 세상을 존중하는 만큼 타인과 세상도 나를 존중할 것이다. 이런 태도는 단순히 지적인 날카로움과는 별개의 것이다. 우리는 지나치게 공부만을 강조하면서 더 중요하고 기본적인 태도의 문제를 간과하고 넘어가버린다. 자신의 공부에 문제가 있다면 그것이 단순히 공부의 문제인가 생각해보라. 자신은 전체적인 사고를 하고, 자신의 삶을 균형 있게 살아가고 있는지 반성해보라. 부모님, 친구들, 형제자매들과 조화롭게 지내고 있는지, 자신의 물건들을 소중히 여기고 잘 정리하고 있는지, 미래에 대한 대비를 하고 있는지, 운동과 공부와 잠이 균형 잡힌 건강한 생활을 하고 있는지를 생각해보라. 이런 것들이 잘 이루어지고 있는데 공부를 좀 못한다면 그것은 아무런 걱정도 할 필요가 없다. 지적인 날카로움, 이해력, 순발력 등이 좀 뒤지더라도 이런 성실성을 갖추고 있다면 시간이 걸리더라도 결국은 성공할 것이기 때문이다.

전체적인 삶의 첫 출발점은 가정이다. 위에서 언급한 학생들이 성공한 데에는 부모와 관계가 좋았다는 것이 큰 역할을 했다. 그 부모님들은 이웃에서 흔히 볼 수 있는 평범한 분들이다. 앞에서 말한 강남에 사는 선배보다 그 학생들의 부모는 경제적으로 더 어렵게 생활한다. 그러나 오히려 이들 가정이 내 선배의 가정보다 더 행복한 삶을 꾸려나가고 있었다. 무엇보다 가족 간에 대화 통로가 열려 있었다. 자녀가 부모를 아주 소중하게 생각하고 부모와 많은 이야기를 나누었다. 그리고 부모의 삶에 대해 깊은 관심을 가지고 있었고 부모님의 고충을 잘 이해했다. 그들이라고 부모에게 불만이 없지는 않았겠지만, 부모님의 한계를 잘 알고 그것을 이해하려고 노력했던 것 같다. 이렇게 된 데에는 부모의 역할도 컸겠지만 부모에 대한 자녀의 태도가 더 큰 역할을 한 것이 아닌가 생각된다. 요즘 가정에서는 부모가 아니라 자녀에게 무게 중심이 있는 경우가 더 많다. 그러나 성장한 자녀가 부모를 이해하려고 노력하면 가정의 많은 문제가 자연스럽게 해결되는 것을 많이 봐왔다. 그래서 항상 학생들에게 공부를 시켜주는 부모님에게 감사하고 그 은혜에 보답해야 한다고 말한다. 그 은혜에 보답하는 길은 대단한 성공을 통해서가 아니라, 조금만 더 따뜻하게 인사하고, 자신의 생활을 이야기하고, 감사한 마음을 말로 전하는 데서 시작하는 것이다.

우리는 삶을 '지금, 여기'에서 시작할 수밖에 없다. 부모님과 가정이 만족스럽지 않더라도 그것은 우리가 소중히 여겨야 할 현실이다. 지금 여기에서 이 현실을 부정한다면 우리가 무엇을 기반으로 시작할 수 있을까? '지금 여기'의 우리 가정에서, 부모님과 형제자매들과 함께 시작할 수밖에 없다. 그러므로 가정은 참 소중한 출발점이다. 이 가정을 행복하게 만드는 것은 비단 부모들뿐 아니라 자녀들의 의무이기도 하다.

다시 이야기를 정리해보자. 공부를 잘하는 학생이 되기 위해서는 전체적인 생활이 안정되어야 한다. 그것은 전체적인 차원에서 깊고 넓은 판단력을 갖게 해주기 때문이다. 공부를 잘한다는 것은 단순히 인지적인 능력(IQ)이나 분석력, 기억력만의 문제가 아니다. '자신의 감정, 기분을 자각하고 결단을 내리는 능력, 충동을 자제하고 감정을 제어하는 능력, 목표에 다시 도전할 수 있는 능력, 타인에게 공감하는 능력, 집단의 조화를 유지하고 협력하는 사회적 능력' 등을 말하는 EQ가 성공의 요소가 된다.

영어에서 'rational'이라는 단어와 'reasonable'이라는 비슷한 단어가 있다. 둘 다 '합리적인'이라고 번역할 수 있지만 후자가 더 포괄적인 개념이다. 'rational choice'라고 하면 목적을 달성하기 위한 '합리적인 선택'이라고 번역할 수 있다. 그 목적이 무엇인지, 그 목적을 달성하기 위해 선택한 방법이 어떤 성격인지는 묻지 않는다. 단지 어떤 주어진 목적을 달성하기 위해 가장 빠른 길이 무엇인가를 묻는 표현이다. 그러나 'reasonable choice'라고 하면 조금 달라진다. 'reasonable'에는 '합리적인', '타당한', '이유 있는', '정당한', '분별 있는' 등의 개념이 포함되어 있다. 매년 엄청난 양의 돈을 기부해 세상을 놀라게 하는 빌 게이츠 같은 사람을 단지 'rational'이라고 표현하는 것은 좀 부족하다. 오히려 'reasonable'이라고 하는 것이 더 타당할 것이다.

『정의론』으로 유명한 철학자 존 롤즈(John Rawls)도 이런 구분을 사용한다. 그는 'reasonable'한 사람의 특성을 단순히 '이성'이라고 하지 않고 '공적 이성(public reason)'이 있는 사람이라고 부른다. 흔히 '똑똑한' 사람과 '지혜로운' 사람을 구분해서 말하듯이, '이치에 맞는 것'이라고 할 때 단순히 계산이 빠르고 정확하다는 것을 의미하지 않는다. 손해를 보더라도 남에게 이로운 일을 하면 우리는 그것을 '이치에 맞다'라고 표현한다. '이치에 맞는', '지혜로운', 'reasonable'한 사람이 되는 것은 '전체에 대한 고려', '전체에 대한 판단력'을 가지지 않고는 불가능한 일이다. 이런 능력을 심화시키기 위해 노력하는 것이 매일의 삶에서 해야 할 일이다. 앞에서 이야기한 대로 '전체적인 사고', '전체적인 판단력'은 '지금, 여기'에서 모든 것을 존중하고 공경하는 데에서부터 시작할 수 있고 연습할 수 있다.

시장에서 물건 값을 잘 깎는 것은 'rational'한 사람이다. 시장에서 천 원을 깎아 물건을 사면 절약하는 경제적인 삶을 사는 것이기 때문이다. 하지만 "할머니가 추운 데 장사하시는 게 안쓰러워서 진돈 천 원을 빼지 않았어."라고 말할 수 있는 학생이라면, 이는 더 높은 경지에서 전체적인 사고를 하는 사람이다. 나는 후자가 더 행복한 삶을 살 것이라고 확신한다. 그리고 그런 전체적인 판단력을 가진 학생만이 길고 힘든 인생의 시험에서 결국 승리할 것이라고 믿는다.

4. 독서는 모든 공부의 기본이다

공부는 원하는 삶을 살도록 돕는 도구

우리가 공부하는 이유는 여러 가지가 있을 것이다. 부모님이 열심히 하라고 하니 열심히 하는 경우도 있고, 친구들에게 뒤지지 않기 위해서 열심히 하는 경우도 있다. 좋은 대학에 가야겠다는 생각에서 열심히 할 수도 있고, 형이나 누나처럼 실패하지 않기 위해서 열심히 할 수도 있다. 하지만 항상 잊지 말아야 할 것은 열심히 공부하는 이유가 결국은 좋은 삶을 살기 위해서라는 점이다.

물론 무엇이 좋은 삶인가는 사람마다 그 의견이 다를 수 있다. 경제적인 것에 가치를 두는 사람도 있고, 정신적인 면에 가치를 두는 사람도 있다. 직업적인 안정을 중요시하는 사람도 있고, 단지 자신이 하고 싶은 일을 하는 것이 좋은 삶이라고 말하는 사람도 있다. 타인과의 관계를 중요시하는 사람들도 있고 혼자만의 고독한 삶과 사유에 더 큰 의미를 두는 사람들도 있다. 예술에 큰 가치를 두는 사람이 있는가 하면 세속을 초월한 종교에 가치를 두는 사람도 있다. 어떤 것이 '좋은 삶'인가 하는 것은 여기에서 논의하기에는 너무 큰 주제이다. 학생들이 각자의 위치에서, 각자의 소망과 재능에 맞게 스스로 추구하고 선택해야 할 주제이다. 다만 각자에게 좋은 삶을 선택하는 과정은 결코 혼자서 해결할 수 있는 문제가 아니다. 부모와 선배, 친구들과 많은 대화를 나누고 스스로 탐색하는 과정이 있어야 한다. 우리가 공부를 하는 이유도 어떤 삶이 우리에게 가장 좋은 삶인지를 알기 위해서라고 할 수 있다.

잘살기 위해서는 삶에 대한 이해가 필수적이다. 삶에 대한 정확한 이해 없이 좋은 삶을 살기란 어렵다. 아들은 어릴 적에 칼을 유난히 좋아했다. 첫돌이 막 지난 애가 어느 날 의자를 딛고 올라가 선반에서 날카로운 칼을 꺼내 얼굴에 대고 있는 것을 보고 기겁한 일이 있다. 할머니 집에서 싱크대를 열어 큰 칼을 두 개나 빼어들고 칼춤을 추며 뛰어다닌 적도 있다. 아들은 그 칼이 무엇인지, 어떤 용도로 쓰는 것인지, 잘못 가지고 놀 때 어떤 일이 벌어질지 제대로 알지 못하고 그저 장난감으로만 생각했던 것이다. 그래서 그것을 빼앗으면 막 울어댔다. 그렇다고 그 칼을 어린 아들에게 줄 수는 없지 않은가. 칼에 대한 정확한 지식이 없는 아들은 그 칼이 자신을 해칠 수 있다는 것을 알지 못했다. 이처럼 세상에 대한 정확한 지식 없이 좋은 삶을 살기란 불가능한 것이다.

학생들이 학교에서 배우는 많은 과목은 좋은 삶을 살아가는 데 필수적인 지식들이다. 언어를 통해 삶의 구체적인 과정들을 간접적으로 경험할 수 있다. 영어를 배우며 외국어를 습득할 수 있고, 우리와 다른 사람들의 생각과 삶을 배우며 자신의 삶을 확장할 수 있다. 사회 과목을 통해 우리 사회가 어떤 기반에서 이루어졌으며 어떤 방식으로 운영되는지에 대한 기본 지식들을 배울 수 있다. 과학을 통해 자연과 세계의 운행 원리를 배우고, 예술을 통해 아름다움을 즐기고 아름다움을 만들어내는 방법을 배우게 된다. 이처럼 학교에서 배우는 것들은 우리가 살아가는 데 꼭 필요한 지식들이다.

그런데 학생이나 부모들이 "공부가 다가 아니다."라는 말을 쉽게 한다. 그러나 이것은 공부에 대한 천박한 이해이다. 다시 말하지만, 구체적인 지식 없이 좋은 일을 한다는 것은 힘든 일이다. 때때로 사람들이 "수학이 살아가는 데 무슨 필요가 있나?"라고 한다. 그러나 그것은 아주 큰 오해에서 비롯된 생각이다. 수학을 공부하는 과정을 잘 생각해보면, 우리가 업무를 수행하는 과정과 매우 흡사하다. 회사에 들어가면 먼저 기본 업무를 배우게 된다. 업무에 연관된 용어들을 배우고 업무의 흐름을 파악한다. 그것들을 반복적으로 숙지해서 익숙해지면 현장에 투입되어 배운 것들을 새롭고 다양한 상황들에 적용하거나 새로운 방법을 고심하게 된다.

바로 이러한 과정을 수학에서 배운다. 수학을 배울 때 다양한 기초 개념들을 습득하고, 그것들을 숙지해서 자기 것으로 만들고, 문제에 직면해 어떤 공식과 개념을 이용할지를 결정하고, 그것을 논리적으로 응용해 새롭게 제기된 문제들에 적용한다. 이처럼 수학의 학습 과정은 바로 우리가 삶에서 만나는 여러 문제를 해결하는 방식과 흡사하다. 수학을 잘한다고 반드시 좋은 삶을 사는 것은 아니겠지만, 수학적 훈련을 많이 했다면 그만큼 업무에 대처하는 연습을 많이 쌓은 것이라고 할 수 있다. 또한 수학 학습은 감정적이거나 충동적으로 살아가는 것이 아니라 주어진 삶의 기본 원리를 바탕으로 논리적인 삶을 살아갈 수 있게 하는 데 가장 좋은 교육이다.

이처럼 공부가 좋은 삶을 살도록 도와주는 기본 도구인데도 우리는 그 중요성을 자주 잊어버린다. 심지어 교육 관계자들조차 "공부도 중요하지만 인성교육을 해야 한다."며 학교에서 공부 외의 다른 봉사활동을 요구한다. 그러나 이런 사고방식은 지식과 도덕의 관계에 대해 정확하게 이해하지 못한 데서 비롯된다. 좋은 삶을 살기 위해서는 반드시 정확한 지식이 있어야 한다. 우리가 어떤 사람에게 잘해주고 싶은데, 그 사람에 대해 정확히 알지 못하면 어떻게 그 사람에게 잘해줄 수 있겠는가. 공부를 열심히 하는 것은 도덕적인 삶을 위한 중요한 전제조건이 된다. 봉사활동을 하는 것도 중요하지만, 테레사 수녀나 성 프란체스코, 간디나 제정구 등과 같은 위대한 인물들의 삶을 읽고, 공부하고, 토론하고, 자기의 삶과 연결하고, 적용하는 등의 활동이 더 의미 있는 도덕 교육이 될 수 있다.

그러므로 학생들은 학교에서 배우는 모든 과목의 중요성을 확실하게 이해할수록 삶이 그만큼 더 풍부해진다. 행복하고 풍부하고 좋은 삶을 위해 공부는 우리가 평생 해야만 하는 소중한 것임을 항상 잊지 말아야 한다. 우리가 그것을 소중히 여길 때 그것은 우리들에게 마음을 열게 된다. 공부를 소중히 생각하지 않고 억지로 해야 하는 것으로 생각하면 결코 공부는 우리들에게 마음을 열지 않는다. 돈을 소중히 여기는 사람만이 돈을 모을 수 있듯이, 공부를 소중히 여기는 사람만이 공부를 잘할 수 있다.

공부가 행복하고 좋은 삶을 위해서 필수적인 것임을 안다면, 공부는 학교에서 배우는 것은 말할 것도 없고 삶의 모든 곳에서 이루어진다. 그래서 공부의 범위를 확장할 필요가 있다. 사실 삶의 구체적인 경험을 통해서, 우리의 몸을 통해서 하는 공부가 진짜 공부이다. 하지만 시간적ㆍ공간적 제약 때문에 우리는 모든 것을 실제로 경험할 수는 없다. 그래서 우리는 책을 읽으며 간접 경험을 한다. 독서야말로 가장 기초적인 공부 방법이며 모든 공부의 기본이라고 할 수 있다.

독서의 중요성은 너무나 많이 들어서 진부하게 들릴 것이다. 하지만 지금의 입시제도에서 독서만큼 중요한 것은 없다. 학생들이 독서에 대한 중요성을 잘 인식하고 독서를 취미로 삼을 수 있다면 그것만큼 더 좋은 일은 없다. 몸과 마음에 가장 유익한 취미가 바로 독서이기 때문이다. 수험 준비서를 읽다가 지치면 자기가 좋아하는 책을 읽어도 좋다. 만화책도 좋고 소설책도 좋다. 어떤 책이든 읽는다는 것은 가장 건전하게, 공부에 도움이 되도록 시간을 보내는 방식이다. 책가방 속에 좋은 책 한 권을 넣어 다녀보자. 공부가 너무 지겨울 때 그 책을 펼쳐 보는 거다. 그때 독서는 좋은 삶을 살게 하는 나침반이 되어주고 성적까지 올려준다. 심지어 기분전환을 시켜주기도 한다. 그것이 바로 독서의 힘이다.

현행 입시제도에서 독서는 필수다

공부는 주로 독서를 통해 이루어진다. 그러므로 공부를 잘하고 평생 배우기 위해서는 책을 몸에 가까이 하는 습성을 가져야 한다. 영어·수학에 비중이 많은 현행 입시제도에서도 독서는 필수적이다. 언어와 영어와 사탐 등의 시험에서 다양한 지문들이 출제되고 논술 시험을 준비해야 하므로 독서 습관은 입시를 위해서도 반드시 갖춰야 한다.

요즘 세대는 책보다 음악, 오디오북, 동영상, TV, PMP, 아이팟 등을 통해 다양한 시청각 자료들을 접하고 좋아한다. 하지만 책만큼 삶의 경험을 생생하게 효과적으로 전달할 수 있는 매체는 별로 없는 것 같다. 그래서 나는 거의 모든 책을 스캐닝해서 컴퓨터 파일 형태로 보관하고 있다. 언제든 노트북에서 책들을 쉽게 볼 수 있고 그 내용을 쉽게 참고할 수 있어서이다. 하지만 요즘에는 종이 냄새 나는 책이 그립기도 하다. 물리적인 형태를 가진 책이 컴퓨터 파일로 보관되는 책과 의미가 다르다는 생각이 들어서다. 책 표지의 종류와 색과 형태 그리고 책의 서체 등 다양한 책의 사물성이 하나의 생명체와 같이 느껴지기 때문이다. 이처럼 책은 하나의 살아 있는 몸으로 우리 옆에 존재한다.

책을 펼치면 책이 우리에게 말을 걸어온다. 우리 주변에 흩어져 있는 책들도 언젠가 대화하기를 기다리고 있다. 내가 보지 않더라도 누군가 그 책을 펼쳐 볼 것이고 책과 대화를 시작할 것이다. 그러므로 책을 사서 집 안에 두는 것만으로도 훌륭한 교육이 될 수 있다. 다양한 책들은 다양하게 살아온 사람들의 발자취이다. 그들의 삶의 정수를 조금이라도 열린 마음으로 만나는 사람은 다양한 영역에서 좋은 삶을 접할 수 있다. 그래서 좋은 책을 많이 구입해두는 것은 공부를 위한 준비 작업이 될 수 있다.

또 현실적으로 입시제도에서 책을 많이 읽는 것은 든든한 자산이 된다. 논술이나 구술 면접 혹은 입학사정관 제도에서 독서에 대한 평가는 필수 항목이다. 많은 책을 읽고 다양한 지식을 가져야 논술에서 높은 점수를 얻을 수 있다. 면접에서도 해당 전공 관련 책들을 얼마나 읽었는지, 그 내용을 얼마나 소화해서 잘 알고 있는지를 묻는다. 특정한 과에 입학사정관 제도를 통해 입학하기 위해서는 그 과에서 기본적인 책들을 반드시 읽고 정리해야만 한다. 국사학과에 지원한 학생이 『삼국유사』나 『삼국사기』조차 읽지 않았다면, 철학과에 지원한 학생이 플라톤의 『대화』 몇 편조차 읽지 않았다면, 정치학과에 지원한 학생이 아리스토텔레스의 『정치학』이나 마키아벨리의 『군주론』을 읽지 않았다면 무슨 말을 할 수 있겠는가?

수능 언어 영역에서 가장 많은 비중을 차지하는 비문학 독해 문제는 다양한 영역에서 다양한 지문들이 출제되고, 그런 책들을 많이 읽은 학생들은 그만큼 쉽게 문제를 풀 수 있다. 특정 주제에 대한 낯선 문장들을 제시하고 그 문장들을 빠르게 읽어 대의를 파악해야 풀 수 있는 문제들이기 때문에 그 내용에 대해 이미 지식을 가지고 있다든지, 그런 유형의 문장들을 많이 접해본 학생들은 그만큼 유리하다.

영어 시험에서도 마찬가지이다. 현행 수능에서 영어 시험은 긴 문장을 빠르게 읽고 그 핵심을 빠르게 요약할 줄 아는 학생이 고득점을 하게 되어 있다. 물론 기본 단어와 숙어, 문법에 대한 지식은 필수적이지만 문장 전체를 요약하는 것은 또 다른 능력을 요구한다. 이런 능력은 많이 읽고 요약해본 사람들만이 가질 수 있다. 영어 시험도 결국은 독서 능력이 좌우하는 것이다. 탐구 영역에서 사회 문제들도 단편적인 지식을 묻는 것들보다는 특정 지문이나 여러 사실을 제시해 그 연관성을 묻는 문제들이 주로 출제된다. 그래서 단편적인 지식들은 많지만 그것들 사이의 연관성을 파악하지 못하는 학생들은 좋은 점수를 얻기 어렵다. 이런 능력은 독서를 통해서만 얻을 수 있는데, 독서 능력이 하루아침에 길러지는 것은 아니다. 그렇다고 입시를 코앞에 둔 학생들이 할 수 있는 방법이 전혀 없는 것일까. 그 방법에 대해서는 뒤에서 상세히 이야기할 것이다.

가능하면 어린 시절부터 많은 책을 읽고, 읽은 내용을 잘 정리하고, 정리된 내용을 반복해서 읽고 기억하며, 그 내용을 다른 사람들과 이야기하고, 자신의 주장을 정리해보는 습성을 기르는 것이 중요하다.

그렇다고 다른 공부를 제쳐두고 독서에만 전념하라는 것은 아니다. 독서 습관을 몸에 익히지 못한 학생들은 우선 책과 가까이 하는 습성부터 들여야 한다. 읽고 싶은 책이나 과거에 감명 깊게 읽은 책을 책가방에 넣어두는 것이 좋다. 교회에 다닌다면 성경책도 좋고, 절에 다닌다면 불경도 좋다. 소설책도 좋고 시집도 좋다. 그리고 공부하다가 집중이 안 되거나 좀 쉬고 싶을 때 그 책을 펼쳐서 몇 구절이라도 또박또박 읽어보는 것이다. 눈으로만 읽지 말고 입으로 중얼거리면서 읽는 것이 더 낫다. 처음에는 힘이 들겠지만 차츰 익숙해진다. 이처럼 익숙해져서 재미가 생길 때까지는 의식적으로 노력해야 한다. 몇 주만 조금씩 책과 가까이 하다보면 누구든 책에 재미를 붙일 수 있다. 시험을 위해서 전략적인 독서법을 익힐 필요가 있지만, 그보다 중요한 것은 우선 책과 가까워지는 것이다.

요약과 독서카드를 이용한 전략적 독서

항상 추상적인 영역에 머물지 말고 구체적인 몸의 영역으로 내려와야 한다. 이것은 독서도 마찬가지이다. '부지런하게 책 읽어야지.'라고 하지 말고, '6시에 일어나 30분간 독서를 하자.'라고 하는 것이 더 낫고, '책을 더 많이 읽어야지.'라고 하지 말고 '어제는 10페이지 읽었으니 오늘은 20페이지 읽어야지.'라고 하는 것이 더 낫다.

독서를 할 때도 구체적인 태도가 아주 중요하다. 단순히 '책을 많이 읽어야지.'라고 생각하지 말고, 하루에 구체적으로 시간을 정해 독서하는 습관을 길러야 한다. 내가 고등학교에 다닐 때에는 항상 책을 가지고 다니면서 쉬는 시간이나 점심시간 등 공부하기에는 조금 소란하고 놀자니 아까운 시간에 책을 읽었다. 그리고 공부를 하다가 좀 지루해지면 책을 읽었다. 그래도 하루에 1시간 이상이라는 기준은 정해놓고 반드시 책을 읽었다. 독서 시간은 각자 상황에 맞게 정하되 이런 식으로 활용하는 것도 좋은 방법이다.

독서할 때 가장 중요한 것은 요약하면서 읽는 습관이다. 내가 하는 방법을 소개해보면 다음과 같다. 우선 읽으면서 가장 중요한 단어에 동그라미를 친다. 그리고 중요한 부분에는 밑줄을 친다. 무슨 의미인지 잘 이해가 안 되는 부분에는 밑줄을 치고 물음표를 옆에 달아둔다. 그리고 한 단락이 끝날 때마다 반드시 그 단락의 핵심 내용을 간략하게 페이지 공란에 적어둔다.

이렇게 해두면 다음에 반복해서 읽을 때 시간 낭비를 줄일 수 있다. 동그라미 친 핵심어만 훑어보더라도 무슨 내용인지 상기할 수 있다. 밑줄 친 중요한 부분을 다시 반복해서 읽어보면 중요한 주제를 파악할 수 있다. 물음표가 적힌 부분은 반복해서 읽고 생각해서 의문을 풀어야 할 부분이다. 페이지 옆에 정리된 요약을 읽어보면 전체 내용을 환하게 알 수 있다.

이렇게 정리하면서 읽는 습관을 들이면 논술이나 수능 언어 영역의 비문학 독해 문제를 풀이할 때 상당한 도움이 된다. 긴 문장을 읽고 나서 그 내용을 제대로 파악할 수 없을 때 핵심어에 표시라도 되어 있고, 중요한 구절에 밑줄이라도 쳐져 있으면 그만큼 내용 파악이 쉬워진다. 이렇게 글을 읽으면 핵심이 무엇인지에 대해 생각하면서 읽는 습관이 길러진다. 우리는 긴 글을 그저 아무런 생각 없이 멍하게 읽는 경우가 많다. 따라서 이런 습관을 기르는 것은 매우 중요하다. 나는 학생들에게 공부에 대해 긴 이야기를 할 때마다 중간 중간 학생들에게 지금까지 한 이야기를 한두 마디로 요약해보라고 한다. 이런 요구를 하면 학생들은 좀 더 주의 깊게 내 말을 듣게 되고 내 말의 요지를 파악하려고 노력한다.

소설을 읽는다면 사건이 벌어지는 장소, 장면을 요약할 수 있는 핵심 단어라든지, 중심이 되는 인물에 동그라미를 치면서 읽는 것이 좋다. 소설에서도 사건을 요약하거나, 중요한 주장이 펼쳐지는 부분이 있으므로 인상 깊은 구절에는 밑줄을 치고 자신의 의견을 적어두는 것도 좋은 방식이다.

어떤 글을 읽든 그것은 내가 읽는 것이므로 작가의 주장에 억압될 필요는 없다. 작가와 반대되는 생각을 우리는 얼마든지 할 수 있다. 최인훈의 『광장』에서 주인공 이명준은 광장과 밀실 사이에서 고통스러워하다가 결국 자살을 선택한다. 하지만 반드시 그래야 했을까? 나는 "이명준은 살아서 '광장 없는 밀실'과 '밀실 없는 광장'에 도전해야 한다."고 적어둔 적이 있다. 이렇게 나름대로의 생각을 적어두는 것은 독서에서 아주 중요한 일이다. 책은 하나의 인격체이다. 나의 위치와 입장, 나의 태도에 따라 책은 다른 모습으로 나에게 다가온다. 그러므로 어떤 책에 대한 요약이나 밑줄은 지금 나의 모습을 그대로 보여주는 것이다. 내가 성장해서 입장이나 태도가 달라진다면 그 요약이나 밑줄은 얼마든지 달라질 수 있다.

단순히 눈으로 책을 읽는 것은 수동적으로 받아들이는 태도이다. 중요한 구절에 밑줄을 치고, 핵심어에 동그라미를 치고, 요약하고, 내 의견을 적는 것은 능동적인 태도이고 책과 내가 '몸'과 '몸'으로 만나는 방식이다. 흔히 책을 읽기만 하면 그 내용을 다 이해했다는 환상에 빠질 수 있다. 그러나 내용을 요약해본다면 정말 내가 어디까지 이해했는지 확인할 수 있다. 그리고 요약은 내가 이해한 부분을 더욱 명료한 것으로 만든다. 어린 딸이 책을 읽고 있으면 나는 딸에게 내용을 설명해달라고 하는 경우가 많다. 그러면 딸은 부지런히 앞과 뒤를 왔다 갔다 하며 책의 내용을 이야기해준다. 그러고 나면 다음에는 아빠에게 더 잘 설명하기 위해 더 주의 깊게 책을 읽을 것이고, 요약하고 설명하는 기술도 더 나아질 것이다.

이처럼 독서를 하고 나서 읽은 내용을 반드시 정리해서 표현하는 연습을 하는 것이 중요하다. 책을 읽고 나서 정리를 하지 않으면 읽은 내용은 어느새 날아가버리고 만다. 그러므로 읽은 내용은 반드시 정리를 해야 한다. 그 내용을 정리하고 또 표현해야 한다. 표현하는 방법은 여러 가지가 있을 수 있다. 가장 쉬운 방법은 이야기를 하는 것이다. 부모님에게 이야기해도 좋고 친구에게 읽은 책의 내용을 이야기해도 좋다. "이 책 읽어봤니? 나는 이 책의 내용은 이런 것 같은데, 이런 저런 점이 좋은 것 같고, 어떤 점은 잘 이해가 안 되고, 어떤 부분은 동의할 수 없을 것 같아."라고 말하다보면 책을 더 입체적으로 이해하게 된다.

이야기를 하는 것이 너무 어색하거나 말할 상대가 없다면 그냥 혼자 중얼중얼하는 식으로 이야기해도 도움이 된다. 이야기를 하는 것은 바로 추상적인 내용을 구체화시키고 몸으로 만드는 방식이다. 머릿속에만 있을 때에는 죽은 지식이다. 하지만 내가 입을 열고 말을 함으로써 어떤 이야기를 만들어내면 그것은 살아 있는 하나의 몸, 실체가 된다.

책을 읽고 말해보는 것도 좋지만 더 좋은 것은 글로 적어보는 것이다. 그래서 나는 학생들에게 항상 독서카드를 쓰게 한다. 독서카드는 문방구에 가면 구입할 수 있는데, 다음 페이지에 나오는 것은 내가 학생들을 지도할 때 만들어 사용하는 독서카드이다. 다음과 같이 만들어 써도 좋고 사서 써도 좋다.

독서카드에 반드시 들어가야 할 것은 책의 제목과 읽은 부분, 읽은 날짜, 내용에 대한 정리와 감상이다. 읽은 것을 간단하게라도 정리하는 것과 정리하지 않는 것은 큰 차이가 있다. 쓰는 것은 말하는 것보다 더 어려울 것이다. 하지만 단 한 줄이라도 적는 것이 중요하다. 읽으면 반드시 정리한다는 생각을 가져야 한다. 읽기만 하면 전부 이해했다는 착각에 빠질 수 있는데, 그저 건성으로 읽기만 한다면 아무런 표시가 남지 않는다. 페이지만 넘기는 것은 아무런 의미가 없다. 한 구절이라도 읽은 것을 정리하고 나의 것으로 만드는 것이 좋은 독서법이다.

날짜	년 월 일		
책 제목			
저자		페이지	
내용 요약			
느낀 점			

읽은 내용을 자기의 글로 요약하고 느낀 점을 적어본다면 자신의 이해력과 표현력이 어느 정도인지를 깨닫게 된다. 설사 그런 능력이 부족하더라도 요약을 매일 하다보면 자기도 모르게 이해력과 표현력이 좋아진다. 중요한 것은 단 한 줄이라도 적어봐야 한다는 것이다. 그리고 작성한 독서카드는 계속 모아두어야 한다. 독서카드는 바로 학생이 걸어온 지적 성장의 과정이 된다. 과거에 적어둔 독서카드를 읽어보는 것만으로도 자신이 걸어온 길을 되돌아보는 중요한 학습이 된다. 이렇게 독서 경험이 구체적인 몸으로 존재하는 것과 존재하지 않는 것은 정말 하늘과 땅의 차이다.

내가 공부하던 시대는 '웅변은 은이고 침묵은 금'인 시대였다. 하지만 지금은 시대가 달라졌다. 갈수록 발표력과 표현력이 중요해지고 있다. 내면의 생각들을 구체화해서 글로 쓰고 말하는 능력이 무엇보다 중요한 시대가 되었다. 이런 시대에서 학생들이 쓰고 말하는 능력을 계발하는 것은 일상에서부터 이루어져야 한다. 읽은 내용을 논리적으로 정리하고 말하는 습성을 매일매일 키우는 것이 필요한 시대인 것이다. 사실 학생들은 긴급한 요구 사항이나 단편적인 감정을 말로 표현할 뿐 자신의 생각과 주장을 논리적으로 펼쳐볼 기회가 별로 없다. 하지만 이런 연습을 독서카드를 통해 매일매일 조금씩 한다면 공부에서뿐 아니라 삶의 태도에서도 많은 변화가 이루어질 것이다. 어떤 직업을 가지든 자신의 생각을 많은 사람 앞에서 논리정연하게, 당당하게 펼칠 수 있게 된다. 그런 능력이 없다면 성공적인 삶은 기대하기 어렵다.

물건을 하나 사달라고 할 때에도 그 필요성을 아버지에게 논리적으로 말해보라. 그러면 아버지는 금방 설득될 것이다. 이런 논리와 설득을 키우는 데 가장 좋은 방법이 바로 독서카드를 이용한 훈련이다.

신문 칼럼과 사설을 이용한 독서훈련법

어릴 때부터 읽은 것을 말하고 정리해 구체적인 몸, 실체로 만드는 연습을 많이 한 학생들은 넓고 깊은 사고력과 판단력을 가질 수 있게 된다. 어릴 때부터 그런 훈련을 하지 못한 중학생이나 고등학생의 경우에는 단기적으로 훈련하는 방법이 있다.

가장 쉬운 방법은 매일 우리가 보는 신문의 사설이나 칼럼을 이용하는 것이다. 신문에는 매일 시사적으로 중요한 문제들이 사설이나 칼럼의 형태로 실린다. 사설이나 칼럼은 우리 사회의 중요한 현안에 대해 전문가들이 자신의 의견을 정제된 형태로 적은 것이다. 그것을 매일 읽고 정리한다면 우리 사회에서 중요한 문제들을 공부할 수 있을 뿐 아니라 독서 능력을 키우는 데에도 아주 큰 도움을 받을 수 있다. 중학생의 경우에는 조금 어려운 내용들이 될 수도 있지만, 전체적인 방향만이라도 알 수 있다면 그것이 잠재적으로 큰 도움이 된다. 어려운 문제들이 존재하고, 그것들에 대한 사회적 갈등이 존재하고, 그 갈등을 해결하는 것이 쉬운 문제가 아니라는 것을 경험해보는 것만으로도 훌륭한 교육이다.

나는 학생들이 다음과 같은 방식으로 사설이나 칼럼을 하루에 두 개 정도 정리하게 한다. 보통 신문 사설이나 칼럼은 네댓 개의 단락으로 이루어진다. 각 단락의 핵심 요지를 최대한 간단하게 적고 주제를 적

死刑 중단 10년, 존폐 공론화할 때 (동아일보 2007년 12월 27일자 사설)

내일은 정부가 사형 집행을 중단한 지 꼭 10년이 되는 날이다. 김영삼 정부 말기인 1997년 12월 30일에 23명의 범죄자를 사형 집행한 이후 김대중, 노무현 정부 10년 동안 단 한 명도 집행하지 않았다. 이로써 우리나라는 국제사회에서 '사실상의 사형제 폐지 국가'로 분류됐다. 1948년 정부 수립 이후 50년간 모두 998명이 사형 집행된 데 비추어보면 획기적인 변화다.

흉악 범죄를 예방하기 위해 채택한 사형제도는 1980년대 이후 세계 각국이 속속 폐지하는 추세에 있다. 현재 195개국 가운데 133개국이 법적으로 또는 사실상 사형을 없앴다. 경제협력개발기구(OECD)의 30개 회원국 중에는 한국과 미국, 일본만이 사형제를 유지하고 있다. 인간 생명의 존엄성은 사인(私人)은 물론 국가도 침해할 수 없고, 법원의 오판(誤判) 가능성과 독재정권의 악용 소지, 사형 집행으로 흉악 범죄가 줄었다는 증거가 없다는 점 등이 폐지론의 근거다. 국내에서는 가톨릭과 사형폐지운동협의회(회장 이상혁 변호사) 등이 중심이 돼 폐지 캠페인을 벌이고 있다.

사형수는 주로 가난하거나 소외계층에서 나오는 경우가 많아 사회 책임은 도외시하고 본인에게만 책임을 묻는 비인간적 제도라는 주장도 있다. 사형 대신 종신형 제도가 오히려 실질적 예방 효과가 있을 것이라는 대안론도 나온다.

그러나 사형제에 찬성하는 사람들은 형벌은 원래 범죄에 대한 응징에 1차적 목적이 있다는 점에서 비인도적 흉악범은 그에 상응하는 극형을 받아야 한다고 주장한다. 특히 사랑하는 가족을 잃은 피해자 측의 감정을 우선적으로 고려해야 한다는 반론이 만만치 않다. 생명의 존엄성을 희생자보다 범죄자 쪽에 맞추는 인권의식은 균형을 잃은 것이라는 비판도 있다.

사형제 존폐에 관한 일반 국민의 여론도 찬반이 팽팽하다. 현재 사형 선고가 확정된 사형수만 64명에 이른다. 당장 이들을 어떻게 할 것인지가 관심 대상이다. 국회에는 의원 175명이 서명한 사형제 폐지에 관한 특별법안이 제출돼 있다. 정부와 국회가 사형제 존폐 문제를 본격적으로 공론화해서 법과 제도를 정비할 때가 됐다.

〈요약〉
1.
2.
3.
4.
5.
주제 :
감상 :

게 한다. 그리고 감상에는 새롭게 알게 된 내용이나 다른 의견이 있으면 적게 한다. 이런 식으로 하루에 두 개 정도 정리해서 몇 달을 해보면 상당한 효과가 있다. 고등학생의 경우 이런 연습을 몇 달 시키면 우선 새로운 문장에 대한 두려움이 없어진다. 어떤 문장이든 읽을 수 있다는 자신감이 생기고 그것을 정리하며 읽을 수 있는 능력이 생긴다. 이런 능력은 논술이나 수능, 영어나 사회 시험에 꼭 필요하다. 이런 능력만 갖추기만 해도 보통 한 등급 정도의 성적 향상이 분명히 나타난다.

인터넷으로 신문사 홈페이지에 접속하면 이런 사설들은 얼마든지 쉽게 구할 수 있다. 신문사에 접속해 사설을 복사해 붙여서 만드는 데 몇 분도 걸리지 않는다. 가능하면 입장이 선명하게 다른 두 개의 신문사를 선정해서 매일 사설을 정리해보는 것도 아주 좋은 방식이다. 하나의 신문만을 읽는다면 편중된 시각을 가질 수 있다. 입장이 완전히 다른 두 신문사는 쉽게 결정될 수 있을 것이나. 두 신문에서 같은 사회석 현상을 다르게 바라보는 것을 비교 분석하는 연습을 한다면 학생의 지적 발전과 논리력 향상에 상당한 도움이 될 것이다.

어려운 사회 문제가 나오면 부모님이나 선생님에게 질문하는 것도 좋은 방법이다. 이런 일을 계기로 부모님과 이야기해보는 것은 많은 의미가 있다. 사실 요즘 중학생 이상이 되면 부모님과 이야기할 기회가 별로 없다. 하나의 소재를 잡아서 부모님과 대화를 나누어본다면 학생도 부모님의 입장을 이해할 수 있고 부모님도 자녀의 생각을 이해하는 좋은 계기가 될 수 있다. 이런 소통의 계기를 만들어나가는 것은 좋은 가정을 위해서 바람직한 출발점이 될 수 있을 것이다.

학생들이 정신적 성숙을 이룰 수 있는 가장 직접적이고 좋은 방법은 책을 가까이 하는 것이다. 책을 통해 우리가 경험해보지 못한 삶을 경험할 수 있고, 같은 삶을 살면서도 우리가 느끼지 못하고 깨닫지 못했던 것들을 경험할 수 있다. 다양한 삶을 살다간 사람들의 삶과 생각을 접하다보면 어느덧 그 위인들의 삶에 가까이 다가갈 수 있을 것이다. 책은 우리들에게 다양한 삶의 가능성과 행복한 삶에 대해 직접적으로 이야기해준다.

빌 게이츠는 "오늘의 나를 있게 한 것은 우리 마을 도서관이었다."라고 말한 적이 있다. 재산의 대부분인 약 400억 달러(약 46조 원)로 '빌과 멜린다 게이츠 재단'을 만들어 자선사업에 전념하고 있는 빌 게이츠가 독서광이 된 것은 그의 부모 덕분이었다.

"자라면서 부모님은 항상 내게 많이 읽고 다양한 주제에 대해 생각하도록 격려했다."

주말에만 텔레비전을 보도록 허락한 부모 덕에 빌 게이츠는 어릴 때부터 백과사전, 위인전, 공상과학소설 등을 열심히 읽었다. 성공한 이후에도 '생각 주간(think week)'을 정해 자신의 별장에서 독서와 사색에 전념하는 기간을 갖는다고 한다. 빌 게이츠는 부모의 교육법을 이어받아 아이들에게 컴퓨터를 사주기 전에 책부터 사줄 것이라고 말했다고 한다. 컴퓨터로 상징되는 인물인 빌 게이츠도 독서의 힘이 얼마나 큰 것인지를 인정한 것이다.

5. 적절한 보충수업 방법 찾기

학교로 돌아가라

아버지는 평생 교육에 몸과 마음을 다 바치셨다. 아버지에게는 학교가 인생의 전부였다. 젊은 시절 노트에 "가족보다 학교가 더 중요하다."는 메모를 적어둔 것을 보고 어머니는 충격을 받으셨다고 한다. 아버지는 월급도 제대로 가지고 오지 않고 학교에 투자를 했다. 그래서 아버지와 어머니가 돈 문제로 다투는 것을 많이 봤고, 식당에서 나는 항상 가격부터 확인하고 음식을 시켜야 했다. 내가 학원에서 수업을 하게 된 것도 아버지가 충분한 생활비를 주실 수 없었기 때문이다. 공교육에 전념한 아버지 때문에 아이러니하게도 나는 사교육에 종사하게 되었다. 형은 아버지를 뒤이어 공교육에 종사하고 있으니 우리 가족은 모두 교육계에 몸담고 있는 셈이다.

나는 20년 넘게 사교육에 종사하며 살아왔지만 언제나 공교육이 중심이 되고 사교육은 보조적이 되어야 한다고 생각해왔다. 사교육에 대해 부정적인 평가를 내리고 없애려고까지 하는 현 정부의 교육정책 방향은 분명 틀린 것이지만 사교육이 중심이 되는 상황은 바람직하지 않다. 교육에는 반드시 평가가 있어야 하고 그 평가를 통해 우열이 나타난다면 사교육은 불가피하기 때문이다. 문제는 불가피한 사교육을 없애려고 노력하는 것이 아니라 공교육에서 충분한 교육적인 도움을 받도록 해주는 일이다. 그러나 성적이 낮은 학생이 현재 공교육의 틀 속에서 지속적인 도움을 받는 것은 어렵다. 이런 공교육의 구조는 큰 문제가 아닐 수 없다.

학교는 공부를 가르치는 곳이다. 그럼 공부에서 뒤처진 학생이 정상적인 궤도로 올라올 수 있도록 돕는 것은 당연한 일이다. 학생들이 공부를 하다가 모르는 것이 있다든지, 잘 이해가 되지 않는 부분에 대한 추가적인 설명이 필요하다든지 하는 경우에 학교 선생님을 통해 충분히 해결할 수 있어야 한다. 하지만 이런 당연한 주장에 대해 이 책을 읽는 학생이나 학부모들은 쓴웃음을 지을 것이다. 학교에서 좀 자세한 질문을 하면, "너는 학원도 다니지 않니?"라고 말하는 선생님들도 있는 상황이니 말이다.

공교육은 국민의 세금인 공적인 비용을 통해 공적인 장에서 공적인 절차를 통해 우리 학생들을 교육하는 것이다. 학생들은 그 공교육의 주체 중 하나이다. 그러므로 학생들은 학교에서 모르는 것을 질문할 수 있고, 이해가 되지 않는 부분에 대해 자세한 설명과 도움을 요구할 권리가 있다. 물론 그런 도움을 마다하지 않는 선생님들도 적지 않을 것이다. 하지만 영어나 수학을 잘 못하는 학생의 부모가 학교를 찾아가 학교의 영어나 수학 선생님들과 상담을 하고 왔다는 말을 들어본 적이 없다. 늦은 시각까지 선생님께서 모르는 부분을 이해시키기 위해 학생들과 땀 흘렸다는 말을 들어본 적도 별로 없다. 학생도, 학부모도, 선생님들도 이런 것이 학교에서 이루어져야 할 가장 '본질적인' 일이라는 것을 망각하고 있다. 학교 선생님들은 정규 수업이 끝나면 할 일을 다 했다고 생각한다. 하지만 선생님이 공부를 가르치기 위해 존재한다면 근무시간 동안은 학생의 성적 향상을 위해 노력해야 할 의무가 있다. 퇴근 시각까지, 아니 퇴근 시각을 넘겨서라도 학생들을 가르치는 열정이 학교 현장에서 나타나야 한다.

"스승의 날이 되어 선물을 가지고 오지 말라고 했는데, 학생이 꽃과 선물을 가지고 와서 그래도 '흐뭇함'을 느꼈다. 그런데 그 선물은 학원 선생님을 위한 것이었다."

어느 선생님의 자조적인 글을 읽은 적이 있다. 입시학원에서는 스승의 날이 되면 학생들이 담임선생을 위해 성대한 파티를 열어준다. 2월에 개강을 해서 5월이 되면 학생들은 학원의 담임선생이 얼마나 성실하게 자신들을 돌봐주었는지에 대해 정확한 평가를 하게 된다. 성적이 오르기 시작하면서 심리적인 안정을 찾는 것이 5월이다. 그래서 스승의 날은 자신의 만족감을 그대로 표현하는 날이 된다. 나는 5월이 될 때까지 거의 하루도 빠지지 않고 학생들과 아침 7시에서 밤 10시까지 함께 공부했다. 왜 우리는 이런 모습을 학교에서 볼 수 없는 것일까?

이런 상황은 반드시 개선되어야 한다. 그리고 학생과 부모들이 그것을 요구해야 한다. 학교가 교육, 즉 공부의 중심이 되어야 한다. 학교에서 열심히 공부를 가르쳐야 한다. 학교에서 모르는 문제의 전부는 아니지만 대부분을 해결할 수 있어야 하고, 공부를 중심으로 학교가 중요한 공동체가 되어야 한다. 이것은 특이한 방향에서의 개혁이 아니다. 학교가 원래의 '본질'로 되돌아가는 것이다.

그러나 사교육에 대한 지나친 의존을 없애려고 지금 정부에서는 '사교육 없는 학교'라는 미명으로 학교를 온통 '사교육 현장'으로 만들고 있다. 선생님들이 근무 시간 중에 추가 비용을 받고 '방과 후 학교'를 여는가 하면 외부의 학원 강사들을 끌어들이고 있다. '사교육 없는 학교'가 아니라 '사교육 하는 학교'로 변질시키고 있다. 우리 부모들이 낸 세금인 막대한 공적인 비용으로 사교육 없는 학교를 운영하고는 사교육비가 감소했다는 발표를 한다. 이런 현실은 개선되지 않으면 안 된다. 그러나 안타깝게도 이런 현실은 당분간 개선되지 않을 것 같다.

학생들이 학교에서 공부에 대해 구체적인 도움을 받아야 하는 것은 당연한 권리이다. 그리고 학생들은 가장 많은 시간을 학교에서 보낸다. 그러므로 비록 상황이 좋지 않지만, 학교가 공부의 중심이 되어야 한다는 생각을 잊어선 안 된다. 따라서 학생들은 학교 수업을 충실히 들어야 한다. 선생님들이 가르치려는 의지가 없어지는 것은 학생의 탓도 크다. 학생들이 열심히 듣고 질문하면 선생님들도 더 열심히 가르치게 되기 때문이다.

선생님의 수업에 아무리 불만이 있더라도 한 가지 명심해야 할 것이 있다. 선생님들은 학생보다는 그 과목에 대해 더 많이 안다는 점이다. 그러므로 선생님의 수업이 세상에서 최고라는 태도로 수업을 듣는다면 모든 수업에서 가장 많은 것을 얻을 수 있다. 이렇게 진지하게 학생이 수업을 듣고 선생님에게서 배우려고 한다면 선생님도 학생들에게 많은 것을 주려고 노력할 것이다. 한두 명이라도 정말 열심히 수업을 듣는 학생들이 있으면 선생님들은 용기가 생긴다.

나는 대구의 대건고등학교를 졸업했다. 학생회장을 지낸 탓에 다른 친구들보다는 선생님들과 참 친하게 지냈다. 내가 다른 학생들보다 더 선생님들을 좋아해서 믿고 따른 점은 있지만, 선생님들이 내게 보여주신 사랑을 한시라도 잊은 때가 없다. 선생님들은 나를 불러 좋은 책도 주셨고, 공부를 하지 않을 때에는 야단도 쳐주셨다. 우리는 선생님 집에 찾아가 밤늦도록 같이 이야기하기도 했고 술 한 잔 얻어마시고 비틀거리기도 했다. 함께 운동을 하기도 했고 아버지의 시골 학교로 캠프를 떠나기도 했다. 어쩌면 그 누구보다 더 풍부한 고등학교 시절을 선생님들, 친구들과 보낸 것 같다. 내가 조금이라도 성공하면 나는 그 선생님들을 다 찾아뵙고 은혜를 갚고 싶은 생각이다. 이렇게 학교가 공부를 중심으로 한 좋은 공동체로 다시 회복하려면, 우선 학생들이 선생님을 존중하는 태도에서부터 시작될 수 있다고 믿는다.

자기에게 필요한 수업을 찾아서 듣자

내가 참 좋아하고 존경하는 대학 선배가 있다. 이 선배가 쓴『건국의 정치』는 내가 가장 좋아하는 책들 중 하나이다. 이 책은 한국 정치의 역사와 정치철학에 대한 명저라고 생각한다. 나는 이 책을 읽을 때마다 정치학에 대한 이론서가 아니라 한 편의 소설을 읽는 듯한 느낌을 받는다. 고려 말과 조선 초의 정치적 현장이 생생하게 되살아나기 때문이다. 선배가 그 먼 시대를 단순히 머리가 아니라 직접 몸으로 만났다는 것을 페이지를 넘길 때마다 느끼게 된다.

나는 그 선배를 만날 때마다 정치, 역사에 대해 많은 것을 물었다. 선배는 언제나 깊은 식견에서 우러나오는 구체적인 사례들을 이야기해주었다. 그 생생함은 사례에서 나오는 것임을 자주 느낀다. 추상적인 이론이 아니라 구체적인 사례가 중요하다는 것은 '몸으로 하는 공부법'에서 일관되게 주장하는 것이기도 하다.

그런데 몇 년 전 선배가 갑자기 연락을 했다. 첫딸이 이제 중학교 1학년이 되는데 공부에 대해서 진단을 해주고 조언을 해달라는 것이었다. 그래서 일단 아이와 함께 만나보기로 했다. 영어와 수학의 학력을 진단해보니 제대로 준비가 되어 있지 않았다. 초등학교 6학년은 참 중요한 시기이다. 중학교 1학년의 내용을 미리 잘 준비하지 않으면 중학교에 들어가서 곤란을 겪는 경우가 많기 때문이다. 선배는 나와 상담을 한 후 목동까지 딸을 보내겠다고 했다. 아침부터 저녁까지 공부 습관이 들도록 가르쳐달라는 것이었다.

선배는 대치동의 유명한 대단지 아파트에 살고 있다. 교육 때문에 그곳으로 이사를 갔던 것이다. 학원 1번지로 알려져 있는 대치동에서 목동까지는 1시간이 넘게 걸린다. 대치동의 좋은 학원들을 두고 초등학교 6학년 딸을 멀리까지 보낸다는 것은 좀 이상한 일이다. 선배는 어린 딸의 불평에도 불구하고 뜻을 굽히지 않았다.

　나는 평소에도 선배의 학문적 깊이와 성실함을 존경하고 있었지만 딸에 대한 판단을 보고 그런 마음이 더욱더 깊어졌다. 집만 나서면 수많은 학원이 존재하지만 목동까지 1시간도 더 걸리는 거리를 이제 막 초등학교를 졸업한 첫딸을 그 추운 겨울 아침 일찍 깨워서 보낸다는 것은 쉬운 일이 아니다. 나도 첫째가 딸이지만 '눈에 넣어도 아프지 않은 딸'이 아니던가. 아침부터 추운 겨울바람 속에 먼 거리를 보내는 아버지의 심정을 그 딸은 제대로 이해할 수 있었는지 모르겠다. 그러나 선배는 가까운 거리에 있는 학원에 가서 쉽게 공부해서 얻는 것보다 먼 거리를 힘들게 가는 것 자체가 큰 의미가 있다는 것을 알고 있었다. 'Easy come, easy go.' 라는 영어 격언이 있다. 쉽게 얻은 것은 쉽게 날아가 버린다. 어렵게 얻은 것일수록 더욱 소중하게 간직되는 법이다.

　선배의 딸은 요즘 학생들이 그렇듯 오랜 시간 동안 공부에 집중하는 연습을 해본 적이 없었다. 짧은 시간 동안 핵심만 간단하게 공부하는 것에 익숙해 있었다. 그러면 중학생이 되어 많아지는 공부의 양을 감당하기가 어렵다. 그렇다면 다른 방법은 없다. 긴 시간 동안 앉아서 공부하는 습성을 키우는 것밖에는 없다.

　아침부터 저녁까지 강행군이 이어졌다. 사실 초등학교 6학년 겨울방학에 아침 9시부터 밤 6시까지 그 긴 시간 동안 영어와 수학을 공부하는 것이 쉬운 일은 아니었을 것이다. 집중을 못할 때도 있었고 딴생각을 하고 졸기도 해서 혼난 적도 있었지만 선배의 딸은 그 힘든 기간을 그래도 대견하게 잘 보내었다. 그 추운 겨울에 목동까지 먼 거리를 와서 싫은 소리를 들으며 공부한 경험이 인생의 자양분이 되어 앞으로의 삶에 좋은 영향을 미치리라 믿는다.

선배의 딸은 아주 좋은 성적으로 중학교 1학년을 마쳤다. 선배는 또 방학 때 목동으로 보내고 싶다고 했지만, 나는 그렇게 하지 말라고 했다. 1학년을 잘 보냈다면 공부의 습성이 몸에 생겼을 것이기 때문이다.

경제학적으로 학원을 '독점적 경쟁 시장'이라고 한다. '완전 경쟁 시장'이란 오로지 가격을 가지고 경쟁하는 시장을 말한다. 예를 들어 우리가 종이컵을 구입한다면 개당 가격이 가장 싼 물건을 구입하면 된다. 이런 것이 완전 경쟁 시장에서의 가격 경쟁이다. 그러나 학원은 그와는 좀 다르다. 학원은 마치 어머니들이 이용하는 미용실과도 같다. 우리가 미용실을 선택할 때 가격만으로 선택하지는 않는다. 가격은 저렴하지만 항상 내 마음에 들지 않게 머리를 손질하는 미용실에는 발걸음이 뜸하게 되어 있다. 몇 천 원 더 주더라도 마음에 쏙 들게 머리를 만져주는 곳으로 가게 되어 있는데, 사실 그런 판단은 사람마다 다르다. 그래서 단골 미용실이 있는 것이다.

학원도 마찬가지이다. 학원마다 제공하는 서비스가 다 다르다. 이것을 전문 용어로 '상품차별화' 혹은 '비가격 경쟁'이라고 한다. 단순히 가격을 기준으로 학원을 선정해야 할 때가 있을 수도 있다. 예를 들어 유명한 두 학원이 있고, 학원 강사들이 비슷한 수준이고, 배우는 과목이 비슷하다면 가격을 기준으로 학원을 선택하는 것이 합리적이다.

하지만 대부분의 학원들은 제공하는 서비스의 내용이 조금씩 차이가 있다. 그 차이를 잘 따져서 학원을 선택하는 것이 현명한 방법이다.

선배가 대치동에서 목동까지 힘들게 딸을 보낸 것은 내가 학생을 대단히 잘 가르치는 능력이 있어서는 아니었다. 진득하게 앉아서 공부에 집중하는 능력이 딸에게 가장 필요한 것이라고 생각했고, 그런 관리를 믿고 맡길 적임자가 나였기 때문에 그랬을 것이다.

학생들은 자신에게 가장 필요한 것이 무엇인지 따져보고 어디에서 공부할 것인지를 정해야 한다. 공부에 관해 자신에게 가장 절실한 것이 무엇인지 먼저 생각해보고 그것을 보충해줄 수 있는 학습 공간을 찾는 것이 필요하다. 좋은 선생님, 좋은 학원이 아니라, 자기의 필요에 맞는 선생님, 학원을 찾는 것이 더 현명하다.

니에게 맞는 학습 공간 찾기

학교의 수업에 열심히 참여하면서 부족한 부분을 학원이나 인터넷 수업, 과외 등을 통해 보충하겠다고 생각하는 것이 가장 바람직하다. 학교 수업에 소홀하면서 다른 수업에서 의미를 찾는 것은 결코 좋지 않은 공부법이다. 학교는 우리가 가장 많은 시간을 보내는 장소이고 공부가 일차적으로 시작되는 장소이기 때문이다. 이 장소에서 열심히 노력하지 않고 다른 곳에서 열심히 한다는 것은 모순된 일이다.

학교에서 최선을 다하고 그래도 부족한 부분이 있다면 다른 도움을 받을 수밖에 없다. 가장 쉬운 것은 학원을 다니는 일이다. 학원을 선택할 때 무조건 이름이 있는 큰 학원, 학생들이 많이 다니는 대형 학원을 선택할 것이 아니라, 그 학원에서 어떤 서비스를 제공해주는지 꼼꼼하게 따져보는 것이 필요하다. 그리고 자신이 어떤 부분에 가장 취약하고 어떤 부분이 가장 필요한지 먼저 생각하고 학원을 결정해야 한다.

예를 들어 공부하기를 너무 싫어하고 학원에 다니는 것도 부담이 된다면 친구들이 많이 다니는 좀 큰 학원에 다니는 것이 좋다. 큰 학원에는 친구도 많고 학생이 많아 덜 지루한 감이 있다. 그와 달리 적극적으로 공부하는 유형이고 또 성적이 상당히 좋다면 비슷한 학생들이 많이 모여 있는 학원을 선택하는 것이 좋다. 하지만 소극적이고 성적도 별로 좋지 않아서 도움이 많이 필요한 경우라면 상급반 학생들이 많은 학원은 좋지 않다. 잘하는 학생들 위주로 수업이 이루어지면 오히려 손해를 볼 수 있기 때문이다. 친구들에게 미안해서 질문도 제대로 못한다면 결국 학생에게 손해가 된다. 학생들이 별로 없더라도 꼼꼼하게 개별적인 지도를 해줄 수 있는 동네 학원을 찾아보는 것이 더 낫다.

내가 가르친 한 학생은 외고에 다니면서 이과 공부를 했다. 외고인 관계로 학교에서 수학 수업이 많지 않아 상당히 고생을 했는데, 수학 수업을 들으면서 금방 진도를 따라잡았고 기존의 학생들보다 더 실력이 좋아졌다. 기존의 학생들은 한 번 보고 나서 두 번째 다시 반복을 해도 잘 이해하지 못하는데 이 학생은 한 번의 수업으로 모든 내용을 자기의 것으로 만들어버렸다. 이런 경우에는 굳이 수업을 많이 들을 이유가 없다. 이런 학생을 그 반에 묶어둔다면 오히려 답답해할 것이다.

나는 이 학생에게 매주 모의고사를 두 개씩 풀게 했다. 그리고 그 모의고사에 대한 질문만을 하게 했다. 이런 학생은 이미 배운 것에 대한 확인 학습과 모르는 것에 대한 질문 정도면 충분하다. 이런 경우 언제든지 질문할 수 있는 여건이 된 학원을 찾는 것이 좋다. 작은 학원이라면 원장이 항상 있으니 언제든 질문할 수 있을 것이고, 대형 학원이라도 질문을 받아주는 선생님들이 항시 대기한 학원들이 있다. 이런 학원을 찾아가면 도움이 된다.

몇 시간이라도 공부에 집중하지 못하는 학생이라면 기숙학원에 가는 것도 좋은 방법이다. 요즘 학생들은 부모에게서 떨어져서 긴 시간을 보낼 기회가 별로 없다. 편안한 집에서 떨어져 나와 기숙학원에 간다는 것 자체가 학생에게는 좋은 경험이 된다. 물론 요즘 기숙학원들은 최고의 시설을 갖추어놓고 학생들의 편의를 다 봐주기 때문에 그리 고생이라고 할 것도 없다. 하지만 부모의 품에서 떨어져 생활해본다는 것이 좋은 교육이 될 수 있다. 방학을 이용해서 한 달 혹은 두 달을 기숙학원에서 잘 생활하고 오면 학생들은 정신적으로 많이 성숙해진다.

집에서 이용할 수 있는 온라인 강의도 아주 많다. EBS나 어느 구청에서 실시하는 온라인 강의는 거의 무료이다. 어떤 과목이든 특정 부분의 전반적인 내용을 파악할 때에는 학원보다 오히려 온라인 강의가 더욱 효과적이다. 예전에 단과반에서 하던 기능을 요즘은 온라인 강의가 수행하고 있다. 질문을 많이 해야 하는 단계에서는 온라인 강의가 아쉬운 면이 있지만, 기초적인 개념에 대한 설명이나 전체적인 내용 파악에서는 온라인 강의가 아주 효율적이다.

예를 들어 '영문법 특강'이나 '수학 개념 정리' 등의 과목은 온라인을 이용해서 들으면 시간과 비용을 절감할 수 있다. 특히 사회나 과학 등 개별 과목으로 학원에 다니기 힘든 과목은 온라인으로 수강하는 것이 더 효율적이다. 일반적으로 같은 내용을 두 개 정도 다른 선생님을 선택해서 수강한다면 대부분의 내용들을 빠짐없이 전부 정리할 수 있다.

온라인 강의를 들을 때 주의할 점이 있다. 수업을 들으면서 중요한 부분은 반드시 교재에 필기를 하며 들어야 한다. 온라인 강의는 집중해서 듣지 않는 경우가 많기 때문이다. 사실 학생이 제대로 집중만 하고 잘 이용하면 온라인 수업처럼 좋은 수업이 없다. 질문을 제대로 할 수 없다는 것이 문제이기는 하지만, 온라인 수업을 적절하게 듣는 연습을 저학년 때부터 많이 해두면 나중에 큰 도움이 된다.

학원을 다니더라도 온라인 수업을 같이 들으면 효과가 크다. 온라인 수업을 많이 듣고 있다면 온라인 수업을 통해 모르는 내용도 질문할 수 있는 학원을 다니는 것이 좋다. 학생들이 성실하게 수업을 듣고 선생님들과 좋은 관계를 유지하려고 노력한다면 학교 선생님들도 많은 도움을 줄 것이다. 다시 강조하지만 가장 중요하고 기본이 되는 것은 학교생활이다. 학교 공부를 충실히 하는 것이 바로 성적 향상의 지름길이다.

학교 수업을 충실히 듣든, 좋은 학원을 선택하든, 인터넷 수업을 이용하든, 과외를 받든 우선 자신의 문제점이 무엇인지 잘 생각해보고 그것에 맞는 수업을 찾아 들으려는 태도를 가져야 한다. 학교 수업에 충실하지 않다면 우선 학교 수업에 충실하려는 노력을 해야 한다. 공부에 집중하지 못하는 성격이라면 왜 집중이 안 되는지를 먼저 따져보고 그것을 고치려고 노력해야 한다. 자기에 대한 적절한 분석 없이 무턱대고 이런저런 방법을 찾아다니다보면 다람쥐 쳇바퀴 돌듯 제자리에서 맴돌기만 하고 발전하지 못한다. 우선 자기 자신을 점검하고 문제점을 파악한 뒤 자기에게 가장 필요한 보충학습 방법을 찾도록 노력해보자.

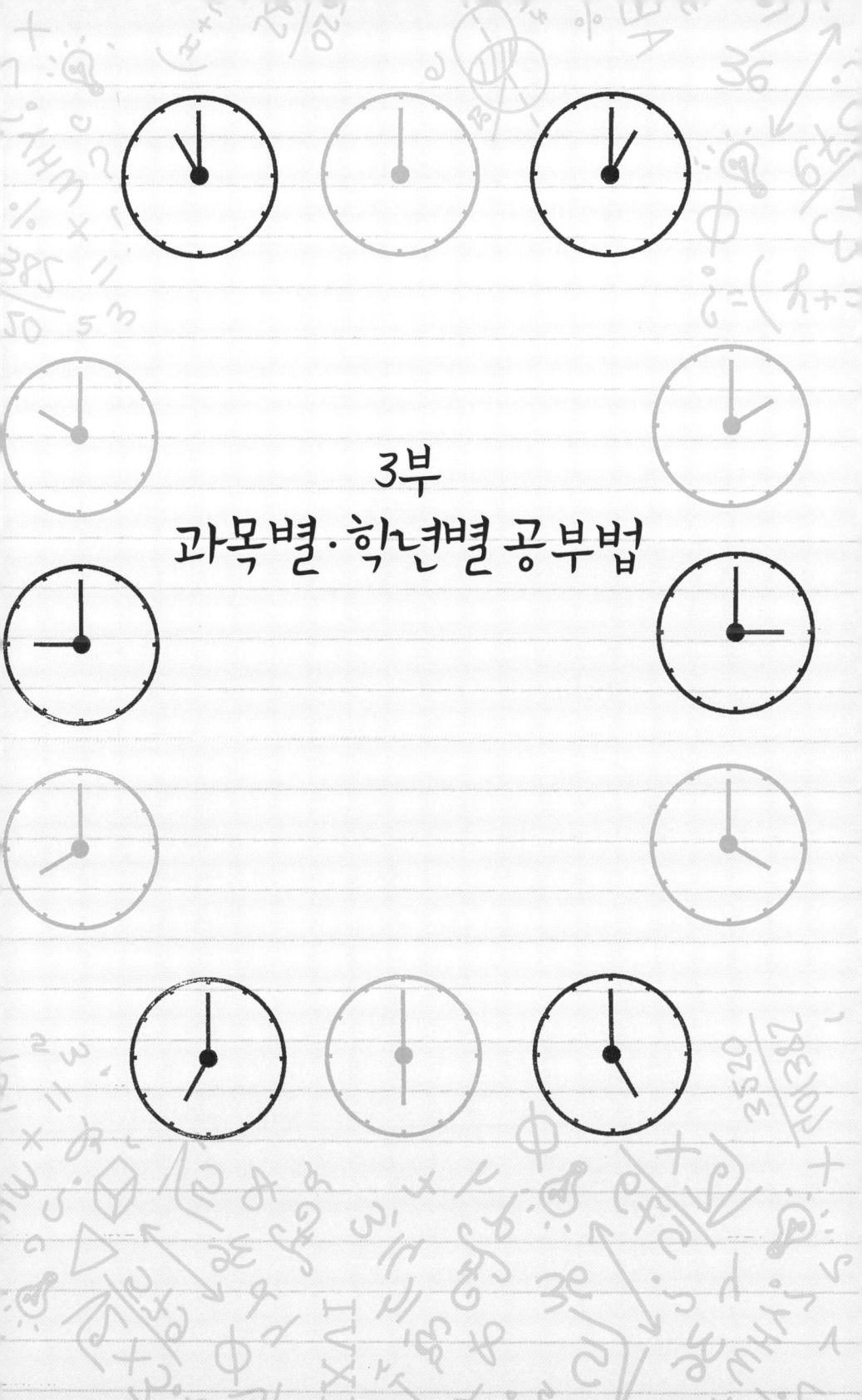

3부
과목별·학년별 공부법

1. 과목별 공부법

영어는 장기전이다

현재 국가 수준의 영어인증시험이 준비되고 있다. 2010년 중학교 1학년이 3학년이 되는 2012년에 도입되고, 2013년 대학 입시부터 참고자료로 활용되고, 2016학년도 대학 입시에서는 수능의 영어시험을 대체하는 방향으로 논의되고 있다. 하지만 아직 확정된 것은 없다. 인터넷을 기반으로 운영되는 영어시험(IBT) 형태의 '한국형 토플'로 이루어지고 성인용 1급, 학생용 2·3급으로 실시된다고 한다. 좋은 대학에 진학하기 위해서는 2급이나 나아가 1급의 성적을 얻어야 할 것 같다.

이 시험의 적용 대상이 되는 중학교 1학년 이하의 학생인 경우 지금부터 준비를 해야 한다. 원래 중학교, 고등학교의 내신 영어나 수능 영어는 독해가 중심이다. 듣기가 나오긴 하지만 큰 변별력은 없고, 긴 문장을 빠르게 읽고 요약하는 독해 능력과 어휘와 문법에 대한 정확한 지식이 성패를 좌우하는 구조로 되어 있다. 하지만 이 시험이 도입되면 읽기와 듣기뿐 아니라 쓰기와 말하기까지 평가하게 된다. 쓰기와 말하기는 단시간에 연습될 수 있는 것이 아니다. 평소에 많이 써보고 많이 말해보는 수밖에 없다.

그러므로 지금 중학교 1학년 이하의 학생들은 어휘와 문법 공부뿐 아니라 말하기와 쓰기를 지속적으로 연습할 수 있는 영어 공부 방법을 찾아야 한다. 아직 학교 현장에서 이런 교육에 대한 준비가 제대로 되어 있지 않은 상황에서 제도를 도입하는 것은 학생들을 학원으로 몰아가는 것밖에 되지 않는다. 하지만 이런 제도가 도입된다고 하니 어쩌겠는가. 단순히 읽고 듣는 수동적인 영어가 아니라 이제는 말하고 쓰는 능동적인 영어까지 적극적으로 준비해야 한다.

영어인증시험에 대해 종합적으로 준비를 해주는 학원을 다니지 않는다면 우선 할 수 있는 것으로 쓰기, 말하기 연습 방법이 있다. 영어를 쓰고 말하는 연습 중 가장 좋은 것은 일기를 영어로 쓰고 그 내용을 암기하는 것이다. 하루에 몇 줄이라도 영어로 일기를 쓰고 그것을 반복해서 읽고 암기해서 발표하는 연습을 한다. 이것은 쓰기와 말하기를 동시에 연습하는 좋은 방법이다. 20분 정도에 걸쳐 그날 있었던 일을 간단하게 영어로 적어보고 10분 정도 반복해서 읽어보고 다음날에도 잊지 않을 정도로 암기하는 것이 좋다. 다음날 일기를 쓰기 전에는 전날 쓴 일기를 암송하고 나서 일기 쓰는 습관을 가지면 좋은 훈련이 될 수 있다.

사실 이렇게 하는 것은 상당히 힘든 일이다. 매일 할 수 있으면 좋겠지만 그것이 힘들면 이틀에 한 번, 사흘에 한 번이라도 하면 좋은 효과를 볼 수 있다. 그리고 말하기가 도입되었으므로 이제는 문장을 암기하는 연습을 해야 한다. 그간 우리 교육 현장에서는 암기를 별로 강조하지 않았다. 그러나 이제는 좋은 영어 문장을 소리 내서 암송하는 연습을 많이 하는 것이 필요해졌다. 영어를 계속해서 말할 수 있는 상황이라든지, 1년에 몇 달이라도 외국에 나가 어학연수를 할 수 있는 상황이라면 좋겠지만, 그럴 수 없다면 좋은 영어 문장을 많이 암기하는 것이 영어 구술시험에 상당한 도움이 될 수 있다.

영어인증시험이 도입되면 듣기도 상당히 어려워질 전망이다. 영어 듣기도 지속적인 훈련이 필요하다. 하루에 20분 이상은 영어를 듣는 것이 좋다. 아무것이나 들어서는 안 되며 수준에 맞는 영어 듣기를 찾아서 듣는 것이 좋다. 시중에는 영어 동화, 회화, 소설 등 영어 듣기에 대한 수많은 어학 자료들이 나와 있다. 편안하게 80퍼센트 이상 들을 수 있는 교재를 선택해서 반복해서 듣고, 잘 들리지 않는 20퍼센트를 듣기 위해 노력하는 것이 가장 효율적인 듣기 방식이다. 무작정 외국 영화를 틀어놓고 듣기 연습을 한다든지, 어려운 교재를 선택해서 듣다보면 실력이 늘기는커녕 곧 지치고 말 것이다.

이제는 영어 단어와 숙어를 외우고 문법을 공부하고 문장을 해석하는 전통적인 영어 학습법에 영어를 즉각적으로 듣고 말하고 쓰는 연습까지 해야 되는 상황이다. 즉, 영어에 대한 부담이 더 늘어났기 때문에 어떤 식으로든 영어에 많이 노출되도록 노력하는 것이 필요하다. 영어인증시험의 대상이 되는 학생들은 이 점에 각별히 유념해서 대비해야 한다.

영어인증시험과 더불어 내신 영어와 수능 영어에 대한 준비를 해야한다. 내신 영어와 수능 영어가 사실 따로 있는 것은 아니다. 내신은 주어진 교과서의 범위에서 문제를 출제한다. 하지만 수능은 좀 더 포괄적인 범위에서 어휘와 문법을 바탕으로 긴 문장에 대한 빠른 독해와 해석 문제를 출제한다는 점이 다르다.

이제 막 중학생이 되는 학생이라면 초등학교에서 배우던 영어와 중학교에서 배우는 영어가 조금 다르다는 것을 명심해야 한다. 이미 초등학교부터 영어학원을 다니면서 실력을 쌓아왔다 해도 중학교의 영어수업은 초등학교 때 회화 중심의 수업과는 상당한 차이가 있다. 우선 단어와 숙어의 양이 달라지고 유의어, 반의어에 대한 문제들도 많이 등장한다. 중학교 1학년의 영어 교과서는 비교적 쉬운 편이다. 충분히 공부해온 초등학교 6학년이 보면 아주 쉽게 느껴질 것이다. 하지만 실제 시험은 그렇지 않다. 아래는 한 중학교에서 출제된 실제 시험 문제이다.

• **다음 글을 읽고 물음에 답하시오.**

Hi, I'Emily Parker. I'm from Washington, D.C. I'm 13 years old. I have two dogs. One is white, and (a) _____ is black. (b) My mother works for an university, and I live in Seoul with my family. I'm not good (c) _____ sports but I like dancing. My nickname is "Dancing Queen."

13. (a)에 들어갈 말을 적으시오.

14. 밑줄 친 (b)에서 어법상 잘못된 것을 고치시오.

15. 빈칸 (c)에 알맞은 전치사를 쓰시오.

중학교 선생님들은 학생들이 어느 정도 선행학습을 했을 것이라는 전제를 가지고 시험 문제를 출제한다. 그래서 문제들을 보통 조금 어렵게 출제한다. 13번의 정답은 'the other'이다. 물건이 두 개 있을 때 하나가 'one'이면 다른 하나는 'the other'라는 문법 및 어휘 문제이다. 14번은 조금 더 까다로운 문제이다. 모음이 뒤에 오면 부정관사 an을 쓰는 것이 맞지만, 'university'에서 u는 모음이 아니다. 그러므로 a를 쓰는 것이 맞다. 15번은 ' - 에 능숙하다'란 의미의 'be good at'이라는 숙어를 묻는 문제이다. 이 숙어의 반대말은 무엇일까. ' - 에 서툴다'는 숙어는 'be poor at'이다. 이런 식의 문제들이 출제되기 때문에 중학교에 진학하는 학생들은 교과서를 철저하게 반복해 암기하고 모든 단어와 유의어, 반의어 등을 확인하고 문법까지 다 정리하는 공부를 해야 한다.

물론 이런 것들을 학원이나 과외를 통해서 다 배우면 좋겠지만 그것은 현실적으로 힘든 일이다. 학원들에서는 중간고사가 되면 교과서별로 반을 나누어 시험 대비를 다 해줄 것이다. 하지만 시험기간에 그렇게 준비를 하게 되면 부실한 준비가 될 가능성이 크다. 가장 효율적인 방식은 자습서를 활용하는 것이다. 중학교 고등학교에서 사용하는 영어 교과서는 학교마다 출판사가 다르고 각 출판사마다 자습서가 출판되어 있다. 학생들은 우선 자습서를 가지고 평소에 수업 진도를 따라가면서 예습을 하고 수업을 열심히 듣고 수업시간에 선생님이 정리해주는 자습서에 없는 내용들을 잘 정리해두어야 한다.

최근 입시의 추세는 내신을 중요시한다. 특목고에 진학하든, 수시나 정시, 입학사정관 등을 통해 대학에 입학하든 내신은 절대적으로 중요하다. 당분간 내신을 중요시하는 방향은 어느 정도 지속될 것이다. 그러므로 영어 공부를 할 때에도 가장 우선적으로 학교 진도에 맞추어 공부하는 것이 필요하다. 영어 실력이 상당한 학생이라고 해도 학교 진도에 따라 교과서에 주어진 지문을 공부하지 않으면 좋은 성적을 얻기 어렵다. 그러므로 자습서를 통해 일차적으로 주어진 지문을 철저히 분석하고 암기하는 연습을 해야 한다.

우선 교과서의 지문은 거의 암기해야 한다. 암송을 할 수는 없더라도 빈칸 채우기를 할 수 있도록 반복해 읽어서 문장들을 환하게 파악해두는 것이 좋다. 그리고 자습서에 정리되어 있는 단어·숙어·문법 등을 잘 공부해야 한다. 교과서가 좋은 내용들이고 그 교과서에 대한 해설인 자습서도 아주 좋은 교재이다. 매 학기마다 자습서에 있는 내용들만이라도 철저하게 자신의 것으로 만든다면 영어 실력이 아주 좋아질 것이다.

자습서를 공부하고 나면 단어에 대한 시험, 빈칸 채우기 시험, 문법에 대한 문제, 내용 파악에 대한 문제 등 다양한 문제들을 풀어보는 것이 좋다. 다행스럽게도 이런 문제들은 쉽게 얻을 수 있다. 인터넷에 내신 관련 영어 공부 카페들이 있고, 이 인터넷 카페들에는 학년별로, 교과서별로 다양한 기출문제들이 정리되어 있다. 카페에 가입만 하면 무료로 모든 자료를 얻을 수 있으니 참 고마운 일이 아닐 수 없다. 자신의 학년과 해당 교과서에 따른 다양한 문제들과 기출문제들을 다운받아 풀어보면 영어 공부에 도움이 될 것이다.

영어에서 가장 중요한 것은 무엇보다도 어휘이다. 영어 문법은 사실 아주 간단한 법칙이다. 한두 권의 문법서만 잘 정리하면 영어 문법에 대한 중요한 내용은 거의 정리할 수 있다. 하지만 학생들의 발목을 항상 잡는 것은 어휘 능력이다. 중요한 단어와 숙어를 정리하는 것은 상당한 노력과 시간이 필요한 일이다. 모르는 단어와 숙어가 나올 때마다 일일이 오답노트에 정리해서 반복해야 한다. 단어와 숙어에 대한 기초가 없으면 나중에 수능을 준비할 때 상당히 고생하게 된다.

수능 영어를 가르쳐보면 긴 문장에 대한 요점 정리를 해야 하는데, 몇 개의 단어 때문에 전체의 내용이 파악되지 않는 경우가 많다. 그래서 심지어 재수생들도 단어와 숙어를 정리하느라 많은 시간을 할애해야 한다. 사실 어학의 핵심은 어휘이다. 심지어 서울대학 영문학과에 다니는 학생들도 방학이 되면 학교에 개설된 영어 어휘 수업에 등록해 수업을 듣는다. 성실하게 많은 시간을 투자하지 않으면 어휘 실력은 늘어나지 않는다. 저학년 때 많은 시간을 이용해서 어휘력을 늘려놓지 않으면 나중에 그만큼 더 고생을 하게 된다.

영어는 어학이기 때문에 역시 가장 중요한 것은 반복이다. 모든 것을 반복하기보다는 모르는 것을 잘 정리해두고 반복하는 것이 좋다. 물론 앞에서 말한 오답노트를 사용한다면 효율적으로 반복을 할 수 있다. 예를 들어 'There is no accounting for tastes.'란 어려운 격언이 있다. '취미를 설명하는 것은 불가능하다.', 즉 '십인십색'이라는 뜻이다.

'there is no doing'은 '–하는 것은 불가능하다', 즉 'it is impossible to do'라는 뜻이고, 'account for'는 '설명하다'라는 뜻이다. 이런 문장은 그 뜻 자체도 중요하지만 또 중요한 몇 개의 숙어를 포함하고 있으므로 정리해두고 몇 번을 반복해서 읽어 자신의 것으로 만드는 훈련을 해야 한다. 영어 문장을 읽다가 잘 해석이 되지 않는 구절은 반드시 적어두고 이런 식으로 반복을 해야 한다. 어학만큼 반복이 절실하게 필요한 과목은 없다.

그런데 이렇게 간단한 반복이 학생들을 가르치다보면 잘 되지 않는다. 학생들은 그저 많은 문제를 풀려고만 하지 자신이 풀었던 문제들을 정리하고 다시 정리한 것들을 반복해서 보라고 하면 별로 좋아하지 않는다. 그러나 이런 태도를 가지면 절대로 어학 실력이 향상될 수 없다.

나는 수능 직전인 10월 말까지도 많은 문제를 풀지 못하게 한다. 한 구절 한 구절 문장을 해석하게 하고 기본 단어와 숙어, 문법을 수시로 점검하고 복습하게 한다. 학생들은 수능을 몇 달 앞두고 실전 문제를 풀어야 한다는 강박관념에 사로잡힌다. 나는 수능을 10일 앞두고 하루에 두 개씩 실전 모의고사를 풀면 20개를 풀 수 있으니 걱정하지 말고 지금까지 정리한, 모르는 단어와 숙어, 헷갈리는 문법, 해석이 잘 안 되는 문장 등을 반복해서 공부하라고 말한다. 그것도 가능하면 소리 내어서 크게 읽으라고 말한다. 이렇게 하는 것이 가장 좋은, 가장 효과적인 영어 공부 방법이기 때문이다.

앞에서도 계속 강조했지만, 정리, 반복을 통해 자신의 몸으로 만드는, '몸으로 하는 공부법'이 영어에서처럼 절실하게 요구되는 과목도 없다. 정확한 해석만 되면 어려운 수능의 문제도 다 맞힐 수 있다. 정확한 해석을 하려면 단어와 숙어, 기본적인 문법에 대한 공부를 해야만 한다. 이런 것들이 부족하다면 다시 시작해야 한다. 이런 것들을 우선적으로 하고 문장을 읽고 요약하는 연습을 해야 한다.

실제 수능이나 내신의 어려운 문제의 경우 해석을 다 해놓고도 제대로 이해가 되지 않는 경우도 있다. 이런 경우는 사실 영어의 문제라기보다는 문장 해석에 대한 일반적인 언어 능력의 문제이거나, 요약정리를 하는 연습이 제대로 되어 있지 않거나, 기본적인 상식이나 지식이 부족한 경우가 대부분이다. 그것을 영어의 문제로 오인하는 경우가 많다. 우리말로 해석을 다 해놓은 글을 읽어도 주제를 찾지 못하는 것은 영어의 문제가 아니기 때문이다. 그러므로 학생들은 항상 정확한 해석을 하기 위해 무엇이 필요한지를 고민해야만 한다.

상위권 대학에 진학하려는 학생들은 상당히 어려운 영어 문장들도 많이 읽어두어야 한다. 과거 논술에서 어려운 영어 지문이 고전에서 출제된 적도 있고, 영어인증시험이 도입된다면 그런 식의 영어 논술이 또 등장할 수 있다. 영어 실력을 상당히 갖춘 학생들은 흔히 영어에서 고전이라고 말하는 문장들을 많이 읽어두어야 한다. 시중에는 문학과 사회, 철학 등 어려운 영어 문장들을 해설과 더불어 실어둔 좋은 책이 많다.

영한 대역판 영어 고전들도 많다. 이런 책들을 구해 편안한 마음으로 빠르게 읽어 내려가는 것도 아주 많은 도움이 된다. 단어와 숙어와 문법을 정리하면서 꼼꼼하게 읽는 것도 필요하지만, 어려운 고전들은 우리말 번역과 대조하면서 빠르게 읽으면 상당한 도움이 된다. 단순히 영어 공부를 넘어서 아주 좋은 독서가 되고, 학생들의 지적인 수준을 심화시키는 좋은 공부가 될 수 있다. 영한 대역판 영어 고전을 많이 읽는 것은 논술 및 입학사정관제에 좋은 대비가 될 것이고, 다양한 영역의 글들을 읽어둔다면 언어나 영어, 탐구 영역의 시험에도 많은 도움이 될 것이다.

수학을 잘하고 영어를 못하는 학생이 영어를 잘하고 수학을 못하는 학생보다 성적 향상이 더 어렵다. 어학은 절대로 단기간에 성적 향상이 이루어지지 않기 때문이다. 그러므로 저학년일 때 더 많은 시간을 영어 공부에 투자해야 한다. '고등학생이 되어서 열심히 해야지.', '고3이 되어서 수능 준비를 하면 되지.'라고 생각한다면 빨리 태도를 바꾸어야 한다. 영어 공부는 빠르면 빠를수록 더 좋다.

영어는 세계화된 시대에 필수 과목이다. 시험을 위해서도 영어 공부를 해야겠지만 폭넓은 의사소통을 위해 영어를 정복해야만 한다. 이러한 생각을 가지고 하루하루 영어 공부를 한다면 좋은 결과가 있을 것이다. 또한 영어는 단순히 학창시절의 선택과목이 아니라 평생의 필수과목이기도 하다는 점을 잊어선 안 된다.

수학은 기본서를 반복하고 반복하라

수학 공부에서 가장 중요한 것은 기초 개념이다. 개념을 모르고 문제를 풀 수는 없다. 수학 문제들은 기초 개념을 잘 알고 있는지, 그것을 실제 문제에 적용할 수 있는지를 묻는 문제들이 대부분이다. 하지만 요즘 학생들은 기초 개념의 중요성에 대해 제대로 이해하지 못하고 있다. '몸으로 하는 공부법'에서 기초 개념이 중요하다는 것은 여러 차례 강조했다. 그런데 수학에서만큼 그것이 등한시되는 과목도 없다.

수학에서는 기초 개념을 우선 철저하게 정리해야 한다. 유리수, 무리수, 원주율, 여집합, 차집합, 십진법, 이진법, 소수, 합성수, 최대공약수,

최소공배수, 오차, 상대도수, 누적도수, 평균, 분산, 편차, 동위각, 엇각 등은 중학교에 들어가면 배우는 기초 개념들이다. 이런 개념들은 주로 제목을 구성하는 것들이고, 그 개념들에 대한 정의를 정확하게 파악해두어야 실력이 는다. 그러므로 잘 모르는 개념들이 나오면 오답노트에 정확히 정리해두고 반복해서 암기하는 습성을 길러야 한다.

기초 개념과 더불어 기초 공식을 철저히 암기해야 한다. 인수분해 공식, 근의 공식, 면적을 구하는 공식, 판별식 등 기본 공식들을 철저히 정리해두어야 한다. 기초 개념과 기본 공식은 수학에서 가장 중요하고 기본적인 발판이다. 이 발판을 딛지 않고는 한 단계 더 높은 곳으로 오를 수가 없다.

이런 기초 개념과 공식들은 생각을 해야만 떠오르는 정도가 되어선 안 된다. 내 이름처럼, 부모와 동생의 이름처럼 술술 나올 정도로 암기를 해두어야 한다. 중학교 때에도 공식이 많지만 특히 고등학생이 되면 기초 개념과 공식의 양이 많이 늘어난다. 그것을 중얼중얼 암기하면서 다녀야 수학을 잘할 수 있다. 기초 공식을 암기하지 않고 유도하겠다고 생각하면 큰 오산이다. 모든 문제는 기초 개념과 공식을 전제로 하고 만들어지기 때문에 그것을 확실히 내 것으로 만들지 않으면 그만큼 더 많은 시간이 걸려서 빠르게 문제를 풀 수 없게 된다.

수학 교과서는 학교마다 다르다. 수학 교과서는 수학 기본서나 문제집보다 더 쉬운 것이 일반적이다. 그러므로 수학은 영어와 달리 교과서를 가지고 공부하기보다는 기본서를 교과서 진도에 맞추어 풀이하고 교과서를 함께 공부하는 방법이 좋다. 수학의 경우 내신의 시험 문제가 교과서에 한정되지 않는 경우가 많다. 그러므로 대표적인 기본서를 통해 문제 유형을 잘 정리해야 한다. 중학교나 고등학교의 경우 수학의 대표적인 기본서들이 거의 확정되어 있다. 가능하면 두 권 정도를 기본서로 선택해서 학교 진도에 맞추어 풀이하는 것이 좋다.

기본서의 중요성에 대해서는 앞에서도 이야기를 했다. 한 권의 기본서를 선택했다면, 그 책에 빠진 것들이 나올 때마다 그 기본서의 여백에 정리를 해두어 '단권화'를 하는 것이 좋은 공부 방법이다. 물론 오답 노트를 통해 모르는 것을 정리해두는 것이 필요하다. 하지만 다른 책에는 나오는 문제 유형인데 자신이 선택한 기본서에는 그 문제 유형이 빠져 있다면 반드시 기본서에 정리를 해두는 것이 좋다. 모든 수학 공부는 기본서를 중심으로 해야 하기 때문이다. 수학의 기본서는 공부의 중심이다. 중심이 없으면 나중에 혼란스러워지기 쉽다.

학원을 다니는 학생들의 경우 학원에서 만든 교재로 공부하느라 기본서를 제대로 보지 못하는 경우가 많다. 학원에서 만든 교재도 좋은 교재일 수 있지만, 유명한 기본서를 중심으로 공부하는 학원이 더 좋은 학원이라고 생각한다. 기본서는 그 내용을 환하게 암기할 때까지 반복해야 한다. 한 권의 기본서를 철저하게 반복해서 자기의 것으로 만드는 것이 여러 책을 대충 보는 것보다 훨씬 더 좋다.

기본서를 철저하게 자기의 것으로 만들라는 것은 문제 유형을 정확하게 파악하고 정리하라는 것이다. 모든 시험은 기본 문제 유형에서 출제된다. 기본 문제 유형에서 거의 80퍼센트가 출제되고 어려운 응용 문제가 20퍼센트 정도 출제되는 것이 대부분이다. 그러므로 기본 문제 유형을 잘 정리하면 상위권에 해당하는 점수를 분명히 얻을 수 있다.

예를 들어 2차 함수에 대해 공부했다면, 2차 함수에 대한 문제들을 머릿속에 떠올려보라. 떠오르는 게 없다면 공부를 잘못한 것이다. 2차 함수의 그래프 문제, 계수의 부호에 따른 그래프의 모양 문제, 꼭짓점의 좌표 구하는 문제, 주어진 범위에서 최댓값, 최솟값 구하는 문제, 판별식과 그래프의 위치 문제 등 전체적 내용이 환하게 바로 떠오를 정도로 문제 유형을 정리해두고 반복해서 읽어야 한다. 이렇게 하는 것이 문제를 전체적으로 파악하고 조망하는 방식이다.

서울에 처음 온 사람에게 서울의 모습을 보여주려고 골목골목 데리고 다니며 서울을 안내하는 것은 좋은 방법이 아니다. 나 같으면 남산에 있는 서울타워에 데리고 갈 것이다. 높은 서울타워에 올라가면 서울의 전체 윤곽이 한눈에 들어온다. 전체 윤곽을 보면서 어디에 무엇이 있는지를 보여주면 서울에 대한 전체적인 이해가 생긴다. 수학도 마찬가지다.

앞에서 수학을 공부할 때 목차를 암기하라고 했다. 목차를 암기하는 것이 바로 문제 유형을 파악하는 방법이다. 문제를 풀지는 못하더라도 문제 유형을 알고 있으면 전체적인 윤곽을 알고 있는 것과 같다. 대체적인 방향을 알고 있으면 그 방향대로 가서 이곳저곳 찾다보면 목적지에 닿을 수 있다. 방향조차 모르면 엉뚱한 곳에 가서 헤매다가 결국은 길을 잃게 된다.

대부분의 기본서들과 기본 문제집들은 유형별로 문제가 정리되어 있다. 그것을 하나씩 풀이하며 복습하는 것도 중요하지만 앞에서부터 펼쳐 보면서 문제의 유형을 이야기해보는 것이 더 좋은 공부 방법이다.

"이 문제는 로그의 밑과 진수의 범위에 대한 문제지. 이 문제는 로그함수와 지수함수의 그래프에 대한 문제야. 이 문제는 로그방정식에서 밑이 통일되어 있는 경우의 문제야. 이 문제는 지수방정식에서 밑이 통일되어 있지 않아 로그를 잡는 문제야…."

이와 같은 방식으로 잘 풀지 못해 표시한 문제를 쓱 훑어보고 그것의 유형을 말해보는 연습을 자주 하면 전체적으로 중요한 문제 유형을 모두 정리할 수 있다.

이런 작업은 매우 효율적인 방식인데도 학생들은 잘 하려 들지 않는다. 오로지 많은 문제를 풀고 진도 나가기에 급급해서다. 틀린 문제를 다시 펼쳐서 하나하나 풀어보는 것도 좋지만 그 문제를 왜 틀렸는지 간단하게 복습하는 과정을 자주 가지는 것이 더 중요하다. 그것이 비슷한 문제에서 다시 틀리지 않는 길이기 때문이다. '학'도 중요하지만 '습'은 더 중요하다는 '몸으로 하는 공부법'이 여기에서도 적용되어야 한다.

내신이 중요하게 간주되고 있으므로 수학에서도 지나친 선행보다는 심화학습을 하는 것이 더 중요하다. 기본서를 어느 정도 정리하고 나면 어려운 문제들을 많이 다루어보는 것이 선행을 하는 것보다 더 필요하다. 중학교의 경우 특히 어려운 문제들을 모아놓은 문제집이 있다. 고등학생의 경우 실력이 좀 부족하면 기본서의 기본문제를 반복해서 풀이하는 것이 좋고, 실력이 좀 좋으면 연습문제나 심화문제를 풀이해서 심화학습을 많이 하는 것이 선행학습을 하는 것보다 더 좋다.

단지 유념할 것은 고등학생의 경우, 특히 이과생의 경우 수학의 내용이 지나치게 많아 학교에서 충분한 수업을 하지 못하고 빠르게 진도를 나가는 경우가 많다. 따라서 어느 정도 선행학습을 해야 한다. 학기 중에는 학교 진도에 맞추어 기본서를 통해 내신을 준비하더라도 방학이 되면 반드시 다음 학년에서 배울 수학1이나 수학2, 미적분과 통계, 기하와 벡터 등의 과목들을 미리 공부해두어야 한다. 학교 진도를 맞추어 공부하다보면 결국 전체 내용을 다 따라잡지 못해 고2나 고3에서 상당히 고생하는 경우가 많다.

중학생의 경우 도형에서 상당히 고전을 하는 학생들도 있다. 하지만 너무 걱정하지 않아도 된다. 도형은 공부를 해도 점수가 잘 나오지 않는 경우도 있고, 공부를 대충 하더라도 점수가 잘 나오는 학생이 있다. 도형에서 좋은 점수를 얻지 못해 좌절해서 수학을 포기하는 학생들이 많은데, 이것은 어리석은 생각이다. 고등학교에서는 도형 문제가 거의 나오지 않는다. 공간도형이 나오기는 하지만 대부분 좌표를 이용해서 풀 수 있는 문제들이고, 중학교 때처럼 어려운 문제는 나오지 않는다. 수학의 문제 유형이 거의 정해져 있기 때문에 하는 만큼 점수가 나오는 내용들이라고 생각하면 된다. 예를 들어 방정식을 잘하는 학생이 도형을 제대로 못하더라도 실망할 필요가 없다는 말이다. 고등학교 수학은 방정식과 같은 내용이 대부분이라고 생각하면 된다.

영어인증시험이 도입됨에 따라 오히려 지금은 수학의 중요성이 더욱 강조되는 추세이다. 대체로 고등학교 1학년이나 2학년에서 영어인증시험을 통과할 것이므로 수학 점수가 당락을 좌우할 것이라는 예측이다. 영어든 수학이든 국어든 논술이든 다 열심히 해야겠지만, 특히 변별력이 큰 과목이 수학이라는 것은 누구나 다 알고 있을 것이다. 더욱이 이 과를 지원해서 의대나 공대 등에 지원할 학생이라면 수학에 더 많은 시간을 투자해야 한다. 결국 수학과 공부에 투자하는 시간만큼 성적이 나올 것이라는 기대를 버리지 말아야 한다. 이것은 학년이 높아질수록 더욱더 타당한 이야기이다. 학년이 높아질수록 공부해야 할 기초 개념과 공식의 숫자가 증가하고 문제의 유형이 다양해지므로 성실하게 공부하고 항상 복습해서 그것들을 자기 몸의 일부로 만들어두는 학생이 결국은 성공할 것이기 때문이다.

수학을 어려운 과목으로만 생각할 필요는 없다. 오히려 내가 꼭 풀어야 하고 풀 수 있는 퀴즈라고 생각한다면 수학에 대해 좀 더 재미있게 접근할 수 있다. 수학 퀴즈를 풀 때에는 반드시 연습장을 사용해야 한다. 책에다 막 풀이하는 것은 좋은 방법이 아니다. 연습장을 반 접어 퀴즈를 풀이한 흔적을 잘 남겨두어야 한다. 그래야 나중에 검산을 할 수 있다. 자신이 풀이한 퀴즈의 논리를 다시 따라가보면 어디에 문제가 있었는지 쉽게 발견할 수 있다. 그리고 볼펜을 사용하지 말고 반드시 연필이나 샤프를 사용해서 틀린 부분을 지워가면서 논리가 정연해지도록 연습을 해야 한다. 이런 연습을 하지 않으면 나중에 실제 문제를 풀 때 검산이 불가능하고 다시 풀어야 하는 일이 발생한다. 이렇게 풀이 과정을 잘 적으면서 공부하면 서술형 문제에 대한 좋은 연습이 된다. 물론 풀이한 연습장을 버리지 말고 잘 보관하고 수시로 훑어보고 만져보아야 한다.

양으로 볼 때 수학은 영어보다 더 빨리 성적을 올릴 수 있는 과목이다. 흔히 학생들은 수학은 성적이 오르지 않는 과목이라고 생각하기 쉽지만 결코 그렇지 않다. 앞에서 이야기한 대로 기초 개념, 기본 공식, 기본 문제 유형을 잘 정리하고 복습하다보면 전체의 줄거리가 떠오를 것이고, 그런 기초를 잘 다지면 자연스럽게 심화문제로 넘어갈 수 있다.

앞에서 수학 기본서 한 권을 전부 암기해서 수학에서 거의 만점을 받아 건축공학과에 입학한 상엽이의 이야기를 했다. 상엽이는 첫 시험에서 5점을 받았다. 그런데 기본서를 반복해서 공부하고 결국 수학에서 1개만 틀렸다. 어떻게 그런 일이 있을 수 있을까 하겠지만, 사실 이런 일은 누구나에게 일어날 수 있는 일이다. 지금 '수포자(수학을 포기한 자)'라고 스스로를 규정짓는 학생이 있다면, 우선 그 패배의식부터 벗어버리기 바란다. 수학 문제는 재미있는 퀴즈이며, 수학 문제를 잘 풀수록 인생의 어려운 매듭을 잘 풀 수 있게 된다. 이처럼 수학에 대해 긍정적이고 멀리 내다보는 시각을 가지고 수학 문제를 대하면 좀 더 흥미를 가질 수 있게 될 것이다.

국어와 논술, 많이 읽고 많이 써보라

중학교나 고등학교의 내신 국어는 주어진 교과서 내에서 출제하거나 그 교과서의 내용과 연관된 문제들을 출제한다. 그러므로 교과서에 대한 학습이 필수적이다. 영어와 마찬가지로 국어도 교과서에 따른 자습서가 나와 있으므로 자습서를 반드시 구입해서 학교 진도에 맞추어 공부하는 것이 좋다.

흔히 영어, 수학에 치중해서 국어 공부를 등한시하는 경우가 많은데 이것은 잘못된 방법이다. 내신에서도 국어가 차지하는 비중이 상당히 크고 수능에서도 마찬가지이다. 국어를 열심히 공부하는 것은 논술에도 큰 도움이 되고 사회와 영어에도 큰 도움이 된다. 현행 논술은 특정 지문을 제시하고 그 지문을 해석하고 연관성을 파악하여 논술하는 방식으로 출제한다. 그러므로 국어 교과서에 나오는 다양한 지문들을 잘 읽고 이해하는 것은 논술에 매우 큰 도움을 준다. 사회 과목에서 윤리나 사회문화, 정치, 법과 사회 같은 과목들에서도 다양한 지문들을 출제하고 그 지문에 대한 해석과 적용을 요구한다. 영어에서도 마찬가지이다. 이런 과목들에서 제시한 지문을 해석하는 것은 국어 능력이라고 말해도 된다. 긴 문장을 읽고 해석하는 능력을 기르는 것은 국어 과목을 통해 흔히 이루어지기 때문이다.

국어의 경우 문학과 비문학으로 나눌 수 있다. 내신의 경우 주어진 범위에 따라 시험이 출제되겠지만 수능의 경우에는 비문학의 비중이 더 크다. 문학의 경우 가장 기본적으로 교과서에 나온 작품에 대해 자습서를 통해 잘 공부해두어야 한다. 학교 시험은 교과서에 나온 작품을 중심으로 문제가 나올 것이기 때문이다. 하지만 좀 더 시각을 넓게 잡는다면 자습서를 통해 공부한 다양한 문학 작품들을 접할 수 있는 기회를 가지는 것이 좋다.

나의 경우 하루에 1시간 이상은 반드시 독서를 했다. 주로 학교 수업을 통해 들었던 문학 작품을 읽는 것이었다. 이런 취미를 가진 것이 시험에 큰 도움이 되었다. 책에서 언급한 다양한 소설들을 읽는 취미를 가진다면 다양한 과목에 도움이 되는 좋은 취미를 가지는 것이기도 하다.

흔히 교과서에 나오는 글은 재미없는 것으로 생각한다. 하지만 그 작품들을 실제로 읽어보면 상당히 재미가 있다. 이광수의 『무정』 첫 대목에서 예쁜 여제자를 상상하는 인간적인 '이형식'의 모습도 재미있었고, 김동리의 『을화』를 흥미진진하게 읽으면서 기독교와 전통 신앙에 대해 다시 생각해볼 수 있었다. 고전은 그저 무미건조한 것이 아니다. 재미와 가치가 있기 때문에 지금껏 살아남은 것이다. 그것을 느낄 수 있다면 독서를 통해 참 많은 부분에서 도움을 받을 수 있으리라 생각한다.

나는 『현대시선집』이라는 두꺼운 시집을 항상 가지고 다녔다. 대표적인 시들이 망라되어 있고 간단한 해설까지 곁들인 시집이었다. 공부가 잘 안 될 때마다 소설을 보거나 이 시집을 꺼내 읽었다. 한 편의 시를 읽는 것은 정말 몇 분도 걸리지 않는다. 하지만 틈틈이 읽은 시들은 실제 시험에서도 많이 출제되었고 정서적인 안정에도 큰 도움이 되었다. 그래서 나는 학생들에게 시 선집을 반드시 한 권씩 가지고 다니게 한다. 그리고 하루에 적어도 세 편을 읽게 한다. 그저 읽기만 해도 나중에 큰 도움이 된다. 실제 수능에서는 낯선 시들이 많이 등장한다. 한번 읽어본 시가 출제되면 그 느낌이 완전히 다르다. 처음 만나는 사람과 두 번째 만나는 사람에 대한 느낌이 같을 리 없다. 학생들은 우연히 읽은 시가 문제에 나오면 아주 신나서 좋아한다.

비문학 지문들은 교과서에 다양하게 실려 있다. 다양한 주제에 대한 다양한 글들이 교과서에 실려 있어서 그것들을 읽으면서 다양한 상식과 지식을 쌓는 것이 필요하다. 비문학 지문에 대해 공부하는 방법은 앞에서 사설과 칼럼을 이용해서 독서능력을 확대시키는 부분을 잘 참

조하면 될 것 같다. 앞에서 이야기한 대로 하루에 두 개 정도 신문 사설과 칼럼을 정리해본다면 큰 도움이 될 것이다. 논술을 위해서도 이것은 필수적으로 해야만 한다.

　논술에 대비하기 위해서는 많은 글을 써보아야 한다. 모두가 알겠지만 일기를 쓰는 것은 가장 좋은 논술 연습이다. 생활의 잡다한 일을 쓰는 것도 좋지만 구체적인 일을 '추상화', '일반화'해서 글을 써보는 것이 필요하다. 예를 들어 친구와 좋지 않은 일이 있었다면 그 내용을 간단히 적고 '우정이란 무엇인가?'라는 주제로 몇 줄의 글을 적어본다면 큰 도움이 된다. 다음의 예를 보자.

　　오늘 승현이와 다투었다. 나는 축구를 하자고 했는데 집에 가서 게임을 하자고 해서였다. 우리는 다투고 그냥 헤어졌다.
　　우정이란 무엇인가?
　　우정이란 다른 사람들이 만나서 생겨나는 것이다. 그러므로 반드시 의견의 차이가 있게 마련이다. 그 의견의 차이를 대화로 좁혀나가는 과정에서 우정이 생긴다. 상대를 먼저 인정해야 하고 나의 솔직한 의견을 제시해야만 진정한 대화와 우정이 가능하다.

　어떤 구체적인 사건이 발생할 때마다 그것을 일반화해서 아주 짧은 일기를 적어본다면 논술에 상당한 보탬이 된다. 이런 글들을 자주 적어본다면 나중에 긴 논술 문장도 쓸 수 있는 힘이 생긴다. 고3이 되어서 수시 모집에서 시행하는 논술을 준비하느라 내신도 수능도 제대로 준비하지 못하는 경우가 있다. 논술 연습이 오랜 기간 동안 이루어지지 않았기 때문이다. 이제 초등학교 이후에 그만두었던 일기쓰기를 다시 시작해야 한다. 매일 몇 줄이라도 적어보는 것이 모이고 모이면 위대한 글이 될 수도 있다.

프랑스의 실존주의 작가 카뮈의 『작가노트』를 한번 읽어보라. 까뮈는 생각이 떠오를 때마다 짧든 길든 그것을 노트에 적는 습관이 있었다. 그런 생각들이 그의 위대한 문학 작품의 기초가 되었다. 바로 그런 습관을 길러야 한다. 오답노트나 생활계획표에 떠오르는 단상들을 적는 습관을 가지는 것도 좋다. 생각만 하지 말고 반드시 적어야 한다. 그것이 추상적인 생각을 몸으로 만드는 방법이다.

최소한 두 주에 한 번 정도는 긴 글을 적어보는 것도 좋다. 전문적인 논술 수업을 듣지 않는 학생이라면 천 자 원고지를 구입해서 일반적인 주제로 글을 써보는 것이 좋다. '나는 누구인가?', '나는 어떤 삶을 살 것인가?', '나의 가족', '인간은 선한 존재인가, 악한 존재인가?', '신은 존재하는가?', '좋은 삶이란 무엇인가?' 등 조금만 생각해보면 수없이 많은 주제가 있다. 이런 주제들로 서론, 본론, 결론의 형태로 나누어 글을 적어보면 된다. 전문가의 도움을 받을 수 있다면 좋겠지만 그럴 여건이나 시간이 안 되면 이런 방법으로 혼자 해보는 것도 아주 큰 도움이 된다. 물론 주변에 자신의 글을 읽어주고 조언해줄 사람이 있다면 도움을 받는 것이 좋다. 부모에게 보여도 좋고 삼촌에게 보여도 좋다. 학원의 국어 선생님이나 영어 선생님에게 한번 읽어달라고 해도 좋다. 그렇게라도 하지 못하면 자기 글을 며칠 지나고 나서 자기가 다시 읽어도 좋다.

읽고 나면 고치고 싶은 부분이 분명히 나타난다. 이런 연습을 혼자서 상당한 기간 동안 하다가 전문적인 도움이 필요할 때 전문가의 도움을 받는 것이 오히려 더 효과적이다.

사회와 과학, 인터넷 수업을 활용하라

사회나 과학의 경우 학생들은 시험 기간이 되어야 공부하는 것이 일반적이다. 하지만 일주일에 한두 번 정도 인터넷 강의를 들어두면 시험 기간에 상당히 편하게 공부할 수 있다. 특히 과학의 경우 시험 기간이 임박해서 정리하려고 하면 상당히 힘이 든다. 지리, 국사와 같은 과목들은 내용이 상당히 복잡하기 때문에 시험기간이 되기 전에 미리 인터넷 수업을 통해 조금씩 정리를 해두면 시험 기간에도 편하게 공부할 수 있고 다른 주요 과목에 시간을 더 낼 수 있다.

특히 사회나 과학의 인터넷 강사들은 상당히 재미있는 수업을 한다. 수업 중에 사회나 과학에 연관된 여러 가지 재미있는 내용들을 이야기 해주기 때문에 상식과 지식을 넓히는 데에도 많은 도움이 된다. 그냥 재미있는 수업을 듣는다고 생각하고 일주일에 하루나 이틀 정도 시간을 내어서 정기적으로 수업을 듣는 것도 좋다. 이처럼 미리 수업을 들어둔 경우와 그렇지 않은 경우는 아주 큰 차이가 난다. 미리 수업을 들어두고 중요한 부분에 표시라도 해두면, 나중에 혼자 공부할 때 시간을 아주 많이 단축할 수 있다.

중요하지 않은 과목이라고 생각해서 등한시하면 오히려 그 과목 때문에 주요 과목을 공부할 시간이 나지 않게 된다는 점을 명심해야 한다. 사회와 과학은 우리를 둘러싼 사회적이고 자연적인 세계에 대한 공부들이다. 영어에서도 자연과학의 지문들이 간혹 나오는데 그것을 잘 아는 학생들은 좀 쉽게 문제를 풀 수 있다. 사회와 과학에 대한 공부가 논술과 연관이 있다는 것은 더 말할 필요도 없다.

특히 자신의 미래의 희망에 따라 사회나 과학 과목에 대해 좀 더 관심을 기울여야 할 때도 있다. 경제학과에 진학하고 싶다면 경제 과목에 대해 특히 관심을 가지고 공부를 해두어야 한다. 수시나 입학사정관제로 대학에 진학할 수도 있기 때문이다. 특히 이과를 지원하는 경우 면접에서 과학의 기초적인 문제들을 질문할 때가 많다. 중학교 때부터 자신의 미래를 어느 정도 결정하고 그것과 연관된 과학이나 사회과목에 대한 광범위한 상식을 넓혀두면 나중에 여유 있게 그 학과에 지원할 수 있다. 내신 성적이 좋다면 이런 전문적인 지식들과 관심이 대학 입시에 필수적인 자료가 된다는 것을 명심하자.

요컨대 학교에서 배우는 모든 과목은 좋은 삶을 사는 데뿐 아니라 현행의 입시에서도 모두 중요한 내용들이다. 따라서 학생으로서 고3이 되어 실제 수능 과목이 정해질 때까지는 어떤 수업도 소홀히 하지 않고 성실하게 배우는 것이 좋은 태도이다.

2. 학년별 공부법

중학교 성적을 좌우하는 초등 6학년

초등학생·중학생·고등학생·재수생 등을 다양하게 가르쳐보고 그 부모님들과 상담해보았다. 그 경험으로 말해보면, 학생에 대한 학부모의 관심이 최고조로 이르는 시기는 초등학교 6학년 때이다. 그 관심은 초등학교 6학년을 정점으로 가장 높아졌다가 서서히 감소한다. 이것은 여러 가지 이유에서 비롯된 현상이다.

　보통 학부모가 본격적으로 학생의 공부에 대해 관심을 가지는 시기는 초등학교 4학년 때부터이다. 3학년 때까지는 그럭저럭 학부모가 학생들을 지도했는데 4학년이 되면 보통 직접 지도를 하지 않고 학원에 의존하기 시작한다. 학원에 본격적으로 학생을 보내고 성적에 구체적인 관심을 가지기 시작하는 것이다. 그래서 영어와 수학, 논술 등 주요 과목에 대해 좋은 학원을 수소문해서 알아보고 선행학습을 시작한다.

부모의 관심이 커질수록 학생은 더욱 피곤해지는 것이 바로 이 시기이다. 4학년 때 공부에 대해 시작된 관심은 6학년이 되면 최고조에 달한다. 이 시기에 부모들은 자녀에 대해 기대치가 높다. 초등학교 때에는 시험이 좀 쉽게 나오고 등수가 정확하게 나오지 않기 때문에 자녀의 실제 실력 이상으로 기대를 한다.

그리고 4학년부터 선행학습에 대한 요구가 상당히 강하다. 특히 수학과목이 심하다. 심지어 초등학교 4학년을 데리고 와서 6학년까지 다 해달라고 하기도 하고, 초등학교 5학년이 되면 중학교 과정을 보통 시작해달라고 한다. 초등학교 6학년에 중학교 과정을 다 마치고 고등학교 과정까지 공부하는 학생들도 있다. 물론 학원들은 대체로 이런 요구를 수용한다. 하지만 나는 종종 이런 요구를 하는 학부모들과 논쟁을 벌인다. 해달라는 대로 어려운 내용을 다 빼고 진도를 나가면 되겠지만 그것은 학생들에게 오히려 나쁜 영향을 미칠 수 있기 때문이다.

선행에 대해 이와 같은 현상이 나타나는 것은 7차 교육과정부터 수학에서 7-가/나, 8-가/나, 9-가/나 등의 방식으로 단계별 학습법이 도입되었기 때문이다. 이러한 단계 구분을 마치 한자의 급수나 태권도의 단처럼 생각하는 경향이 나타난 것이다. 하지만 수학의 진도를 태권도의 단수처럼 생각해서는 안 된다. 8학년(중2)을 끝냈다고 해서 7학년의 모든 문제를 풀 수 있는 것이 아니기 때문이다. 지나친 선행학습은 오히려 학생들을 혼란스럽게 하고 자칫 수학에 대해 반감을 가지게 할 수 있다.

나는 한 학년 정도의 선행이면 충분하다고 생각한다. 그리고 선행학습이 불필요한 학생들도 있다. 해당 학년의 수업 내용을 충분히 소화하지 못하고 있다면 선행은 의미가 없다. 그리고 최근의 경향은 고등학교 입시에서 내신을 위주로 학생을 선발한다. 그러므로 지나친 선행보다는 해당 학년에 대한 심화학습을 하고 다양한 문제를 풀이하는 것이 더 적절한 학습법이다. 그래서 무리한 선행을 요구하는 학부들에게 학생의 현재 상황을 잘 알려주고 자제시키려고 노력한다.

우리 학원에는 이 지역에서 나름대로 유명한 '영재' 초등학교 5학년생이 있다. 초등학교 4학년 때 우리 학원에 와서 1년간 다니고 있다. 어머니가 선행을 많이 나가길 원했지만, 나는 선행보다는 심화학습을 해야 하고 경시대회에서 나오는 어려운 문제들을 많이 풀게 하는 것이 오히려 더 도움이 된다고 설득했다. 다행히 나의 충고를 잘 받아들여 지금은 중학교 1학년 수학을 심화학습하고 있다. 사실 수업을 진행하는 입장에서 보면 듬성듬성 진도를 빠르게 나가는 것이 더 편할 수 있다. 어려운 문제를 가르치기 위해서는 더 많은 준비와 노력이 필요하기 때문이다.

이 학생도 아주 성실하게 수업을 듣고 있다. 차분하고 공손하게 수업을 듣고 선생님에게 모르는 문제를 빠뜨리지 않고 질문하는 모습을 보면 이 학생이야말로 정말 영재라는 생각이 든다.

지나친 선행학습에 대해서는 부정적인 생각을 가지고 있지만, 초등학교 6학년 때는 중학교 1학년의 내용을 반드시 선행학습해야 한다. 우선 대다수의 학생들이 선행학습을 하고 있다. 그래서 선행학습을 제대로 하지 않으면 선행학습을 한 학생들과의 격차가 커질 수 있다. 중학교 1학년이 중학교 2학년의 내용을 선행학습하지 않아도 되지만, 초등학교 6학년은 반드시 중학교 1학년의 내용을 미리 공부하고 반복해두는 것이 필요하다.

우선 중학교에 들어가면 배우는 과목의 수가 급격히 증가한다. 국어, 영어, 수학, 사회, 과학, 기술가정, 체육, 미술, 한문, 컴퓨터, 도덕 등 많은 과목이 등장하고 그 내용도 상당히 전문적이다. 이런 상황을 미리 대비하지 않고 중학교에 들어가면 아이는 상당한 충격을 받는다. 과목에 따라 다른 선생님들이 들어와 전문적인 내용을 가르치기 때문에 초등학교 때와는 상당히 다른 느낌을 받게 되고 혼란스러워진다. 그러면 상황에 적응하는 데에 많은 시간이 걸리고 자칫 공부에 흥미를 잃는 경우도 있다. 그래서 미리 주요 과목이라도 조금씩 준비해두어야 한다.

그렇다고 모든 과목을 선행학습할 수는 없다. 특히 영어와 수학 등 시간이 많이 소모되는 과목에 대해 선행학습을 해두는 것이 좋다. 중학교 1학년의 첫 시험은 상당히 중요하다. 보통 전교 등수가 나오기 때문에 제대로 준비하지 않은 학생들은 자신의 등수를 보고 큰 충격을 받는다. '첫 단추를 잘 끼워야 한다.'는 말처럼 첫 시험을 잘 보게 되면 중학교 생활을 자신감 있게 시작할 수 있다. 그러므로 중2, 중3까지의 선행학습이 아니라 중학교 1학년 내용에 대한 반복적인 선행학습을 하는 것이 더 바람직하다.

영어의 경우, 진학할 중학교에서 어떤 교재를 사용하는지 미리 파악하여 자습서를 구입해서 미리 공부하는 것이 필요하다. 공부 방법은 과목별 공부법에서 자세히 설명한 내용을 참고하면 된다. 수학의 경우 중학교 1학년 문제는 대체로 어렵게 출제되는 것이 요즘 추세이므로 어려운 문제집까지 심화학습을 하는 것이 반드시 필요하다. 사회·과학도 앞에서 말한 대로 평소에 온라인 수업을 통해 조금씩 준비해두면 시험이 임박하여 중요한 과목에 공부할 시간을 벌 수 있다.

중학교를 준비하는 초등학교 6학년에게 가장 중요한 것은 공부에 대해 적절한 태도를 가지는 일이다. 우리가 좋은 삶을 살기 위해서는 배우고 익혀야 한다. 다른 사람에 대해 잘 모르는 사람이 그 사람에게 좋은 일을 해줄 수는 없다. 아버지에 대해 제대로 모르면 아버지에게 좋은 선물을 해줄 수가 없다. 아버지는 책을 좋아하는데 축구공을 사드린다면 적절한 선택이 아니기 때문이다. 마찬가지로 우리가 사람, 자연, 사회에 대해서 잘 알지 못한다면 적절한 삶을 살 수가 없다. 그래서 우리는 그에 대해 공부를 하는 것이다.

공부는 매일 반복해서 우리 몸에 익숙하게 익혀 습관이 되도록 해야 한다. 학교에서 돌아오자마자 텔레비전이나 컴퓨터 앞에 앉지 말고 숙제를 하고 책부터 펴도록 하자. 이제 중학생이 되면 공부 시간이 늘어나기 때문에 공부하는 시간도 차츰 늘리도록 노력해야 한다. 1시간을 공부하는 학생이라면 하루에 10분씩 공부하는 시간을 늘리도록 해보자. 초등학교 6학년부터는 깜지노트, 독서카드, 오답노트, 성적정리 노트, 생활계획표 등을 작성하는 것은 그리 어려운 일이 아니다. 조금씩 공부 습관을 들이면서 공부를 몸에 익히면 된다.

등수로 평가받기 시작하는 중학교 1학년

얼마 전 목동에 있는 한 중학교 1학년 여학생과 학부모를 상담한 적이 있다. 중간고사에서 수학 시험을 망쳤다는 것이다. 몇 점이냐고 물었다.

"82점이요."

"우리 애가 초등학교 때까지 90점 이하로 내려가본 적이 없어요."

어머니가 흥분한 목소리로 말했다. 등수를 물어봤더니 어머니는 잘 모르고 있었고, 학생이 주저하다가 거의 300등 정도가 된다고 했다.

"이번 시험이 너무 쉽게 나왔으니 기말고사는 어렵게 나올 것 같다."

그 여학생은 풀죽은 목소리로 학교 선생님도 같은 말씀을 하셨다고 했다.

"공부할 의욕도 안 나고 재미도 없어요."

잔뜩 풀이 죽은 얼굴이었다. 이런 경우는 중학교 1학년을 상담하다 보면 흔히 경험하는 일이다. 기본 개념에 대해 철저히 정리하고 그것을 몸에 익히는 과정이 없었고, 중학교 1학년 과정에 대한 선행학습이 제대로 이루어지지 않으면 흔히 이런 상황을 경험하게 된다. 그러면 학생도 학부모도 상당히 당황한다.

사실 초등학교 때는 등수에 대한 개념이 별로 없다. 그런데 중학교 들어가자마자 과목별로 전교 등수까지 나온 걸 보면 그 충격은 이루 말할 수 없다. 100등이 넘어가는 등수를 받고 보면 사실 학생도 학부모도 공부에 대한 의욕을 잃어버린다. 어린 학생들이 경쟁의 굴레를 써야 하는 것은 가슴 아픈 일이지만, 경쟁을 강조하고 등수를 표기하는 경향은 당분간 계속될 것 같다. 결국 우리 학생들이나 학부모들은 빨리 여기에 적응해야 한다.

우리가 살아가는 사회는 어느 정도 경쟁에 기반하고 있다. 남들보다 더 노력해서 남들보다 더 좋은 제품을 만들고 더 좋은 서비스를 제공하는 사람들이 인정받는 세상이다. 경쟁이 무조건 나쁜 것만은 아니다. 경쟁을 피할 수 없는 상황이라면, 현재의 자신의 성적을 인정하고 노력을 통해 한 계단씩 오르는 것을 즐기는 태도가 필요하다. 컴퓨터 게임을 할 때에도 우리는 점수로 경쟁을 하지 않는가?

등수를 표기하는 첫 시험을 보고 나면 상당히 많은 학생과 학부모들이 좌절을 하게 된다. 그러나 너무 걱정할 필요가 없다. 500명의 학생이 있다면 몇 등을 해야 만족할 것인가? 학생들에게 물어봤더니, 대략 50등이 넘으면 실망할 것이라고 한다. 그럼 대부분의 학생들과 학부모들은 성적에 만족하지 못한다고 보면 된다. 즉, 주변에 있는 대부분의 친구들도 나와 비슷히게 실망하고 있다고 생각하면 된다. 그리고 이 성적을 나의 현실로 받아들이고 새롭게 시작하면 되는 것이다.

사실 실망에서 벗어나 새롭게 시작하는 것이 학생과 학부모에게 그렇게 쉬운 일은 아니다. 열심히 학원에 와서 학생의 장래에 대해 많은 이야기를 나누던 학부모들이 중학교 1학년 첫 시험을 보고 나면 발길을 끊는다. 학생들은 우선 부모의 실망에 대해 이해해야 한다. 사실 부모들에게 자녀는 세상 전부와 마찬가지이다. 자녀가 공부를 잘하면 세상을 다 얻은 것 같고, 자녀가 공부를 못하면 세상을 다 잃은 것 같은 기분이다. 자녀만은 부모보다 공부를 잘해서 더 좋은 삶을 살았으면 하는 것이 부모들의 심정이다. 그래서 때로 화를 내기도 하고 야단을 치기도 하지만, 이 모든 것은 자녀가 부모보다 더 잘살기를 바라는 마음에서 나오는 것임을 이해해야 한다.

일단 첫 시험의 결과를 부정하면 안 된다. 그저 실수를 했다고 생각한다든지, 시험 문제 탓으로 돌린다든지 하는 행동은 좋지 않다. 첫 시험의 성적이 좋지 않았다면 제대로 준비하지 못한 탓이라고 생각해야 한다. 초등학교 6학년 때 미리 중학교에 대한 대비를 철저히 한 학생들은 중학교 1학년 1학기의 내용을 여러 번 반복적으로 학습하고 심화문제까지 풀이하고 오는 경우가 보통이다. 자신이 그렇게 하지 못했다면 그것을 우선 반성하고 다음 시험에는 실패하지 않도록 더 세심하게 준비해야 한다.

우선 지금까지 공부하던 방식에 대해 반성하고 문제점을 찾아야 한다. 성적에 실망해서 무작정 지금까지 공부하던 방법을 바꾸는 것은 좋지 않다. 첫 시험을 보고 나면 보통 학원에서 중학교 1학년들의 대이동이 시작된다. 나쁜 성적의 책임을 학원 탓으로 돌리고 새로운 학원을 찾아가는 것이다. 이것은 합리적인 해결방법이 아니다. 문제의 원인을 잘못 짚었기 때문이다.

우선 학원 선생님이나 배우는 선생님과 구체적으로 상담을 해야 한다. 지금까지 공부해온 방식에 어떤 문제가 있는지 따져보아야 한다. 학원에 문제가 있을 수도 있고, 학생에게 문제가 있을 수도 있다. 선생님들과 앉아서 이야기하다보면 여러 가지 문제가 드러날 수 있다. 그것을 발견하는 것이 우선 중요한 일이다. '지금, 여기'에서 문제를 해결하려고 노력하지 않으면 다른 곳에서도 같은 실수를 반복할 수 있기 때문이다.

우선 지금 배우고 있는 학원이나 과외 선생님과 학력에 대해 구체적으로 평가를 받는 것이 필요하다. 평가 방법은 1부에서 구체적으로 이야기했다. 배우고 있는 선생님에게 평가를 받기가 힘들다면 다른 선생님을 찾아가서 점검을 받을 수도 있다. 점검은 앞에서 이야기한 대로 마주보고 앉아 시험 범위에 대해 가장 기본적인 개념부터 하나씩 점검하는 것이다. 기본 개념을 거의 정리했고 암기가 되어 있다면 실제 시험 문제를 가지고 왜 틀렸는지를 점검받아야 한다. 기본 내용에서 실수가 있었는지, 응용 문제에 대한 대비가 되지 않았는지, 범위를 넘어서는 어려운 문제가 출제되었는지, 서술형 문제에 대한 대비가 없었는지 선생님과 잘 따져보고 무엇이 문제인지 구체적인 점검을 받아야 한다. 그렇게 하고 나서 대책을 마련해야 한다.

뜻밖에도 이런 노력을 하는 학생과 학부모는 많지 않다. 학생이 학원을 다니다가 갑자기 연락이 없고 그만둔다고 하는 경우가 많으니 말이다. 지금까지 잘 다닌 학원이나 공부 방식을 바꾸려면 나름대로 타당한 이유가 있어야 한다. 막연하게 학원에 문제가 있다고 생각하고 다른 학원으로 옮기면 아무런 소득 없이 또 다른 선택을 하는 것에 지나지 않는다.

과거를 잘 정리하지 않으면 새롭게 좋은 미래를 기대할 수 없다. 자신의 문제가 무엇인지 정확하게 파악하지 않으면 새로운 학원이나 선생님을 만나더라도 비슷한 시행착오를 거듭할 수 있다. 자신의 실력보다 무조건 성적이 낮게 나왔다고 생각한다면 불평만 지속될 뿐이다. 어느 부분에서 어떻게 제대로 준비하지 못했는지 철저한 분석이 선행되어야 한다.

첫 시험에 실망한 학생들은 우선 공부에 대한 생각을 다시 정리할 필요가 있다. 이 책의 전체 내용은 사실 공부 태도에 관한 것이다. 1부를 제대로 읽었다면 공부가 무엇인지에 대한 대략적인 개념을 얻었을 것이다. 공부란 학생이 몸으로 해야 할 일이며, 좋은 삶을 살아가기 위해 필수적인 배움이라는 것을 다시 한 번 되새기기 바란다. 그리고 공부가 아주 중요한 것이라고 생각하고 다시 책을 펼쳐야 한다. 이런 깨달음이 우선되지 않으면 사실 그 어떤 대책도 별 의미가 없다.

우선 국어·영어·수학·과학 과목 중에서 상대적으로 성적이 낮은 과목을 점검하고 그 원인을 잘 파악해야 한다. 이 과목들 외에 다른 과목들은 시험 기간에 단기간에 준비할 수 있는 것들이어서 성적이 조금 낮더라도 크게 실망할 필요가 없다. 우선 영어나 수학 등 주요 과목 성적을 중심으로 대책을 마련해야 한다. 영어와 수학의 성적이 낮은 경우 놀란 학생들은 처음부터 다시 시작해야 한다고 생각하기 쉽다. 그래서 새로운 교재로 영어나 수학을 처음부터 다시 해달라는 요구를 하기도 한다.

그보다는 영어나 수학 등 주요 과목에서 성적이 좋지 않다면 우선 자신이 학교의 수업 내용을 충실히 잘 따라가고 있었는지 돌아봐야 한다. 그리고 그렇지 못했다면 반드시 지금 현재 배우고 있는 부분에서 다시 시작해야 한다. 처음부터 새로 시작하게 되면 시간도 많이 걸리고 얼마 가지 않아 지치게 된다. 일단 다음 시험 범위부터 공부를 시작하고 모르는 부분을 학교 선생님이나 학원 선생님에게 질문하는 방식이 더 좋다. 특히 성적이 낮은 과목을 중점적으로 공부해 성적을 올리면 할 수 있다는 자신감이 생긴다.

시험 문제는 하늘에서 떨어지는 것이 아니다. 반드시 배우는 부분에서 나오게 되어 있고, 시험을 제대로 못 봤다면 준비를 제대로 하지 않아서일 뿐이다. 친구가 시험을 나보다 더 잘 봤다면 더 준비를 많이 했을 뿐이다. 그 친구는 공부를 별로 하지 않은 것 같지만 오랜 시간 동안 시험을 차근차근 준비해온 것이다. 그러나 나도 열심히 하면 한 계단 한 계단 올라갈 수 있다. 그런 자신감을 가지고 다시 도전하면 된다.

실력 차이가 나기 시작하는 중학교 2학년

학생들을 지도하는 것이 본업이다보니 친구들에게서 자녀교육에 대한 질문을 많이 받는다. 친구들은 거의 대부분 초등학생을 키우고 있다. 나는 친구들에게 여러 가지 기본적인 조언들을 하지만, 초등학생 때에는 너무 성적에 집착하지 말라고 말해준다. 그리고 대부분 이 책에서 제시한 것과 같이 좋은 습성에 대한 조언들을 한다. 매일 자기 방을 정리정돈하고, 책가방과 준비물을 잘 정리하고, 숙제를 잘 하고, 하루에 30분 이상 독서를 하고 독서카드를 작성하고, 친구들과 가족들과 조화로운 삶을 살 수 있는 능력을 기르는 것이다. 이런 것들을 매일 점검해서 기본적인 습관, 습성으로 몸에 달라붙게 하라고 말한다. 바로 공부 바탕을 다지는 것이다.

그리고 친구들이 자녀의 실력 평가를 요청하는 경우가 있다. 그럴 때 아직은 그런 것을 할 필요가 없다고 잘라 말하고, 중학교 2학년이 되면 해주겠다고 말한다. 중학교 2학년은 인생의 중요한 갈림길이라고 생각해서이다. 일단 중학교 2학년이 되면 학생들이 정신적으로 상당히 성숙해진다. 중학교 1학년을 마쳤고 이제 2학년이 되면 어느 정도 성숙한 사고를 하고 막무가내로 행동하던 아이들도 의젓하게 행동하기 시작한다. 그리고 중학교 2학년이 되면 배우는 과목들이 상당히 어려워지고 양도 많아진다.

영어 교과서를 살펴보면 1학년과 2학년의 교과서는 상당한 수준의 차이를 보인다. 수학에서도 어려운 방정식과 함수가 등장하고 도형 문제도 나오기 시작한다. 특히 도형의 경우 학생들은 매우 어려워한다. 사실 수학에서 기하학에 해당하는 도형은 공부를 제대로 해도 점수가 나오지 않는 경우가 있는가 하면, 공부를 제대로 하지 않은 학생이 고득점을 맞기도 하는 분야이다.

대학생 때 학과 사무실에 친구들이 둘러앉아 중학교 도형 문제를 함께 풀었던 기억이 난다. 과외 수업을 하던 친구들이 가장 어려워했던 분야가 중학교 도형이다. 다른 문제들은 대부분 쉽게 푸는데 중학교 도형 문제는 너무 어려워 여러 친구가 머리를 맞대고 풀었다. 그만큼 도형의 문제는 이른바 '머리'가 어느 정도 작용하는 부분이라고 생각한다.

물론 '기하학에는 왕도가 없다.'는 유클리드의 말처럼 노력을 통해 정복할 수 없는 영역은 아니다. 다만, 그 노력의 결과가 가장 덜 나타나는 영역이 도형 부분이다. 그것은 실제 학생들을 가르쳐보면서 많이 느낀다. 도형은 앞에서 언급한 대로, 그려진 문제만을 보고 풀지 말고, 문제를 읽고 실제 도형을 그려보는 것이 큰 도움이 된다. 배우고 있는 도형을 실제로 만들어 그림과 대조해보는 것도 몸으로 도형을 느끼는 좋은 방식이다.

과목의 양이 많아지고 어려워지는 중학교 2학년을 잘 보낸 학생들은 고등학교에 쉽게 적응한다. 사실 고등학교에서 배우는 영어나 수학은 중학교에서 배운 내용들을 확장 심화한 것에 불과하다. 비록 수학1이나 미분·적분 등에서 새로운 내용들이 등장하기는 하지만, 고등수학이나 확률·통계 부분의 내용들은 중학교에서 배운 것들에 대한 심화학습이다.

그러므로 중학교 2학년부터 영어와 수학, 언어와 논술 등 중요한 과목들의 기초를 잡고 공부하는 습성을 체화하지 못하면 이후에 상당한 어려움을 겪게 된다. 적어도 중학교 2학년이 되면 공부에 대한 적절한 태도와 습성을 몸에 익혀야 한다. 스스로 공부하는 습성과 태도가 되어 있지 않다면 지금 당장 시작해야 한다. 3학년이 되면 너무 늦다. 2학년이면 지금까지 제대로 못했더라도 충분히 띠리잡을 수 있는 시간적인 여유가 있다.

중학교 2학년까지 공부를 할 수 있는 좋은 습성을 키우고, 중학교 3학년까지 착실하게 공부해온 학생들은 이후 잠시 방황을 하더라도 금방 제자리로 돌아온다.

재수생들을 가르쳐보면 이런 점이 확연하게 드러난다. 재수생들도 좀 쉽게 실력을 회복하는 학생들이 있는가 하면 아무리 노력해도 성적이 잘 오르지 않는 학생들이 있다. 쉽게 성적이 오르는 학생들에게 물어보면 대부분 중학교 2학년 때 공부를 열심히 했다는 공통점이 있다. 예술고등학교 3학년 학생들을 가르칠 때도 이런 점을 금방 느낄 수 있었다. 중2 때 열심히 했던 학생들은 고등학교 2년 내내 실기를 하느라 거의 공부를 하지 않았지만, 대학 입시를 위해 고3이 되어서 학과 공부를 하면 무섭게 따라잡는다. 중2, 중3 때 입시를 위해 열심히 했던 공부가 고스란히 남아 있기 때문이다. 물론 중2, 중3까지 공부하고 그 다음에는 놀아도 된다는 말이 아니다. 그만큼 중2 때 공부가 중요하다는 이야기다.

중학교 2학년 때는 이제 본격적으로 자신의 미래에 대해 고민해보아야 한다. 일반계 고등학교에 진학할지 특목고에 진학할지도 결정해야 한다. 일반계 고등학교가 아닌 고등학교들은 현재 자립형 사립 고등학교, 자율형 고등학교, 외국어 고등학교, 과학 고등학교 등이 있다. 이들 고등학교에 진학하기 위해서는 우선 입시라는 관문을 통과해야만 한다. 지나친 사교육 열풍을 막기 위해 최근 이들 고등학교에 대한 입시는 내신을 중심으로 이루어지고 있다. 교과부에서는 이를 '자기주도 학습전형'이라고 부르고 있다. 이에 따라 중학교 2학년과 3학년의 내신이 포함되고 학습계획서와 면접 등으로 학생 선발이 이루어진다. 지필고사나 각종 영어인증시험, 경시대회 성적 등은 전형 자료에서 배제되어 있다.

중학교 1학년의 성적을 바탕으로 우선 어느 방향으로 준비할지 결정해야 한다. 학교 성적이 아주 탁월하게 우수하다면 자사고나 외국어고, 과학고 등의 진학을 준비할 수 있다. 자율형 고등학교의 경우도 내신 성적이 상위 50퍼센트에 포함되어야 진학할 수 있다. 성적이 탁월하게 좋은 학생들은 이미 특목고에 대한 준비를 시작했을 것이다. 학교 성적이 별로 좋지 않다면 우선 내신 성적을 올릴 수 있도록 학습 계획을 짜는 것이 좋다. 내신, 즉 학교 공부는 가장 기본적인 것이다. 과목별 공부 방법은 앞에서 설명한 내용을 참고하면 된다.

성적이 좋다고 무조건 자사고나 외국어고, 과학고를 준비하는 것도 좋은 일이 아니다. 자신의 희망에 비추어 적절한 고등학교를 진학하는 것이 중요하기 때문이다. 예를 들어 한 학생은 의대에 진학하고 싶어 했는데 외국어고등학교에 진학을 했다. 외고에는 수학 수업 비중이 상대적으로 낮기 때문에 상당한 곤란을 겪었다. 수학에 대해서는 사교육에 전적으로 의존할 수밖에 없는 상황이 벌어졌다. 앞에서 이야기한 기은이의 경우 민사고에 진학했지만 그만두고 다시 일반고로 편입을 했고 결국 서울대에 합격했다. 어떤 고등학교에 진학하는 것이 자신의 미래 희망과 가장 일치될 수 있는지를 잘 따져보고 결정하고 준비하는 것이 혼란을 막을 수 있다. 일반 고등학교에 진학하더라도 얼마든지 좋은 대학에 진학할 수 있는 길이 있다. 특목고에 가야만 명문대에 진학하는 것도 아니다.

외국어고나 과학고에 진학할 때에는 해당 분야에 대해 지속적인 관심을 가지고 그것을 '구체화'시켜놓아야 한다. 단순히 관심만을 가질 것이 아니라 그 관심을 구체화시키는 작업이 아주 중요하다. 해당 분야에 대한 책을 읽었으면 그 책에 대한 기록을 반드시 남겨두어야 한다. 책을 읽고 그 책에 대한 독후감을 적고 모아둔다면 아주 좋은 자료가 될 것이다. 과학전에 다녀왔다든지, 박물관을 방문했다든지, 어학연수를 다녀왔다든지 하는 경우에도 그냥 다녀오는 것이 아니라, 그 경험을 기록으로 남겨둔다면 아주 좋은 자료가 된다.

물론 영어인증시험이나 경시대회 수상 기록 등을 입시의 전형 자료로 이용할 수는 없게 되어 있지만, 영어에 관심이 있다면 TOEFL이나 TEPS 등 영어인증시험에 관심을 가지고 응시해서 좋은 성적을 받아두는 것이 좋다. 단순히 입시만을 위해서가 아니라도 시험을 준비하는 과정이 영어 실력 향상에 큰 도움이 되기 때문이다. 따라서 여건만 허락한다면 많이 도전해서 좋은 성적을 받아두면 좋을 것 같다. 수학경시대회나 과학경시대회도 마찬가지이다. 과학고를 가려고 하는데 이런 경시대회에 관심이 없다면 그것이 오히려 이상한 일이다. 과학고에 가려고 과학이나 수학을 열심히 하는 것이 아니라, 과학이나 수학에 관심이 많아서 그런 분야에 열심히 참여하다보면 자연스럽게 그 분야에서 성공할 수 있을 것이라는 태도를 가지는 것이 좋다.

특목고를 가든 일반고를 가든 가장 중요한 것은 우선 학교에서 좋은 성적을 받으려고 노력하는 것이다. 학교는 학생들이 가장 오랜 시간을 보내는 장소이다. 가장 기본적인 생활 터전에서 좋은 성적을 받으려 노력하고 인정을 받으려 노력하는 것이 모든 일의 출발점이다. 수업에 열심히 참여하고, 선생님들과 좋은 관계를 맺고, 선생님들로부터 많은 가르침을 받고, 친구들과 조화롭게 보내려고 노력해야 한다. 바로 이것이 중학교 2학년에게 가장 중요한 1년의 과제가 되어야 한다. 그런 노력을 하다보면 자연스럽게 원하는 미래로 가는 길도 열릴 것이다.

최근 사교육에 대한 지나친 의존의 결과 학교생활이 좀 무시되는 경향이 있다. 이것은 바람직하지 않은 일이다. 학교는 학생들이 가장 많은 친구들과 가장 많은 시간을 보내는 좋은 공동체이다. 우리 학생들의 미래는 이 학교에서 이루어져야 한다. 가령 정치에 관심이 있다면 학교에서 다른 친구들과 조화롭게 지내고 그 친구들에게서 리더로 인정받아야 한다. 의사가 되고 싶다면 누구보다 수학과 과학을 잘해야 하고 건강한 삶을 살고 있다는 인정을 받아야 한다. 선생님이 되고 싶다면 친구들에게 아는 내용을 잘 설명할 수 있어야 하고 열심히 배우는 학생으로 인정받아야 한다.

미래의 꿈이 본격적으로 시작되는 것이 바로 중학교 2학년 시기이다. 이때 자신의 미래를 그리고 그를 위해 연습을 시작하는 시기라는 것을 잊지 말아야 한다. 그리고 특히 이 시기에는 독서 습관이 정착되어야 한다. 자사고를 가든 외국어고를 가든 과학고를 가든 면접에서 독서에 대한 평가는 가장 기본적인 항목이다. 고등학교에서도 수능과 논술을 위해 가장 필요한 것이 독서이다. 독서의 중요성에 대해서는 이미 여러 차례 언급한 바가 있다. 특목고를 준비한다면 그 학교에 맞는 책들을 읽고 그것들을 정리하고 자신의 것으로 구체화시켜두어야 한다. 외국어고에 가고 싶다면 영어에 대한 다양한 책들을 읽고 관심을 확대하는 것이 필요하다. 영어에 많은 관심을 가지고 공부해서 결국은 UN의 수장이 된 반기문 사무총장에 대한 책을 읽어보는 것도 도움이 될 것이다. 또한 영국이나 미국의 역사 책을 읽고 정리하는 것도 좋다. 과학고를 가고 싶다면 틈틈이 과학 서적들을 찾아 읽고 정리해두면 도움이 된다.

좋은 소설들을 통해 사람들의 삶에 대해서 생각해보는 것도 좋은 경험이 된다. 중학교 때 조금씩 독서의 범위를 확장하고 그 양을 늘려나가야 한다. 수많은 IT 기기들이 우리들을 유혹하고 있지만 독서만큼 사고를 풍요롭게 하는 것도 없다. 오랜 시간 동안 멍하게 인터넷을 검색하거나 게임을 하고 나면 얼마나 피로한지 다 알 것이다. 하지만 독서는 우리의 생각을 확장해주고 삶을 풍요롭게 해주고, 현실적으로 고등학교 입시와 대입에 직접적인 도움을 준다. 중학교 2학년 때 해야 할 일을 한 가지만 꼽으라면 나는 단연 '독서 습관 갖기'라고 말할 것이다.

고등학교를 준비해야 할 중학교 3학년

조직폭력배에게 "나 중3이야."라고 하면 전부 도망간다는 이야기가 있다. 철없는 중3 학생들이 많아서 이런 우스갯소리가 나온 것 같다. 공부를 열심히 한 학생이든 그렇지 않은 학생이든 중3은 여러모로 힘든 시기이다. 특별히 입시를 준비한 학생들은 입시에 대한 중압감이 있을 것이고, 그렇지 않은 학생들도 고등학교에 대한 염려 때문에 놀아도 마냥 마음이 편하지만은 않을 것이다. 특목고 입시를 준비하고 있는 학생들은 내신에 더 신경을 써야 하고 지금까지 해오던 면접이나 자기소개서에 대한 준비를 착실하게 해나가야 할 것이다.

현행 입시제도에서 특목고를 준비한다든지, 자율고에 진학할 가능성이 있는 학생들은 내신에 신경을 많이 써야 한다. 하지만 이 학생들도 입시가 끝나고 나면 본격적으로 고등학교 공부에 미리 대비해야 한다. 특별히 특목고를 준비하고 있지 않은 학생이라면 여름방학이나 겨울방학을 이용해서 틈나는 대로 고등학교 수업에 대한 선행학습을 하는 것이 필요하다.

고등학생들을 지도해보면 역시 문제가 되는 것은 영어와 수학이다. 영어와 수학은 단기간에 성적을 올리기 힘들고, 많은 시간 꾸준히 노력해야만 성적 향상이 이루어지기 때문이다. 그러므로 고등학교를 준비하는 중3 학생들은 무엇보다 영어와 수학에 초점을 두어 고등학교 공부에 대비해야 한다. 고등학교에 가면 영어와 수학 외에도 다른 과목들을 공부해야 하지만, 실제 대부분의 시간은 영어와 수학 공부에 사용하게 된다. 영어와 수학을 잘하는 만큼 다른 과목을 공부할 시간도 늘어난다. 그리고 대학 입시에서 결정적인 변수도 결국은 영어와 수학이다.

영어의 경우 국가 영어인증시험이 도입된다. 하지만 실제 그것이 수능의 영어를 대체할지는 아직 결정된 바가 없다. 국가 영어인증시험이 도입되더라도 고등학교 영어 수업과 내신은 그대로 남아 있을 것이고, 논술에서도 영어 지문이 등장하므로 영어 공부를 게을리 할 수는 없을 것 같다. 물론 영어의 경우 중학교 때 배우던 내용들이 심화되고 확장되는 것이어서 특별히 고등학생용 영어가 따로 있는 것은 아니다. 중학교 때 상당히 영어 실력을 갖춘 학생이라면 고등학교 영어가 그리 어렵지 않을 수도 있다.

하지만 영어의 경우 수능과 내신에서 다양한 내용의 지문들이 등장한다. 단순히 영어 단어와 숙어의 해석을 넘어서는 이해의 문제가 나타난다. 그러므로 지금부터는 좀 추상적인 내용을 담은 영어 지문을 많이 읽어보는 것이 도움이 된다. 중학교 영어에서 나오는 지문들은 대부분 실제 생활에 연관된 것들이다. 하지만 고등학생이 되면 문학·철학·사회·과학 등 다양한 내용의 지문들이 나오므로 그것을 해석하고 이해해야 하는 경우가 많다. 따라서 그런 지문들을 많이 접하도록 노력하면 고등학교 영어 과목을 원만히 해결할 수 있을 것이다.

우선 자기가 갈 고등학교가 어느 정도 정해져 있다면, 그 학교의 교과서에 대한 자습서를 구입해서 미리 보는 것이 가장 좋은 방법이다. 가장 좋은 영어 학습법은 자습서를 가지고 공부하는 것이다. 자습서에는 교과서의 내용이 잘 정리되어 있고 단어나 숙어·문법·독해 등이 체계적으로 잘 정리되어 있다. 그 내용을 샅샅이 공부해두면 고등학교에 가서 수업을 잘 들을 수 있고 자신감도 생길 것이다.

어느 고등학교에 갈지 아직 잘 모른다면 인터넷 영어 카페에 들어가서 한두 개의 교과서를 선택한다. 1과부터 본문 해석을 다운받아서 해석해보면 고등학교에서 배우는 내용을 미리 맛볼 수 있다.

중요한 것은 그저 읽지만 말고 단어·숙어를 정리하면서 읽고 모르는 문장을 오답노트에 정리하며 읽어야 한다. 모르는 단어와 숙어뿐 아니라 문장까지 잘 정리해두고 그것을 반복적으로 읽어서 자신의 것으로 만드는 연습을 해야 한다. 고등학교에 들어가면 중학교와 다르게 어휘가 폭발적으로 증가한다. 대표적인 어휘들을 미리 정리해두지 않으면 고등학교에 진학해 아주 고생을 하게 된다. 예를 들어 'keep from'이라는 숙어는 '－을 삼가다'란 뜻이다. 비슷한 숙어로 abstain from, refrain from, stop from 등이 있다. 이런 숙어들은 중학생들에게는 생소하게 느껴질 것이다. 하지만 고등학교의 지문과 수능에서는 빈번히 등장하는 것들이다. 이런 차이를 미리 대비하지 않으면 나중에 힘이 들 수 있다.

수학의 경우 더 주의가 필요하다. 중3까지 수학을 좀 못했던 학생들도 고등학교의 내용을 미리 준비하면 수학을 잘할 수 있다. 중3까지 그렇게 괴롭히던 도형 문제가 고1부터는 별로 나오지 않는다. 고등수학 상권과 하권은 중학생들이 대부분 했던 내용들이다. 그러므로 중3 때 미리 이 내용들을 잘 정리해둔다면 고등학생이 되어 여유 있게 생활할 수 있다. 고등학생들이 가장 많이 보는 대표적인 수학 서적에는 『수학의 정석』과 『개념원리』, 『쎈수학』 등이 있다. 『수학의 정석』이나 『개념원리』 등 기본서적을 한 권 선택해서 반복적으로 공부하는 것이 좋다. 『쎈수학』은 문제집이므로 기본서를 보고 나서 참고해서 같이 풀면 상당히 도움이 된다.

혹시 이과에 진학할 중3 학생이라면 중3 겨울방학이 끝나기까지 고등수학 상권·하권을 다 보는 것이 좋다. 그리고 시간이 되면 수학1에 대한 공부도 미리 해두어야 한다. 고등학생이 되면 문과에서는 '고등수학 상/하', '수학1' '미분과 통계 기본', 이과에서는 '고등수학 상/하', '수학1', '수학2', '적분과 통계', '기하와 벡터' 등의 과목을 다 공부해야 한다. 특히 이과일 경우에는 고등학생이 되면 수학을 공부할 시간이 상당히 부족하다. 그러므로 중3 겨울방학까지 고등수학을 다 정리해두기만 하면 나중에 크게 고생하지 않을 수 있다. 물론 수학만 공부하라는 뜻이 아니다. 시간이 많이 소비되는 과목을 미리 준비해두면 고등학생이 되었을 때 다른 여러 과목에 대한 공부나 다양한 활동들에 시간을 낼 수 있다.

현재 대학에 진학하는 방법은 정시의 수능, 수시 모집, 입학사정관을 통하는 방법 등 크게 세 가지가 있다. 수시 모집이나 입학사정관을 통하는 방법은 내신이 중요한 자료가 된다. 수시의 경우 논술을 반드시 대비해야 하고 입학사정관제에서도 독서 이력이 상당히 중요한 자료가 된다. 정시 수능의 경우 내신은 큰 비중을 차지하진 않지만 수능 점수가 중요하다.

이런 여러 상황에서 가장 중요한 것은 역시 독서 능력이다. 1부에서 독서의 중요성을 자세하게 강조했지만, 독서는 현실적으로도 다양한 전형의 기본이 된다. 논술에서도, 수능의 언어 영역과 외국어 영역에서도 독서 능력은 아주 중요하다. 긴 문장을 읽고 그 대의를 빠르게 파악하는 독서 능력은 모든 공부의 근본이 된다. 그러므로 영어, 수학과 더불어 중3 학생들은 독서 능력을 키우는 데 시간을 많이 할애해야 한다. 물론 논술 학원을 다니는 것도 한 방법이 될 수 있겠지만, 스스로 많은 책을 읽고 그것을 잘 정리하는 연습을 하는 것이 더 낫다. 앞에서 이야기했듯이 독서카드를 작성하고, 신문의 사설이나 칼럼을 이용하는 것이 매우 효과가 있다.

사회적인 문제에도 관심을 가지는 것이 좋다. 1부에서 자세히 설명한 대로 사설이나 칼럼의 주제를 매일 한두 개씩 정리해보면 사회적인 시각을 가지는 데 상당한 도움이 된다. 독서와 독서카드 정리는 해도 되고 하지 않아도 되는 문제가 아니다. 대학에 진학하기 위해서는 반드시 해야만 할 일이다. 어떤 친구들은 영어 문장을 다 해석해놓고도 그 주제를 찾지 못해 틀리는 경우가 있다. 언어 영역에서 가장 많이 출제되는 문제는 긴 문장을 해석하는 '비문학 독해' 문제이다.

독서카드와 더불어 매일 일기를 쓰는 것도 상당히 도움이 된다. 초등학교 때 일기를 쓰고 그간 상당히 일기를 멀리했을 것이다. 매일 몇 줄이라도 일기를 적어보면 논술 능력에 상당한 보탬이 된다. 고등학교에 가면 논술 공부를 할 시간이 많이 줄어든다. 상대적으로 시간이 있는 중학교 3학년 때 독서와 작문 능력을 길러둔다면 고등학교에서는 다른 준비를 여유 있게 할 수 있다. 독서와 작문 능력은 하루 이틀에 길러지는 것이 아니다. 많은 노력과 긴 시간이 필요하다. 고등학생이 되어 이런 것들을 준비하려면 어쩔 수 없어 영어와 수학의 공부 시간을 줄여야만 한다. 그래서 논술 준비 때문에 수능을 망치는 고등학생들도 많다. 또한 논술 연습을 많이 해두면 입학사정관제나 수시 모집에서도 유리한 위치를 차지할 수 있다.

중3의 시기는 새로운 출발점이 될 수 있다. 지금까지 공부를 제대로 못한 학생이라면 다시 시작할 수 있는 좋은 기회이다. 고등학교에 들어가서는 지금처럼 낙오자가 되지 않겠다는 각오를 하고 중3 시기를 잘 보내면 반드시 역전을 할 수 있다. '고등학교 1학년부터 열심히 공부해야지.' 하고 생각한다면 큰 오산이다. 고등학생이 되면 학교 수업, 봉사 활동, 학원 수업 등 정신없이 시간이 지나가버린다. 더 늦기 전에, 고등학생이 되기 전에 새롭게 시작해야 한다.

기초가 튼튼하면 그 위에 집을 짓는 것은 그리 힘든 일이 아니다. 이 책의 공부 방법은 가장 중요한 기초를 다지는 것들이다. 아직까지도 그 방법을 터득하지 못했다면 매일 이 책을 읽고 그것을 자신의 몸으로 만들기 위해 노력해야 한다. 중3 1년 동안 몸으로 하는 학습법을 잘 익혀둔다면 고등학생 때는 기초 위에 아름답고, 튼튼하고, 좋은 집을 지을 수 있을 것이다.

본격적인 공부를 시작해야 할 고등학교 1학년

수시 모집에서 최저 학력 등급을 맞추지 못해 탈락하는 학생들이 있다. 그래서 실제로 수시로 모집되는 학생은 이보다 조금 적기는 하지만, 수시 모집은 전체 모집 정원의 반 이상을 선발하게 되어 있다. 심지어 연세대학은 모집 정원의 80퍼센트를 수시 모집으로 하겠다는 계획이다. 입학사정관제도로 선발하는 인원도 점차로 증가하는 추세다.

이런 입시제도에서 내신은 아주 중요하다. 심지어 수시 모집에서 학생부 100퍼센트로 뽑는 학교들도 늘어나고 있다. 이런 상황은 우수한 학생을 우선적으로 모집하려는 대학 간 경쟁이 빚어낸 것이다. 정시에서 수능 100퍼센트로 뽑는 대학이 늘어나는 것도 같은 경향 때문에 나타난 현상이다. 학생들은 복잡한 입시 과정을 거치지 않고 쉽게 들어가는 것을 선호하기 때문에 대학이 그에 발을 맞춘 것이다.

고등학교 내신은 대학 입시에 직결되는 만큼 아주 잘 관리해야 한다. 수시와 입학사정관제도로 지원할 때 내신은 상당한 영향력이 있고 정시에서도 내신이 포함된다. 그러므로 내신에 대한 준비를 잘 해야 한다. 서울대의 경우 전 과목이 포함되고 타 대학의 경우 국어 · 영어 · 수학 · 사회 · 과학 등 주요 과목이 포함되므로 시험 때가 되면 어떤 과목도 소홀히 해서는 안 되는 상황이다. 하지만 실제 시험 준비를 해보면 영어 · 수학 등은 시간이 많이 소모되는 과목이므로 결국은 다른 과목까지 좌우하게 된다. 따라서 평소에는 시간이 많이 소비되고 단위수가 높은 영어 · 수학 · 국어 등의 과목을 중심으로 착실히 정리를 해두어야 한다.

1부에서 독서를 아주 강조했다. 매일 1시간 정도 독서를 하고, 독서 카드를 이용해 읽은 내용을 잘 정리하고, 신문 사설이나 칼럼을 통해 사회적인 문제들에 대해 관심을 가지는 것이 중요하다고 강조했다. 고등학생이 되면 이 부분이 아주 중요해진다. 효과적인 독서 방법을 익히면 수시 모집에서 논술, 수능에서 언어 영역과 영어에도 결정적인 도움을 준다. 아직까지도 독서에 취미를 갖지 못한 학생들은 지금부터라도 생활이 되도록 노력해야 한다. 고등학생이 되어서도 PC방을 헤매고 컴퓨터 게임에서 벗어나지 못한다는 것은 자신의 미래를 짓밟는 일이다. 고등학생이 되었으면 이제는 생활 습관을 절제하고, 독서를 좋은 취미로 삼아야 한다. 독서가 힘이 들면 소설부터 시작하는 것도 좋다. 그러나 학생들이 많이 읽는 판타지 소설은 피하는 것이 좋다. 고전들도 재미있는 책들이 얼마든지 있다. 하루에 30분씩 일부러라도 책을 읽어본다면 며칠이 지나지 않아 책이 주는 재미를 느낄 수 있을 것이다.

　이제 고등학생이 되었으므로 단순히 책을 읽는 것에 그쳐서는 안 된다. 읽은 내용을 독서카드에 잘 기록해두어야 하고, 그것을 남들에게 말할 수 있어야 하고, 논술에 적용할 수 있어야 한다. 일주일에 한 편 정도는 논술을 해보는 것이 좋다. 학원을 다니면서 논술을 준비할 수도 있겠지만, 그럴 여건이 안 된다면 혼자 읽은 책의 내용을 적어보고 주변에 있는 선배들이나, 부모님, 학원 선생님들에게 첨삭을 부탁하는 것도 좋다. 신문 사설을 통해 정리한 내용들을 가지고 한 편의 글을 써보는 것도 좋다. 글을 쓸 때에는 문방구에 가서 천 자 원고지를 구입해서 써보는 것이 실전 연습이 될 수 있다. 글은 쓸수록 는다. 일기를 쓰든, 편지를 쓰든 무조건 많이 써보는 것이 도움이 된다. 일상적으로 글을 쓰는 것에 익숙하지 않으면 아무리 학원을 다닌다 해도 논술 능력이 좋아지지 않는다. 심지어 논술 100퍼센트로 학생을 뽑는 대학들도 있다. 논술에 왕도는 없다. 무조건 많이 읽고 많이 생각해보고 많이 써보는 것만이 좋은 글을 쓸 수 있는 방법이다.

최근에 도입된 입학사정관 제도는 점차 확대되는 추세이다. 이는 정부의 사교육 절감 대책의 일환으로 도입된 것인데, 사실 학생들이 그 취지에 맞게 준비하는 것도 쉬운 일은 아니다. 입학사정관제에 의해 대학에 진학하려면 우선 특정 학과에 대해 뚜렷한 목적의식을 가지고 있어야 한다. 입학사정관제는 주로 서류와 면접을 통해 학생을 선발하는 제도이다. 그러므로 자신이 지원하는 대학에서 요구하는 인재상에 맞아야 합격할 수 있다. 사실 고등학교 1학년 때 벌써 대학을 정하고 그 대학의 전형 요소에 맞게 준비를 한다는 것은 힘든 일이다. 그러므로 고등학교 1학년 때에는 우선 자신이 원하는 대학과 학과의 범위를 조금 넓게 잡을 필요가 있다. 그리고 그 방향에 일치하는 여러 가지 활동을 구체적으로 펼쳐나가는 것이 좋다.

예를 들어 국사학과에 진학하고 싶다면 국사 관련 책을 다양하게 읽고 그 독서 내용을 잘 정리해둘 필요가 있다. 그리고 각종 학술 대회에 참석하고 그 기록을 남겨두고 감상을 정리해두거나 국사와 연관된 각종 사회 운동에 참여해보는 것도 좋다. 학교의 국사 과목을 열심히 공부하는 것은 말할 것도 없다. 가능하면 동아리 활동도 국사와 연관된 것들을 하는 것이 좋고 여행도 국사 탐방을 위주로 하는 것이 좋다. 이처럼 자신이 원하는 특정 학과에 방향을 맞추어 적극적으로 활동하다 보면 뚜렷한 방향이 나타날 것이다. 인터넷을 통해서도 선배들의 합격 수기를 찾아볼 수 있을 것이다. 선배들의 조언을 통해 구체적인 방법을 참고할 수도 있다.

여러 활동도 공부를 소홀히 하고 이루어져서는 안 된다. 입학사정관제 전형도 학생부가 포함되거나 수능 최저 등급을 제한하는 대학들이 있기 때문이다. 고등학교 1학년 때에는 여러 가능성을 펼쳐두고 공부와 활동을 병행하는 것이 필요하다. 워낙 입시제도가 다양하고 복잡하기 때문에 고등학교 1학년들은 어떻게 생활해야 할지 막막하게 느낄 때가 많을 것이다.

우선 좋은 대학에 진학해서 좋은 직업을 가지고 좋은 삶을 살겠다는 각오부터 단단히 다지는 게 필요하다. 그리고 이제 고등학교에서 새로운 생활을 시작했으니, 무엇보다 좋은 학교생활이 되도록 노력하는 것이 필요하다. 중학교와는 달리 고등학교는 지역이 다른 다양한 학생들이 모여 있는 경우가 많다. 자연스럽게 친구가 되던 중학교 때와는 달리 조금 의식적인 노력을 기울여야 좋은 인간관계를 가질 수 있다.

좋은 학교생활이 모든 일의 출발점이라는 것을 잊지 말아야 한다. 수업에도 열심히 참여하고, 동아리 활동도 열심히 하고, 친구들과 선생님들과도 좋은 관계를 가지려고 노력하는 시기가 되어야 한다. 고등학생이란 '높은 수준의 학생'이라는 뜻이다. 그러므로 중학생 때의 나쁜 습성들을 고등학교 때에는 하나씩 고쳐나가려고 노력해야 한다. 공부에 대해 아직 적절한 태도를 갖지 못한 학생이라면 이 책이 큰 도움이 되리라 믿는다.

　고등학교 1학년을 600명 중 300등으로 시작한 한 친구는 매년 100등씩 등수를 올려 결국은 서울대에 진학했고, 지금은 정부의 중요한 공무원이 되어 있다. 언제든 아주 늦은 때란 없다. 꿈을 가지고 다시 시작하면 길은 열린다.

입시를 준비하는 고등학교 2학년

고2 정도가 되면 이제 대략 자신이 어디에 초점을 맞추어 공부해야 할지 알고 있을 것이다. 내신이 월등하게 좋다면 수시에 초점을 두어 공부하고 논술을 본격적으로 준비할 것이다. 특정 분야에 대해 깊은 관심을 가지고 다양한 교내·교외 활동을 하고 있다면 입학사정관제 전형을 준비해야 할 것이다. 물론 아직까지 구체적인 방향을 잡지 못하고 있는 학생들도 많이 있을 것이다.

　고등학교 2학년은 우선 자신이 학교생활을 성실히 하고 있는지를 반성해봐야 한다. 1학년 때 좋은 성적을 얻지 못했다면 학교생활을 성실히 못했기 때문이다. 수업에 열심히 참여하지 않았고, 예습과 복습을 열심히 하지 않았고, 학교 교과서를 충분히 공부하지 않았고, 적절한 도움을 학원에서 제대로 받지 못해서이다.

　학교는 학생에게 가장 중요한 공간이다. 가장 많은 시간을 학교에서 보낸다. 그러므로 학교에서 성실한 삶을 살지 못했다면 생활이 성실하지 못하다는 것을 의미한다.

　물론 학교가 마음에 들지 않을 수 있다. 선생님이 못 가르친다고 느낄 수도 있고, 친구들이 좋지 않다고 느낄 수도 있다. 하지만 지금 자신이 가장 많은 시간을 보내고 있는 학교를 소중히 여기는 것에서 모든 일이 출발되어야 한다. 그러므로 고등학교 2학년이 된 학생들은 우선 좋은 학교생활을 복원하는 일에 가장 많은 관심을 두어야 한다. 수업에 진지하게 참여해야 하고, 선생님들과 좋은 관계를 가져야 하고, 친구들과 우정을 쌓아야 한다. 학교에서의 생활이 즐겁고 보람된 것이 될 수 있도록 하기 위해 자신이 무엇을 해야 하는가를 가장 먼저 생각해야 한다. 학원은 학교에서 배운 수업을 보충하는 배움터이다. 학교에서 더 잘 배우기 위해, 학교에서 배우는 것들 중 모르는 것을 알기 위해 다니는 곳이 학원이라고 생각해야 한다. 학교에서는 불성실하고 학원에서 열심히 공부하려 한다면 좋은 결과를 얻기는 어렵다.

그러므로 모든 공부의 중심은 충실한 수업 준비에 있다. 영어와 수학은 반드시 예습을 하고 수업을 들어야 한다. 선생님이 잘 못 가르친다고 생각하는 학생들이 많이 있다. 그러나 어떤 선생님도 나보다는 더 많이 알고 있으며, 선생님의 말을 제대로 이해하지 못하는 것은 내 잘못 때문일 수도 있다고 생각하는 것이 좋다. 무엇보다 미리 예습을 하고 수업을 들어보라. 선생님의 수업이 다르게 들릴 것이다.

내신 준비를 충실히 해나간다면 수능에 대한 준비도 병행하는 것이 된다. 고2 때에는 영어와 수학의 내용이 상당히 어려워진다. 영어의 경우 복잡한 어휘와 어려운 문법의 문장들이 많이 등장한다. 앞에서 이야기한 대로 오답노트에 모르는 단어, 숙어, 문법 등을 정리하고 해석이 잘 안 된 문장들도 적어두어야 한다. 그리고 반복적으로 읽기만 하면 된다. 영어를 못하는 이유는 이처럼 단순한 반복의 과정을 거치지 않기 때문이다. 영어 문장을 반복적으로 읽는 것은 아주 중요한 일이다.

고2는 단순히 내신만이 아니라 수능을 위해 진정한 실력을 쌓아야 할 때이다. 단기간에 반짝 정리해서 시험만 보고 잊어버리는 것이 아니라 내신을 준비하면서도 그것이 수능과 이어지도록 해야 한다. 그렇게 하기 위해서는 모르는 것을 잘 정리하고 반복해서 나의 몸에 익숙해지도록 하는 오답노트를 반드시 활용해야 한다.

수학의 경우에도 학교에서 많은 교재와 부교재를 다룰 것이므로 이것들을 우선적으로 풀어야 한다. 학원에서는 공통의 교재를 사용할 것이다. 기본서와 병행해서 학교 교과서나 학교에서 내주는 프린트 문제를 평소에 계속해서 풀어야 한다. 시험 때가 되면 이것들을 제대로 풀지 못해 성적이 낮은 학생들을 많이 보게 된다. 실컷 공부해놓고 시험의 일차적인 출제 내용인 교과서나 부교재를 공부하지 못해 성적이 나오지 않는다면 안타까운 일이 아닐 수 없다.

학원에서 다른 교재로 진도를 나가더라도 자신은 학교의 문제를 병행해서 풀어야 한다. 그리고 그에 대해 학원에서 도움을 받는 것이 좋다. 특히 이과의 경우 수학의 양이 상당히 많아진다. 따라서 여름방학에는 특별히 수학 선행학습을 해두는 것이 필수적이다. 사실 현재 고등학교 때 수학의 양은 학생들에게 상당히 힘겨운 정도이다. 그러므로 방학에는 수학을 중심으로 영어와 독서를 병행하는 것이 필요하다.

학교 수업을 충실히 들으면서 다양한 전형에 대한 준비를 더불어 해야 한다. 만약 입학사정관제 전형을 준비한다면 이른바 '스펙 쌓기'를 소홀히 해서는 안 된다. 자신이 관심 있는 분야를 정하고, 수시로 그 분야에 대한 독서와 현장체험을 하고 기록으로 남겨두는 것이 좋다. 책을 읽었다면 그 책에 대한 독후감을 반드시 적어서 남겨두어야 한다. 현장을 방문했다면 사진과 더불어 다양한 근거들을 모아서 방문기를 작성해두는 것이 좋다. 이런 자료들을 잘 모아두고 스스로 해당 분야에 대한 관심을 지속적으로 가지는 것이 가장 좋은 방법이다. 특별히 학원에 다닌다든지 하는 것은 오히려 좋지 않은 결과를 낳을 수 있다. 그 시간에 차라리 관심 분야의 책을 읽거나 현장 방문을 하는 것이 더 나을 것이다.

수시에 지원할 수 있다면 무엇보다 논술을 잘 준비해야 한다. 현행 논술은 대부분 두세 개의 지문을 제시하고 그 지문을 분석하고 종합하는 형식의 문제들이 자주 출제된다. 그러므로 우선 인문·사회·과학·철학 등에 대한 다양한 지식을 쌓는 것이 필요하다. 시중에는 논술을 대비하기 위한 다양한 서적들이 이미 출간되어 있다. 평소에 다양한 책들을 통해 독서 능력을 키우는 것이 필요하지만, 시간이 부족할 때에는 여러 분야를 간략하게 소개해둔 논술 참고서적을 읽는 것도 큰 도움이 된다. 인문·사회·과학·철학 등에서 대체로 어떤 문제들이 있는지, 개론적인 수준의 지식을 정리한 책들이 많이 나와 있다. 이들 책을 이용해서 전반적인 문제들을 파악하는 것도 큰 도움이 된다.

물론 인터넷을 이용하는 것도 좋은 방법이다. 예를 들어 네이버의 '오늘의 인물' 같은 난을 애독하는 것도 아주 좋은 방법이 될 수 있다. 인터넷에는 무료로 이용할 수 있는 다양한 논술 사이트들이 있다. 그 사이트들을 검색해서 여러 가지 다양한 내용들을 수시로 참고해보는 것도 좋다. 그저 읽지 말고 반드시 편집을 해서 프린트를 한 다음 정리하면서 읽어야 한다. 한 번 읽고 지나가버리는 것과 자료로 만들어두고 다시 펼쳐보는 것은 매우 큰 차이를 낳는다.

앞에서 책을 읽고 정리하는 방법과 신문 사설이나 칼럼을 정리하는 방법에 대해 상세하게 이야기했다. 고등학교 2학년 때부터는 본격적으로 글 쓰는 연습을 해야 한다. 좋은 글을 쓰기 위해서는 좋은 글을 많이 읽어야 한다. 앞에서 이야기한 신문 사설이나 칼럼을 이용하는 방법은 논술에 아주 직접적인 도움을 줄 것이다. 신문 사설이나 칼럼은 논술과 가장 유사한 형태이기 때문이다. 하루에 두 편 정도만 잘 정리하더라도 상당한 기본 지식을 쌓을 수 있고 논술에 대한 실전 연습을 하는 것이 된다.

수시에 지원할 가능성이 많은 시기이므로 적어도 두 주에 한 편 정도는 실전 논술을 해보는 것이 좋다. 인터넷을 검색하면 각 대학의 기출 문제들을 얼마든지 얻을 수 있다. 이 문제들을 프린트해서 실제로 논술을 해보고 모범 답안과 자신이 쓴 글을 비교해보는 연습을 해야 한다. 특히 이과의 수리 논술은 수학, 과학 지식과 논술 능력이 동시에 필요하므로 평소에 수학과 과학에 대한 공부를 열심히 하고 관련 서적을 많이 읽어야 한다. 이런 여러 가지 준비를 혼자 할 수 없다면 논술 학원을 다니는 것이 필요하겠지만, 논술은 단기간에 실력이 늘 수 없고 꾸준한 독서와 실전 연습만이 해결방법이라는 것을 잊어서는 안 된다.

고등학교 1학년과 2학년 초에 성적이 좀 좋지 않았더라도 결코 실망할 필요가 없다. 다시 시작하면 된다는 생각을 가지면 된다. 한 번 실패한 재수생들도 10개월 만에 엄청난 성적 향상을 이루기도 한다. 고등학교 2학년은 결코 실망해서 포기할 시기가 아니다. 지금부터 시작해도 결코 늦지 않다. 고등학교 3학년과 재수생에 비교하면 2년이라는 시간이 남아 있다고 생각하고 다시 공부를 시작하자.

　고등학교 2학년은 어느 정도 정신적으로도 성인에 가까운 시기이고 자신의 미래에 대해 본격적으로 생각하고 대비해야 한다. 앞으로 어떤 대학에 진학해서 어떤 직업을 가지고 살아갈지 곰곰이 생각해보고 그 준비를 하는 시기가 되어야 한다. 앞에서 이야기한 대로 우선은 학교생활과 가정생활을 모범적으로 복원해야 한다. 자신의 판단과 행동에 따라 긍정적인 삶을 살 수도 있고 부정적인 삶을 살 수도 있다. 긍정적인 삶을 살려고 노력하고 그것을 행동을 통해 실천해야 한다. 그리고 시행착오를 했더라도 이를 통해 적극적으로 배워나가야 한다.

　나는 고등학교 2학년 제자들에게 이런 이야기를 한다.

　"지금 1시간 공부하면 고3이 되어 10시간 공부하는 것보다 낫고, 지금 1시간 공부하면 나이 들어 1년 노력하는 것보다 더 많이 인생을 바꿀 수 있다."

　이 책에 등장하는 많은 선배들도 노력을 통해 인생의 행로를 바꾸었다. 노력하기만 누구든 할 수 있고 무엇이든 될 수 있다. 지금까지 노력하지 않았다면 이제는 더 늦출 수 없는 시기가 되었다. 잠을 자다가도 공부에 대한 걱정 때문에 벌떡 일어날 정도로 긴장해야 할 시기인 것이다. 그렇다고 강박관념을 갖거나 섣불리 포기할 필요는 없다. 미래는 자신의 노력에 따라 얼마든지 달라질 수 있다는 생각을 가지고 미래를 위해 하루하루 준비하면 된다. 얼마나 꾸준히, 얼마나 열심히 하느냐에 따라 결과도 달라질 수 있다.

승부수를 던져야 할 고등학교 3학년과 재수생

고2 겨울방학은 참 힘든 시기이다. 이제 고3이 된다는 중압감이 있기 때문이다. 특히 고등학교 1학년, 2학년 때 제대로 공부를 하지 않은 학생들은 아주 조급해질 수 있다. 그래서 다시 공부를 시작하려고 해도 어디에서부터 시작해야 할지 암담하게 느껴질 것이다. 고3이 되는 겨울방학은 그래서 가장 중요한 시기이다. 겨울방학이 고3 전체를 좌우한다고 해도 과언이 아니기 때문이다. 물론 대학 입시에 한 번 실패한 재수생의 경우도 마찬가지이다. 가고 싶은 대학에 갈 수 있는 성적이 나오지 않아 다시 한 번 도전할 생각이라면 빨리 공부를 시작해야 한다. 내년부터 시작하겠다고 생각하면 이미 늦다. 수능 성적이 발표되기도 전에 공부를 시작하는 재수생들도 있는데, 보통 이런 학생들은 결국 성공한다.

　고3이 되는 겨울방학에 가장 우선적으로 해야 할 것은 영어와 수학의 기초를 확인하는 일이다. 공부를 제대로 하지 못한 학생이라면 겨울방학 동안 고등수학과 수1 정도는 완벽하게 복습을 해야 한다. 기본서적을 본 것이 있다면 그것을 다시 반복하는 것이 좋다. 기본서적을 제대로 공부하지 않았다면 다시 기본서적을 정하고 그것을 방학 동안 전체적으로 다 봐야 한다. 겨울방학 동안 시간을 낸다면 고등수학과 수1을 한 번 볼 수 있다. 고등수학은 모든 수학의 기초가 되는 부분이다. 이 부분을 제대로 복습하지 않으면 수1이나 수2, 미분·적분 등을 제대로 알 수 없다. 고3이 되어 이 부분에 대해 복습을 하는 것은 사실상 어려운 일이다. 그러므로 겨울방학이 끝나기 전에 반드시 이 부분을 한 번 정리하고 넘어가야 한다.

영어는 여러 책을 가지고 공부해왔을 텐데, 겨울방학에는 두꺼운 단어 숙어집을 한 권 선택해서 통독하는 것이 우선 필요하다. 나름대로 단어 공부를 해왔겠지만 혹시 편중되게 공부했을 수도 있기 때문이다. 중요한 단어와 숙어들을 전체적으로 한 번 정리하면 고3이 되어서 아주 편하게 공부할 수 있다.

문법서적도 한 권 선택해서 전체 내용을 다 훑어보는 것이 좋다. 실제로 고3이 되면 실전 문제들을 많이 다루기 때문에 따로 문법을 정리하기 어려운 경우가 많다. 겨울방학을 이용해 영문법을 전체적으로 한 번 정리하고, 고3 때 모르는 부분을 틈틈이 찾아 복습을 하면 아주 효과적인 영어 공부가 될 수 있다.

겨울방학에는 너무 큰 욕심을 내지 말고 수학은 고등수학과 수1, 영어는 기본 단어·숙어와 문법 정도만 제대로 정리하면 된다. 그러면 고3을 향한 아주 좋은 출발이 될 수 있다. 물론 기본적인 내용을 정리한 친구들은 다시 기본서를 볼 필요가 없겠지만, 적어도 한 번 정도는 다시 중요한 내용들을 훑어보는 것이 꼭 필요하다.

방학이 끝나기 전에 1년 전체의 계획을 세우는 것이 좋다. 나는 2월에서 5월, 6월에서 7월, 8월에서 10월, 11월로 나누어 학생들을 공부시켜

왔다. 2월에서 5월은 언어 영역과 영어, 수학의 기본서를 철저하게 공부하는 기간이다. 6월에서 7월에는 기본서의 내용을 연습 문제나 조금 어려운 참고서를 통해 총 복습하는 기간이다. 8월에서 10월까지는 사회탐구나 과학탐구 영역을 본격적으로 정리하면서 언어와 영어, 수학은 문제풀이를 하는 단계이다. 11월에는 매일 실전 모의고사를 풀이한다.

겨울방학 때 영어와 수학의 기초를 단단히 다졌다면 2월에서 5월까지는 영어와 수학의 전체적인 내용을 충분히 자신의 것으로 만들어야 한다. 우선 기본서를 정해야 한다. 수학의 경우 고등학생들이 가장 많이 보는 『수학의 정석』을 기준으로 이야기해보면, 우선 5월이 될 때까지 『정석』의 기본문제와 유제를 철저하게 다 풀이해야 하고 암기해야 한다. 암기한다는 것은 문제를 전부 암기한다는 것이 아니다. 문제를 보자마자 풀이 과정이 환하게 떠오를 정도가 되면 문제가 암기된 것이다.

이렇게 하기 위해서는 잘 풀리지 않는 문제를 형광펜으로 표시하고 자주 반복적으로 펼쳐보아야 한다. 지하철이나 버스를 타고 등교할 경우 영어 단어를 공부하는 것도 좋지만, 잘 풀지 못한 수학 문제를 펼쳐서 읽어보는 것도 상당한 도움이 된다. 수학은 펜을 잡고 연습장에 풀어야 공부하는 것이라고 생각하는데, 단순히 읽고 그 풀이 과정을 떠올려보는 것만으로도 상당한 복습이 된다.

영어의 경우 이 시기까지 단어와 숙어, 기초문법이 충분히 정리되지 않았다면 그것들을 정리할 수 있는 교재를 선택하는 것이 필요하다. 어떤 책을 보든 한 문장 한 문장 철저히 정리하고 모르는 단어와 숙어를 오답노트에 정리한다. 또 해석이 잘 안 되는 문장 역시 오답노트에 정리해서 반복적으로 읽어야 한다.

이 시기부터 빠른 속도로 많은 문장을 읽는 연습을 하는 학생들이 있는데, 그것은 좋지 않은 방식이다. 실전 문제를 많이 풀고 연습하는 것은 시험이 임박해도 충분히 할 수 있는 일이다. 많은 실전 문제를 빠른 속도로 풀이하는 공부만 한 학생들은 실제 수능에서 성적이 떨어지게 된다. 답은 맞지만 한 문장씩 해석해보라고 하면 대부분 제대로 해석을 하지 못하는 경우가 많기 때문이다.

한 문장씩 정리하고 모르는 것을 꼼꼼히 정리하는 습성을 가져야 한다. 그리고 정리한 것을 반복적으로 공부해야 한다. 앞에서도 이야기했지만, 어학의 습득은 반복적인 노출의 결과이다. 영어를 잘하고 싶다면 영어를 사용하는 나라에 가서 살면 된다. 그렇게 할 수가 없다면 영어를 반복적으로 보고 듣고 쓰고 사용하는 방법 외에 다른 길이 있을 수 없다. 읽으면서 자연스럽게 지독, 직해가 될 때까지 반복해서 보는 것이 가장 중요하다. 이런 반복을 통해 모르는 단어와 숙어, 문장들을 하나씩 자기의 것으로 만들어 익숙해지면 언젠가 어떤 문장이든 자연스럽게 해석할 수 있게 된다.

언어의 경우 기본서를 공부하면서 일주일에 모의고사를 하나씩 풀게 한다. 주말에는 모의고사를 하나씩 풀이하고 채점하고 오답을 시험지에 정리하도록 했다. 그리고 일주일 동안 매일 빠른 속도로 틀린 문제를 한 번 훑어보도록 했다. 일주일만 반복해보면 대략 어떤 문제를 틀렸다는 것이 환하게 떠오른다. 그리고 다음 주에 또 모의고사를 보고 채점하면 비슷한 문제를 또 틀리게 된다. 이렇게 몇 주를 반복하다보면 자주 틀리는 문제들은 시험지에서 그 위치까지 대략 알게 된다.

사실 현재 수능에서 언어 영역은 자료 제시형 문제를 가장 많이 출제한다. 사전 지식이 없더라도 주어진 지문을 잘 분석하면 해답을 찾을 수 있는 경우가 많다. 그러므로 실전 문제를 많이 풀이하는 것이 가장 큰 도움이 되는 과목이 바로 언어 영역이다. 물론 다양한 지식들이 있다면 더욱더 좋을 것이다. 언어 영역에 대한 다양한 지식을 쌓는 것과 함께 실전 문제 풀이 연습을 많이 하는 것이 가장 효율적이다.

영어나 수학, 언어 영역에 대한 공부가 어느 정도 되어 있다면 사회탐구나 과학탐구에 대한 공부를 더 할 수 있을 것이다. 하지만 이 시기에는 주요 과목에 시간을 더 투자해서 집중하는 것이 필요하다. 그렇다고 사회탐구나 과학탐구를 완전히 소홀히 해서는 안 된다. 탐구 영역은 학교 수업과 온라인 수업을 동시에 이용하는 것이 바람직하다. 학교에서 수업을 열심히 듣고 해당 진도를 EBS나 다른 온라인 수업에서 듣고 가장 중요한 부분에 표시만 해두더라도 나중에 상당히 큰 효과를 볼 수 있다. 매월 모의고사를 보기 이틀 전에는 탐구 영역을 시험 범위에 맞추어 한 번 정리해야 한다. 완벽하게 정리하지 못한다 하더라도 전반적인 내용을 따라가는 것이 필요하기 때문이다.

수시를 준비하는 학생이라면 본격적인 논술 실전 연습을 주 1회 이상 반드시 해야 한다. 논술에 대한 대비는 이미 1부에서 언급을 했다. 독서카드를 작성하고 신문의 사설이나 칼럼을 잘 정리하는 것이 큰 도움이 될 것이다. 이때부터는 실전 문제를 찾아서 시간을 정해 쓰는 연습을 해야 한다. 수시를 준비하는 학생들이 꼭 염두에 두어야 할 일은 수시에서 반드시 합격한다는 보장이 없다는 사실이다. 그리고 많은 대학은 합격 최저선을 설정해두고 있다. 그러므로 정시 수능에 대한 준비를 결코 게을리 해서는 안 된다는 점이다.

나는 지도하는 학생들에게 수시는 '덤'이라고 생각하라고 이야기한다. 되면 좋고 안 되더라도 정시가 있다는 생각으로 준비해야 한다. 수시에 모든 것을 걸고 오로지 내신과 논술만 준비한 학생들이 결국 실패해서 정시까지 실패하는 경우가 많다는 점도 참고할 필요가 있다.

영어와 수학의 기본적인 내용이 어느 정도 정리되었다면 6월에서 8월까지는 심화 문제를 푸는 것이 좋다. 예를 들어 『수학의 정석』의 연습 문제나, 『쎈수학』의 C – step에 도전해보는 것이 좋다. 심화 문제를 빠른 속도로 풀면서 전체 내용을 두 달 동안 복습하면 아주 효과적이다. 영어는 이때부터 모의고사를 풀어야 한다. 일주일에 모의고사 1회 정도를 풀이하고 그 내용을 세심하게 정리하면 된다. 이때까지도 문제 푸는 연습을 하지 말고 한 문장씩 해석하는 공부를 계속해나가야 한다. 문제 유형을 익히고 문제 풀이 방식을 공부하는 것은 9월 이후에 해도 충분하다.

영어에 기초가 덜 된 학생들은 10월 말까지도 단어와 숙어를 암기해야 한다. 11월이 되어서 모의고사를 풀이해도 충분히 연습이 된다. 해석이 안 되어서 틀리는 것이지 문제 풀이 기법을 몰라서 틀리는 것이 아니기 때문이다.

이 시기에는 영어와 수학, 언어 영역의 가장 핵심적인 내용에 대한 정리를 반드시 끝내야 한다. 이 시기가 되기까지 중요 과목에 대한 핵심

정리를 제대로 하지 못했더라도 주요 과목을 포기해서는 안 된다. 사실 대입에서 주요 과목이 차지하는 비중은 상당히 크다. 이 시기가 되면 영어나 수학을 포기하고 다른 과목에 집중하겠다는 학생들이 있는데, 그렇게 되면 탐구 영역이나 언어 영역에서 좋은 성적을 받더라도 원하는 대학에 가는 것이 힘들어질 수 있다. 영어나 수학은 시험 보기 전날까지 계속해야 한다는 자세로 공부해야 한다.

방학이 되면 특히 집중적으로 영어와 수학에 대한 마무리를 해야 한다. 방학이 끝날 때까지라도 영어와 수학의 맥락을 잡는다면 입시에서 성공할 수 있다.

8월이 되면 영어와 수학, 언어 영역은 실전 문제 풀이로 들어가야 한다. 그리고 사회탐구와 과학탐구 공부를 본격적으로 시작해야 한다. 영어는 매주 1회씩 모의고사를 풀이하던 것을 계속해나가면서 다양한 기출문제들을 풀어보는 것이 좋다. 수능 기출문제는 쉽게 구할 수 있으므로 10년 정도의 분량을 다 풀이해보아야 한다. 그리고 모의 수능이나 교육청 기출문제를 풀어보고, 시간이 더 되면 사설 모의고사를 풀어보는 것이 좋다.

영어 듣기도 놓칠 수 없는 부분이다. 영어 듣기에서 많이 틀리는 학생이라면 이 시기부터 실전 연습문제를 구해서 이틀이나 사흘에 하나씩 풀어보는 것이 좋다. 영어 듣기를 하면 반드시 대본을 다시 공부해야 한다. 틀리는 문제들은 대부분 대본의 단어나 숙어를 몰라서 틀리는 것이다. 대본을 해석하고 모르는 단어나 숙어나 표현들을 정리해두어야 한다. 많은 학생이 이 대본에 대한 공부를 소홀히 해서 듣기 성적이 제대로 나오지 않기 때문이다.

　수학도 실전 모의고사를 주 2회 정도 풀이하는 것이 좋다. 모르는 문제를 너무 오랫동안 붙잡고 있으면 시간이 너무 많이 허비될 수도 있다. 해답을 참고해서 이 문제가 어떤 부분에 포함되는 것인지를 파악하고, 어떤 공식이나 이론을 몰라서 틀렸는지 확인하고, 그 공식이나 이론은 다시 오답노트에 정리해두어야 한다. 틀린 문제에 형광펜으로 표시를 하고 수시로 꺼내 읽어보며 기억을 되살리는 것이 좋은 복습 방법이다.

　이 시기에는 탐구 영역을 집중적으로 공부해야 한다. 기본 이론서를 통해 전체 내용을 자세하게 공부해야 한다. 탐구 영역의 과목이 많이 축소되었으므로 세 달 동안 충분히 정리할 수 있을 것이다. 실전 문제를 풀이하는 것은 나중에 해도 되므로 이 시기에 너무 성급하게 실전 문제에 도전할 필요는 없다. 기본 내용을 충실히 정리하면 문제는 저절로 풀린다. 실전 문제에 성급하게 도전하면 자신감만 사라지고 혼란만 가중될 수 있다. 이전에 수업을 들으면서 봐온 기본서를 꼼꼼하게 복습해서 전체 내용을 다 파악한 후에 실전 문제로 들어가야 한다.

　11월이 되면 실전 수능 문제 풀이에 돌입해야 한다. 나는 11월이 되면 수능 실전 모의고사를 풀게 한다. 10회 정도만 풀이하고 오답 정리를 하면 성적이 상당히 많이 향상되고 실전에 대한 감을 가지게 된다. 실전 모의고사 문제집을 구입해서 풀이하고 채점하고 정답을 통해 빠르게 그 내용을 확인해야 한다. 나중에 수능을 치고 나면 학생들이 유사한 문제들이 나왔다는 말을 많이 한다. 실전 모의고사 문제들은 대부분 가장 중요한 내용을 다루기 마련이고 그것이 수능에 반영되는 것은 당연한 일이다. 이때에는 몇 점이 나왔는가 하는 것이 중요하지 않다. 오히려 모르는 것이 많이 나올수록 실제 수능에는 도움이 될 것이라고 생각해야 한다. 연습 시험은 많이 틀릴수록 더 좋은 일이다. 실제의 시험에서 유사한 문제를 틀리지 않는 데에 큰 도움이 되기 때문이다.

이때에 가장 큰 힘을 발휘하는 것은 역시 오답노트이다. 하루에 두 시간 정도 오답노트를 빠르게 복습하면 지금까지 틀렸던 내용들이 환하게 떠오를 것이고 자신의 약점을 전체적으로 정리할 수 있다. 앞에서 오답노트의 중요성에 대해서 많이 강조했지만, 오답노트의 강력한 힘은 바로 이 시기에 발휘된다. 오답노트에 정리된 내용들이 실제 수능에서 출제된다고 생각하면 거의 정확하다. 우리가 틀렸던 문제들이 또다시 수능에 출제되고, 틀렸던 내용을 정리하지 않는다면 우리는 또 유사한 문제를 틀릴 것이니 말이다.

실제 수능 현장에서 가장 중요한 것은 답안지 작성이다. 지금까지의 모든 노력을 단지 답안지 한 장에 나타내고 평가를 받는다. 아무리 열심히 공부했더라도 답안지를 제대로 작성하지 않는다면 아무런 의미가 없을 것이다. 마지막 수능 실전 문제를 풀 때에는 반드시 시간을 재어서 풀이하고 종료하기 5분 전에는 반드시 답안지를 작성하고 나서 못 푼 문제를 푸는 연습을 해야 한다. 학생들을 지도해보면 약 5퍼센트 정도는 답안지 작성에서 실패를 경험한다. 얼마나 안타까운 일인지 모른다. 답안지 작성이 가장 중요한 마지막 관문이라고 생각하고 반드시 연습해야 한다.

수능 며칠 전부터는 아무리 잠이 오더라도 낮잠을 자면 안 된다. 잠

조절에 실패해서 시험을 망치는 학생들도 의외로 많다. 잠을 제대로 못 자서 멍하게 시험을 보면 아는 문제에서도 실패할 수 있다. 평소와 다름없이 생활하고 낮에는 아무리 졸려도 자지 말아야 한다. 그래서 시험 전날 밤에는 편안한 숙면을 취할 수 있어야 한다. 시험 당일에는 절대로 답안을 맞추어보면 안 된다. 이전 시간에 시험을 좀 못 보았더라도 다음 시간의 내용을 미리 공부하는 것이 더 중요하다. 지나간 일은 말끔히 잊어버리고 새로운 시간을 준비하는 것이 더 효율적이다. 답이 헷갈릴 때에는 절대로 답을 고치지 않는 것이 좋다. 만약 고친 답이 틀렸을 때에는 심리적인 부담이 아주 커지기 때문이다.

고3 학생들이 겪는 스트레스는 말로 다 하기 힘들다. 그러나 공부가 힘들고 어려울수록 공부의 근본을 중심에 새기는 것이 필요하다. 우리가 공부하는 내용들은 좋은 삶을 살기 위해 꼭 배워서 알아야 하고 또 자신의 것으로 익혀야 할 것들이라는 점이나.

공부가 꼭 필요한 것이라는 것을 알아도 과정이 힘들어질 때가 있다. 그럴 때는 긴장을 늦추고 즐기려는 자세가 필요하다. 수학 문제를 풀 때에는 퀴즈를 푸는 것이라고 생각하고, 영어 공부를 할 때에도 나중에 꼭 사용하게 될 것이라는 믿음을 갖고 하나하나 배워가는 것이다. 사회나 과학도 우리가 삶과 사회, 자연을 이해하기 위해 필수적으로 알아야 할 상식이라고 생각하고 공부한다면 공부가 조금 더 즐거워질 수 있을 것이다. 선비들은 항상 자신을 '학생'이라고 생각했다. 평생을 통해 우리는 삶을 배워야 하고 우리 자신을 교정하며 살아가야 한다. 이런 태도를 가지는 데 이 책이 좋은 기여를 했으면 하는 생각이다.

부록

자녀교육에 고민이 많은
학부모님들께

1. 자녀교육에 유의할 점들

처음에는 자녀교육서를 쓰고 싶었습니다. 어떻게 우리 자녀를 교육하면 '좋은 사람'으로 만들 수 있을까 하는 것이 저의 일관된 고민이었기 때문입니다. '좋은 사람'으로 만들면 '공부를 잘하는 사람'이 되어 우리 사회에서 꼭 필요한 사람이 될 것이며, 공부를 열심히 시키는 과정이 또한 '좋은 사람'을 만드는 과정이라는 것이 저의 일관된 생각입니다. 그래서 이 책에 제시된 여러 공부 방법은 학생들뿐 아니라 부모님들도 반드시 같이 읽고, 학생들이 연습해서 몸에 익히도록 부모님들이 도와야 합니다.

다음은 부모님들이 자녀를 교육할 때 중점을 두어야 할 부분에 대해, 현장에서 학생들을 가르쳐온 선생의 입장에서 드리는 당부의 이야기입니다.

첫째, 공부가 아주 중요한 것이라고
항상 말씀해주시기 바랍니다

아이들에게 "공부 좀 못해도 괜찮다."라는 말을 자주 하는 친구가 있었습니다. 그 친구는 젊은 나이에 성공해 경제적인 여유가 있고 그 자녀도 여유 있는 삶을 즐기고 있는 상황입니다. 이런 상황에서 아버지가 그런 말을 한다면, 자녀는 '공부를 좀 못해도 먹고 살 만하니 대충 해도 된다.'는 식으로 잘못 해석하게 됩니다. 무엇보다 공부는 좋은 삶을 살기 위해서 누구나 반드시 해야 하는 것입니다. 이 가르침을 자녀에게 자주 들려주고, 열심히 노력해서 성적을 한 계단씩 올리는 것이 중요하다는 것을 일깨우고 격려해야 합니다.

다행히 친구는 제 조언을 그대로 받아들여 자신의 생각이 짧았다는 말까지 해주었습니다. 우리 부모님들도 자녀에게 공부는 살아가는 과정에서 꼭 필요한 것들을 배우는 것이라는 점을 자주 들려주셔야 합니다. 그리고 어머니와 아버지가 열심히 일을 해야 하듯이, 자녀들도 배우는 학생인 만큼 열심히 공부해야 한다는 점을 일깨워주시기 바랍니다.

그리고 일주일에 한두 시간이라도 공부하는 자녀 옆에 앉아 신문을 보거나 책을 보면서 함께 공부하는 시간을 가져주시기 바랍니다. 부모도 매일 일을 통해 공부를 하고 있고 시간의 여유가 허락하면 더 많은 공부를 하고 싶다는 모습을 보여주시는 것이 중요합니다. 함께 책을 읽는 침묵의 시간이 자녀와 부모 사이에 존재한다는 것이 얼마나 중요한 일인지 경험해보지 않은 사람은 알 수 없습니다. 그 침묵의 시간이 자녀와의 그 어떤 대화보다 더 강한 유대를 만들어줄 것입니다.

둘째, 좋은 습성을 가지도록 자녀를 지도해주십시오

이 책의 주제는 '공부는 단순히 머리로 하는 것이 아니라 온몸으로 하는 것이다.'입니다. 공부는 습관 혹은 습성에 연관된 것입니다. 아무리 공부를 하고 싶어도 좋은 습관, 좋은 습성을 가지지 못하면 공부를 제대로 할 수 없습니다. 몸이 따르지 않기 때문입니다. 책상 앞에 고요히 앉아 책을 펴고 글을 쓰는 몸은 하루아침에 만들어지지 않습니다. '세 살 버릇 여든까지 간다'는 속담처럼 좋은 습성은 어릴 때 길러집니다.

지금 당장 몇 점을 받고 몇 등을 하는가에 연연하지 말고 학생이 좋은 생활 습관을 가지고 있는지 잘 관찰하고 공부할 그릇으로 만들어주시기 바랍니다. 지금 성적이 좀 낮더라도 부모에게 순종하고, 친구들을 배려하는 마음이 깊고, 동생들을 잘 보살피고, 자신의 일을 잘 처리해나간다면 아무런 걱정을 할 필요가 없습니다. 이런 자녀라면 공부에 대해서도 금방 그 중요성을 깨닫고 자신의 생활처럼 잘 처리해나갈 것이기 때문입니다.

하지만 그 반대라면 좀 심각하게 생각하고 자녀의 습성을 고치려고 노력해주시기 바랍니다. 방은 엉망이고, 부모에게 이유 없이 대들고, 친구들과 사이가 좋지 않고, 형·누나·동생들과 매사에 부딪히는 자녀라면 공부를 잘하고 못하는 것이 문제가 아닙니다.

공부를 잘하고 좋은 삶에 이르기까지는 길고 지난한 과정을 거쳐야 합니다. 무엇보다 좋은 인격, 좋은 습성의 뒷받침 없이는 힘이 들 수밖에 없습니다. 자신의 주변을 잘 정리하고 좋은 관계를 가지는 훈련 없이 공부를 잘하기는 어려운 일입니다. 그러므로 공부에만 신경 쓸 게 아니라 자녀의 생활에 더 관심을 기울이고 좋은 습성을 가지도록 노력해주시기 바랍니다.

예를 들어 가장 기본적인 생활 습성은 '정리하는 습관'입니다. 공부는 배운 것을 정리하고, 그것을 자기 몸의 일부가 되도록 반복하는 과정입니다. 그러자면 우선 정리를 할 수 있어야 하는데, 학생들을 지도하다보면 아예 정리를 할 줄 몰라서 공부에 좋은 성과를 얻지 못하는 경우가 많습니다. 우선 자기 물건들과 자기 방을 잘 정리하도록 교육해주시기 바랍니다. 매일 자녀의 방을 점검하고 어떤 물건이 제 위치에 있지 않다면 "이게 왜 여기에 있니?"라는 질문을 자주 해주시기 바랍니다. 그러면 자녀는 물건이 있어야 할 자리가 있다는 인식을 하게 되고 제자리에 놓으려고 노력할 것입니다. 어디에 놓을지 생각하다보면 공간에 대한 감가도 생기게 됩니다. 공간과 위치에 대한 감각, 정리하는 습관은 공부에 필수적인 요소입니다.

세탁한 자녀의 옷을 스스로 정리해서 옷장에 넣도록 하거나 자기 신발을 스스로 세탁하게 하는 것도 아주 좋은 교육입니다. 자기의 일은 자기가 한다는 것은 누구나 알면서도 실천하기 힘듭니다. 따라서 어릴 때부터 습성이 되지 않으면 안 됩니다. 학교와 학원을 다니느라 힘겨운 자녀들이 애처롭게 보이더라도 자녀들을 위해 스스로 하는 훈련을 시켜주시기 바랍니다.

셋째, 집중력과 인내력을
키워주십시오

공부를 잘하기 위해서는 우선 집중력과 인내력이 있어야 합니다. 머리가 좋은 학생들은 많지만, 공부를 지속적으로 잘하기 위해서는 타고난 머리만으로는 충분하지 않습니다. 아니, 오히려 방해가 되기도 합니다. 하나의 일에 집중하고 인내하기만 해도 성공하는 경우를 많이 보게 됩니다. 한편 아주 재능이 있고 머리가 좋은 학생이 집중력과 끈기가 없어 실패하는 경우를 많이 보게 됩니다. 중·고등학생이 되면 공부할 양이 많아집니다. 그 많은 양을 자신의 것으로 소화하기 위해서는 집중력과 인내는 필수적인 덕목입니다.

우선 자녀들이 어떤 일을 하면 그것에만 전념하도록 훈련시켜주시기 바랍니다. 숙제를 하거나 일기를 쓰면 반드시 자신의 책상에 앉아서 그것에만 집중하도록 해야 합니다. 텔레비전을 켜놓고, 핸드폰으로 친구와 문자를 주고받으면서, 사람이 왔다 갔다 하는 거실에서 숙제나 공부를 하도록 해서는 안 됩니다. 공부하는 시간을 정하고 그 시간에는 반드시 핸드폰을 빼앗아두기 바랍니다. 오로지 자기가 하는 일에만 전념하는 연습을 시켜주시기 바랍니다. 글씨를 쓸 때도 정자체로 쓰게 하고, 말을 할 때도 또박또박 엄마 아빠의 얼굴을 보고 집중해서 말하도록 교육해주시기 바랍니다. 책을 읽을 때도 동생과 장난치면서 읽다 말다 하지 않게 하고 지금 하고 있는 일에만 집중해서 빠른 시간 내에 일을 마치도록 교육해주시기 바랍니다.

집중력과 인내력을 기르는 좋은 방법 중 하나는 그림조각 퍼즐 맞추기를 하는 것입니다. 퍼즐 맞추기는 누구나 좋아하는 놀이입니다. 조각 수는 학생의 나이와 수준에 맞게 정해주고, 학생이 좋아하는 만화 영화의 그림이나 연예인의 그림이 그려진 퍼즐을 구하는 것이 좋습니다. 긴 시간 동안 퍼즐을 맞추다보면 집중력이 길러지고 인내력도 길러집니다. 그림의 모양을 맞추려고 노력하다보면 시각과 촉각의 감각이 길러집니다. 빈 곳의 모양을 보고 같은 모양을 찾다보면 공간 감각도 길러집니다.

　퍼즐은 두뇌와 몸의 훈련에 아주 좋은 도구가 될 수 있습니다. 앞에서 소개한 천재 소녀 기은이도 퍼즐을 좋아했고, 아버지는 출장을 다녀올 때마다 많은 조각의 퍼즐을 사와서 온 가족이 둘러앉아 퍼즐을 맞추었습니다. 참 현명한 교육 방법이 아닐 수 없습니다. 온 가족이 둘러앉아 이런 저런 이야기를 하며 퍼즐을 맞추다보면 가정도 화목해질 것입니다.

넷째, 책임감과 의무감을
키워주십시오

공부를 잘 못하다가도 다시 공부를 시작해 따라잡는 친구들을 보면 공통점이 있습니다. 대부분 강한 책임감과 의무감을 가지고 있다는 점입니다. 서두에 이야기한 대로 공부는 학생이 해야만 할 일이기 때문에 자녀들에게 책임감과 의무감을 길러주는 것은 아주 중요합니다. 공부를 재미있게 하는 방법들에 대한 책이 많지만, 공부의 본질은 책임감과 의무감을 가지고 해야 할 일입니다. 우리 부모님들이 힘들어도 일상의 일을 열심히 하고 또 그렇게 하다보면 의미도 생기고 재미도 생기듯이 공부도 그렇습니다.

학교에서 돌아오면 숙제부터 마치도록 하고 일기도 빠짐없이 쓰도록 지도해주시기 바랍니다. 숙제와 일기 등 기본적으로 해야 할 일들에 대해 단호한 마음으로 지도해야만 합니다. 부모가 영어와 수학을 가르칠 수는 없어도 하루에 영어 한 장, 수학 한 장의 깜지노트를 검사할 수는 있습니다.

한 선배는 중학교 2학년 딸의 영어 성적으로 고민한 적이 있습니다. 다른 과목은 잘하는데 유독 영어만 못한다는 것이었습니다. 저는 그 선배에게 다음과 같은 조언을 했습니다.

"하루에 교과서의 내용을 노트에 빽빽하게 두 페이지 적게 하세요. 그리고 어떤 일이 있더라도 반드시 하도록 검사하십시오. 딸의 미래를 위해 정말 단호하게 해야 합니다."

그 선배는 두 달 만에 딸이 기말고사에서 상위권의 성적을 얻었다고 연락을 해왔습니다.

부모는 자녀에 대해 단호한 태도를 가져야 합니다. 부모의 단호한 태도는 자녀에게 의무감과 책임감을 심어줄 것입니다. 조선시대의 명필 한석봉의 어머니 수원 백씨는 어린 아들이 5년 만에 80리를 걸어 한밤중에 돌아왔지만 "내 아들 호(濩)는 지금 송도(松都)에 있으니 그곳으로 가라."고 쫓아버렸습니다. 그리고 3년이 지나서 돌아온 아들에게 밤중에 호롱불을 끄고 '자당님문안(慈堂任問安)'이라는 글을 쓰게 해 글씨가 자신이 썬 떡처럼 고르지 않자 다시 스승에게 돌려보냈습니다. 어린 아들을 보고 싶은 마음이 얼마나 간절했을지 부모라면 다 이해할 수 있습니다. 하지만 그 아들의 미래를 위해 이런 단호한 모습을 보이는 부모님들은 그리 많지 않습니다.

　부모님들이 분명한 원칙을 세우고 그 원칙에 단호해지는 만큼 자녀는 더 책임감과 의무감을 갖고 공부도 더 잘할 수 있게 됩니다. 내 어머니는 아침에 밥을 다 먹지 않으면 학교에 절대로 보내지 않으셨습니다. 건강하게 공부할 수 있었던 것은 이런 어머니의 단호함 때문이었다고 생각합니다. 조금 탈선을 했더라도 다시 제자리로 돌아가 결국 성공하는 친구들을 보면 엄격한 부모님 아래에서 자란 경우가 많습니다.

다섯째, 독서를 많이
시켜주십시오

독서는 모든 공부의 기본이며, 가장 중요하다는 점을 이 책에서 강조했습니다. 독서에 취미를 가지도록 자녀를 유도할 수 있다면 공부는 반 이상이 끝난 것이나 다름없습니다. 어떤 일이 있더라도 하루에 30분 이상은 반드시 책을 읽도록 지도해주십시오. 저학년이라면 소리를 내어 책을 읽게 해주시고, 가능하면 책이나 신문을 읽으며 옆에 앉아 독서를 확인해야 합니다. 읽은 내용이 무엇인지 부드럽게 물어보는 것도 아주 좋은 독서 방법입니다. 읽은 내용을 말할 수 있고 글로 쓸 수 있으면 표현력도 아주 좋아질 것입니다. 단순히 자기의 생각을 말하는 것이 아니라 읽은 내용이나 들은 내용을 다시 전달하는 것은 아주 좋은 교육이 될 수 있습니다.

책 읽는 것을 너무 싫어하면 만화라도 읽게 해주십시오. 이원복의 『먼 나라 이웃 나라』와 같은 만화, 천자문에 대한 만화, 그리스 신화에 대한 만화 등 자녀들이 좋아할 만한 교육적인 만화들이 많이 있습니다. 단, 만화를 읽을 때는 그림만 보고 넘어가는 경우가 많으므로 반드시 글을 읽도록 지도해주십시오. 만화의 대본을 열심히 읽다보면 독서 능력도 증대할 것이고 만화에 그려진 구체적인 상황을 보며 상상력을 크게 키울 수 있을 것입니다. 저도 어린 시절 늦게까지 만화를 보고 있다가 혼이 난 적도 있었습니다. 그때 본 여러 만화가 이후의 삶과 공부에 큰 도움이 되었다고 생각하고 있습니다.

여섯째, 예체능 교육을 어릴 때 많이 시켜주십시오

예체능 교육은 어릴 때 많이 할수록 좋습니다. 저는 아내에게 영어와 수학은 시키지 않더라도 음악과 미술은 반드시 공부를 시키라고 말했습니다. 음악과 미술과 같은 예능은 어린 시절에 익히는 것이 좋습니다. 나이가 들수록 손과 귀가 무디어지고 배우기가 더 어려워지기 때문입니다.

어린 시절에 좋은 음악을 많이 듣고 많이 연주하면 감성이 풍부해진다는 것은 누구나 들어서 아는 이야기입니다. 하지만 그것만이 아닙니다. 음악을 배우는 것은 단순히 좋은 노래를 배우거나 감정을 표현하는 것만이 아닙니다. 악보에 맞추어 어떤 악기를 연주할 때 음의 길이와 높이를 정확히 연주해야 하고, 속도를 조절해야 하고, 리듬을 타야 하고, 강약을 조절해야 하고, 반주자와 맞추어 연주를 해야 하는 과정들이 있습니다. 이는 균형과 조화, 비례를 연습해 감정과 행동, 사고를 적절하게 조절하도록 하는 이성적인 교육이 될 수 있습니다.

미술도 마찬가지입니다. 그림을 그리게 되면 대상에 대한 관찰력이 깊어집니다. 그저 봐서 아는 것과 그려보는 것은 많은 차이가 있습니다. 그려보지 않은 사람은 대상을 제대로 관찰하지 않는 경우가 많습니다. 대상을 깊이 있게 관찰하고 많이 표현해보면 창의력으로 이어집니다. 미술 교육을 시킬 여력이 없다면 낙서라도 많이 하게 하면 좋습니다. 연습장을 사주고 거기에다 무엇이든지 쓰고 그리게 해서 손이 무엇을 표현하는 데에 익숙해지면 나중에 공부할 때 큰 도움이 됩니다. 중·고등학생들을 지도하다보면 글씨를 쓰고 그림을 그리는 데에 손이 익숙하지 않아 공부가 힘들어지는 경우도 많이 있습니다.

손은 모든 감각기관들 중 우리 두뇌와 가장 많은 연관을 가지고 있다고 합니다. 우리 인간은 대부분의 작업을 손으로 합니다. 손을 익숙하게 놀릴 수 있도록 어릴 때부터 훈련하는 것은 아주 좋은 일입니다. 그림을 그리게 한다든지, 악기를 연주하게 한다든지, 블록을 만들게 한다든지, 실제 모양으로 생긴 어려운 조립품을 조립하게 한다든지, 글씨를 많이 쓰게 한다든지, 서예를 배우게 한다든지 하는 것은 공부를 잘할 수 있는 가장 기초적인 힘인 손의 능력을 키우는 일입니다.

체육도 마찬가지입니다. 어린 시절 건강한 체력을 가지도록 하고 운동에 대한 취미를 가지도록 하는 것은 중·고등학생이 되어서도 건강을 유지하며 공부할 수 있는 계기를 마련해줄 것입니다. 탁구나 배드민턴, 축구나 야구, 수영, 자전거 등 즐길 수 있는 운동을 가지게 해준다면 중·고등학생이 되어 단지 컴퓨터 앞에 앉아서 시간을 보내지만은 않을 것입니다. 의외로 운동을 좋아하고 잘하는 학생들이 공부를 잘하는 경우도 많습니다.

일곱째, 기본적인 수리력을 키워주십시오

학생들을 지도하다보면 수학이 문제가 아니라 산수가 문제가 되어 수학을 제대로 하지 못하는 경우가 의외로 많습니다. 혹시 자녀가 기본적인 수리력에 문제가 없는지 살펴보고, 만약 그렇다면 기본적인 수리력을 키워주기 위해 노력해주시기 바랍니다.

숫자에 대한 계산은 타고나는 면이 있습니다. 유난히 계산이 빠른 친구들을 볼 수 있기 때문입니다. 하지만 그것도 연습을 통해 어느 정도 따라갈 수 있으리라 생각합니다. 기본적인 계산을 잘 못한다면 그것을 보충할 수 있는 학습을 시켜주시기 바랍니다.

대표적으로 수리력을 키우는 방법은 주산이었지만, 지금은 주산이나 암산을 가르치는 학원은 거의 사라진 상태입니다. 하지만 여전히 가정을 방문해 지도하는 주산 교육은 남아 있으니 자녀가 어리다면 방문 주산 교육을 시키는 것도 좋습니다. 아니면 반복적인 계산을 연습시키는 학습지 공부도 좋은 방법입니다. 그 학년의 수학 과정에 따른 반복적인 수학 계산을 강조하는 학습지도 좋습니다. 이런 것들을 지속적·반복적으로 학습하는 것이 매우 중요합니다.

유난히 계산 능력이 뛰어난 자녀들은 오히려 정확하게 풀이하는 연습을 시켜야 합니다. 암산해서 틀리는 문제가 나온다면 풀이 과정을 반드시 적도록 연습시켜야 합니다. 계산 능력이 부족한 학생들도 마찬가지입니다. 풀이 과정을 적는 연습을 시키다보면 자연스럽게 계산 능력이 향상될 것입니다. 한 문제를 풀더라도 풀이 과정을 반드시 적게 하고 하루 동안 풀이한 연습장을 점검하는 것도 좋은 방법입니다.

초등학생이든, 중학생이든, 고등학생이든 기초적인 계산에서 자꾸 실수를 해서 틀리게 되어 수학에 흥미를 잃는 경우가 많습니다. 학원이든 학교든 선생님에게 문의를 하면 이런 경우는 확인이 가능합니다. 앞에서 말한 대로 반복적으로 기초적인 계산을 연습하는 훈련 교재를 통해서 이런 부분은 우선적으로 개선해야 합니다. 이런 기초적인 계산에서 자신감을 가지게 되면 비로소 단순한 계산이 아닌 수학에서도 흥미를 가질 수 있게 될 것입니다.

여덟째, 무엇보다 공부할 좋은 그릇으로 만들어주십시오

이상에서 몇 가지 공부에 대해 부모님들이 유의할 점들에 대해서 말해 보았습니다. 교육에 관심이 있는 부모님들이라면 이 책의 전체 내용을 잘 읽어보고 자녀교육에 응용할 수 있을 것입니다.

무엇보다 중요한 것은 자녀를 '큰 그릇'으로 만드는 일입니다. 앞에서 이야기한 대로 우리는 공부 내용과 성적에만 관심이 있고 자녀가 어떤 그릇인지에 대해서는 관심이 덜합니다. 그릇이 큰 인물로 만드는 것이 우선인데도 우리는 조급하게 성적에만 관심을 가지고 있는 듯합니다.

한번은 아내가 조금 화난 목소리로 말했습니다. 유치원에 다니는 둘째 아들의 담임과 통화를 했는데 "애가 좀 처져서 잘 따라오지 못한다." 고 하더라는 것입니다. 저는 아내에게 그렇다면 참 심각한 상황이라고 말했습니다. 저도 교육계에 있지만, 웬만하면 학원이나 유치원에서 학생에 대해 그 정도로 이야기하는 경우가 없기 때문입니다. 11월생이어서 친구들보다 좀 어린 감이 있고 또 왼손을 쓰기 때문에 글씨도 제대로 못 쓰고 가위질도 제대로 못해서 그런 판단을 한 것 같았습니다.

한번은 제가 유치원에 둘째 아이를 데려다주고 멀찍이에서 수업하는 장면을 봤습니다. 아들은 친구들과 반갑게 만나 인사하고, 노래와 춤을 하는데 뒤에 서서 대충 따라하면서 장난도 치고 재미있게 유치원 생활을 하고 있었습니다. 전체적인 분위기에 잘 적응하고 친구들, 선생님들과 잘 어울리고 있었습니다. 그래서 아내에게 아무것도 걱정할 필요가 없다고 말해주었습니다. 제 아들은 머리가 조금 뒤떨어질지 모르지만 친척 동생들이 오면 잘 데리고 놀고 자기 장난감을 아끼지 않고 하나씩 쥐어주곤 합니다. 이런 품성을 앞으로도 계속 유지한다면 공부도 열심히 할 것이라는 것이 저의 판단입니다.

이 책의 전체적인 주제 중 하나는 성적이나 진도가 중요한 게 아니라 공부할 그릇이 되는가, 공부하려는 태도와 습성을 갖추었는가가 중요하다는 점입니다. 제 어린 아들이 영어와 수학을 잘하지만 동생들을 못살게 구는 것보다, 공부는 조금 떨어져도 인성이 좋은 것이 장기적으로 볼 때도 더 낫다고 생각합니다.

"오늘 해야 할 공부를 다 했니?"라고 묻는 것보다 "오늘 네가 해야 할 일을 다 했니?"라고 묻는 것이, "점수가 왜 이 모양이야?"라고 야단치는 것보다 "최선을 다해 공부한 결과가 이것이니?"라고 묻는 것이 더 넓은 차원에서 자녀들을 공부할 그릇으로 만드는 태도라고 생각합니다. 당장의 시험 점수에 얽매이지 말고 큰 그릇으로 자녀를 만들기 위해 노력하는 것이 더 중요하기 때문입니다.

2. '집착'과 '관심'

친구들은 자녀교육에 대해 상당한 자신감을 가지고 있는 듯합니다. 그래서 자녀교육에 대한 이야기가 나오면 제가 말을 좀 자제하는 편입니다. 현장에서 학생들을 가르치다보니 부정적인 면들을 많이 보게 되고, 그런 이야기를 하면 자녀에 대해 자신감이 있는 친구들에게 기분 나쁜 이야기가 나올 수도 있기 때문입니다.

　이제 초등학교 고학년이 된 아이들을 키우는 친구들은 모두 자기 자식이 굉장한 영재라고 생각하고 있습니다. 당연히 공부를 잘할 것이라는 기대를 가지고 있습니다. 이제 초등학교 5학년, 6학년이 되면 차분히 미래를 준비해야 할 때인데, 아직도 그런 집착과 착각에서 벗어나지 못하고 있어서 제가 어떤 말을 하더라도 별로 효과가 없을 것 같습니다. 저는 제 자식들에 대해 좀 냉정한 기대를 가진 편입니다. 교육 현장에 있으면서 부모의 뜻대로 되지 않는 아이들을 수없이 많이 봐왔기 때문입니다. 한번은 저와 친구들이 함께 운영하는 카페에 다음과 같은 글을 실었다가 소동이 일어난 적이 있습니다.

내가 생각하는 우리 아이들의 미래

나는 내 딸과 아들이 공부 잘하리라 기대하지 않습니다.
공부를 못하면 좋은 기술을 배웠으면 합니다.
내 딸은 미용 기술이나 요리 기술을 배웠으면 좋겠습니다.
그리고 열심히 일하는 남자와 결혼해
하루하루 건강하게 열심히 살았으면 좋겠습니다.

우리 아들은 자동차 수리를 했으면 좋겠습니다.
저도 기계를 좋아하니 같이 일하고 싶습니다.
하루 종일 힘들게 볼트 조이고 기름 치고
기름때 묻은 몸을 목욕탕에 가서 씻고
오늘 차 잘 고쳤다고 자랑해대는
건강한 삶을 살았으면 합니다.

하지만 욕심은 있습니다.
나보다 더 힘들게 사는 사람들도 있다는 것을 알고
오늘의 삶을 행복하게, 만족하며 살았으면 합니다.

그리고 내가 힘들기 때문에 가족과 이웃, 친구들에게

조금이라도 나눌 수 있는 삶을 살면 좋겠습니다.

친구들과의 가족 모임에서 교육에 대한 논쟁이 있고 나서 밤늦게 이 글을 카페에 올렸습니다. 이 글 때문에 저는 상당한 비판을 받았습니다. 다른 사람들의 자녀를 열심히 가르쳐 좋은 대학에 보내려고 노력하면서 정작 자신의 자녀에 대해서 이런 말을 한다면 그것은 혹시 있을지도 모를 실패를 변명하려는 위선이라는 것이 친구들과 친구 부인들의 날카로운 지적이었습니다.

저도 사실 제 자식이 공부를 잘하고 좋은 대학에 진학했으면 좋겠습니다. 또 그렇게 최선을 다해 도울 작정입니다. 하지만 자주 "자녀는 화살과 같다."는 성경의 말씀을 떠올립니다. 원래 이 대목은 자녀가 화살처럼 '강한 힘'이라는 내용입니다. 그러나 저는 이 구절을 다르게 해석합니다. 화살은 한번 날아가면 절대로 되돌아오는 법이 없습니다. 자녀는 부모의 품에서 어디론가 날아가버리는 화살과 같은 존재입니다.

물론 우리가 최고로 능숙한 사수라면 목적한 방향으로 자녀를 정확히 보낼 수 있을 것입니다. 하지만 우리 대부분은 능숙한 사수가 아닙니다. 우리는 직장에 나가야 하고, 생계 문제로 하루하루 힘겹게 살아야 하고, 직장에서의 업무로 스트레스를 받고, 직장 상사와 동료들, 고객들과 힘든 문제들로 골머리를 싸매야 하고, 복잡한 가정사와 인간관계로 힘든 시간들을 보내야 합니다. 그러다가 잠시 방심하면 자녀들은 우리가 의도하지 않은 방향으로 날아가버립니다. 아무리 좋은 방향으로 잘

조준했더라도 갑자기 생각지 않은 바람이 불어 화살은 엉뚱한 곳으로 날아가버리기도 합니다. 그리고 의도한 방향으로 잘 날아간다고 하더라도 화살은 다시 부모에게로 돌아오지 않습니다. 그러므로 자녀에 대한 집착을 버려야만 합니다.

자녀에 대한 기대를 집착이라고 몰아세우는 것은 참 매몰찬 일이 아닐 수 없습니다. 하지만 사람마다 가진 욕구와 재능, 역할이 다 다른데도 부모가 가진 기대와 욕심 때문에 자녀의 성향과 능력에 대해 잘못된 평가를 하고 있다면 그것은 참 잘못된 일입니다.

한번은 친구의 아들이 제가 운영하는 학원에 다닌 적이 있습니다. 이제 막 중학교 1학년이 되었지만 제대로 공부를 하지 않아서 중간고사 준비가 되어 있지 않았습니다. 한 달 정도 학원에 다니면서 공부를 했는데 수학에서 80점 정도를 받았습니다. 저는 처음 상담할 때의 실력에 비하면 잘 나온 점수라고 생각했는데 그 부모는 불만스러운 표정이었습니다. 저는 그 친구가 이해됩니다. 첫 아들이고, 중학교에서 첫 시험이어서 아들의 능력에 대해 상당한 기대를 했는데 생각보다 낮은 등수를 받고보니 실망이 컸던 겁니다.

그러나 그 친구에게 그 점수를 그대로 받아들이고 그것이 아들의 실력임을 인정하라고 말했습니다. 왜냐하면 그 점수를 인정하고 그대로 받아들이는 태도와 그 점수가 비정상적이라고 생각하는 태도 사이에는 상당한 차이가 있기 때문입니다. 그 점수를 인정하면 아들은 '정상'이지만, 그 점수를 인정하지 않고 만점을 받아야 정상이라고 생각한다면 바로 그 순간 아들은 '비정상'으로 전락하고 맙니다.

이런 것을 우리는 자녀에 대한 집착 때문에 나타난 허상이라고 생각합니다. 먼저 이런 집착과 허상을 버려야 합니다. '1등급을 받아야만 하는 비정상적인 학생'이 아니라 '3등급을 받고 있는 학생'으로 자녀의 모습을 정직하게 바라볼 수 있어야 합니다. 이런 정직성에서 비로소 진정한 의미의 관심이 시작될 수 있습니다.

집착과 허상에 사로잡혀 있다면 항상 실망만이 있을 뿐입니다. 부모들이 중학교 이후에 자녀들의 성적에 대해 구체적인 관리를 하지 않는 것도 어쩌면 이런 허상이 깨어질 것에 대한 두려움 때문인지도 모릅니다. 하지만 부모들 스스로가 이런 허상을 깨고 진정한 실상에 기초한 관심을 보이고 자녀들의 공부와 실력을 관리하자는 것이 이 책의 주제입니다. 그 방법들은 앞에서 구체적으로 제시해두었습니다.

건강해지기 위해서는 건강 상태에 대한 구체적인 점검이 반드시 필요합니다. 건강할 거라는 기대만으로 건강이 유지되는 것은 아닙니다. 두렵고 걱정이 되어도 건강 상태에 대한 정확한 진단을 해야만 합니다. 객관적인 진단에 기초해서 더 건강해지려고 노력해야만 합니다.

이런 진단의 방법, 관심과 관리의 구체적인 방법들이 이 책 앞부분에 잘 요약되어 있습니다. 초등학교 때 크게 가졌던 기대가 한두 번의 시험을 통해 좌절로 바뀌고 무관심으로 바뀐다면 그것보다 더 나쁜 것은 없습니다. 오히려 학년이 높아질수록 부모는 더 많은 관심을 갖고 관리를 해야 합니다. 학생의 정확한 실력과 그것에 대한 개선책에 진정으로 관심이 있는 부모라면 이 책의 내용을 학생과 함께 잘 읽고 학생이 그것들을 잘 실천해 진정한 실력을 키울 수 있도록 도우시기를 권합니다.

3. 공부와 가정

저는 서울 동작구에 있는 보라매 공원 근처에 살고 있습니다. 신혼 생활도 이 근처에 있는 10평 징도의 빌라에서 전세로 시작했습니다. 두세 걸음만 걸으면 부엌, 화장실, 거실, 베란다 등 집의 모든 곳에 도달할 수 있는 좁은 공간이었지만 행복한 시작이었습니다. 밤이면 집사람과 저는 공원을 산책하고, 가까운 신림동 순대촌으로 가서 순대볶음을 먹기도 하고, 보라매 공원을 산책하기도 했던 즐거운 기억을 잊을 수 없어 다시 이곳으로 이사를 왔습니다.

사람들을 만나는 것을 좋아하는 성격 탓에 주말이면 우리 집은 늘 사람들로 붐볐습니다. 좁은 골목에 주차하느라 야단법석을 떨었고, 늦은 시가까지 시중드느라 집사람도 고생깨나 했습니다. "내가 어떤 것도 참을 수 있지만, 집에 사람이 오는데 반갑게 맞지 않으면 그것만은 못 참

는다."라고 결혼하기 전에 으름장을 놓은 탓에 집사람도 잘 참아주었고 그러다보니 사람을 더 좋아하게 된 것 같습니다. 그래서인지 저의 아들과 딸도 집에 사람이 오는 것을 무척 좋아합니다. 누가 우리 집에 온다고 하면 아주 좋아하고, 자기들도 친구들을 자주 부르고 또 친구 집에 놀러가기도 합니다. 친구나 친척들이 놀러 오면 자기가 좋아하는 것도 아낌없이 주곤 합니다.

저는 아이들의 이런 모습이 무척 좋습니다. 친구가 많으면 외롭지 않을 것이기 때문입니다. 물론 친구가 모든 것을 다 해줄 수는 없겠지요. 친구는 항상 동등하게 주고받는 관계 속에서 형성되니 말입니다. 그것이 물론 정확한 물질적인 균형을 의미하지는 않지만, 그런 균형이 깨지면 친구 사이가 유지되기 힘들게 되니 말입니다. 그러므로 친구들을 잘 사귈 수 있으려면 내가 그만큼 풍부해져야만 한다는 것을 꼭 가르치고 싶습니다.

우리가 다른 집에 가면 앉아서 텔레비전만 보다가 올 때가 있습니다. 거실이 보통 텔레비전 중심으로 이루어져 있기 때문인데, 그러다보니 텔레비전을 켜놓고 대화를 하다보면 텔레비전의 내용을 중심으로 몇 마디 하고 몇 번 웃다가 돌아오는 경우가 많습니다. 우선 이런 구조를 바꾸려고 노력하는 것이 필요하다고 생각합니다. 자연스럽게 가족이 모여서 이야기를 나눌 수 있는 공간이 있는지 한번 생각해보시기 바랍니다.

우리 집도 거실에는 텔레비전이 있고 텔레비전을 향해 소파가 놓여 있습니다. 그러나 우리 집은 조금 다른 점이 있습니다. 주상 복합 아파

트여서 거실과 부엌이 바로 붙어 있고 팔각형의 식탁이 거실과 주방 사이에 놓여져 있습니다. 그래서 집에 들어오면 소파에 앉기보다는 항상 식탁에 먼저 앉게 되어 있습니다. 친구들이 놀러 오더라도 특별히 텔레비전을 보겠다는 의도가 아니면 이 팔각형 식탁에 모두 먼저 앉습니다. 우리 집에는 의자가 모두 합해서 10개 정도 있고 10명 정도가 이 식탁에 둘러앉을 수 있습니다. 처음 이 집에 이사를 왔을 때 식탁이 참 특이하다는 생각을 했습니다. 보통 식탁은 사각형이기 마련인데 이 식탁은 팔각형이기 때문입니다.

그런데 시간이 지날수록 이 식탁의 '힘'을 느끼기 시작했습니다. 사람들이 많이 앉을 수 있고, 그 모양이 거의 원형에 가깝기 때문에 둘러앉았을 때 편안한 느낌이 먼저 듭니다. '원탁'은 모두가 '같다'는 것을 의미합니다. '원탁의 기사'는 '우위 다툼이 없는 기사들'을 의미하고 '연판장'은 누기 주모지인지, 누기 더 상위 인물인지 모르게 하기 위해 고안된 것입니다. 우루과이 라운드는 원탁에 앉아 여러 나라들이 평등한 입장에서 논의하는 '다자간협상(multilateral negotiation)'을 의미합니다. 고등학교 때에 배우는 원순열에서 모든 자리는 우선 같은 것으로 간주됩니다.

그러나 원탁은 너무 둥글어 작업을 하기에는 곤란한 면이 있습니다. 그런데 이 팔각형의 테이블은 앉아서 책을 읽을 수도 있고, 컴퓨터 작업을 할 수도 있고, 그림을 그릴 수도 있고, 식사를 할 수도 있고, 친구들·가족들과 차를 한 잔 하며 좋은 대화를 나눌 수도 있는 참 편리한 공간입니다. 이 팔각 테이블에 앉아 우리 가족은 참 많은 대화를 나누었습니다. 아내와 저는 이 식탁에 앉아 여러 문제에 대해 새벽이 되도록 이야기를 하기도 합니다. 제가 이곳에서 어떤 작업을 하고 있으면 아이들이 옆에 앉아 책을 보기도 하고 그림을 그리기도 하고 제 작업을 방해하기도 합니다. 친구들이 오면 항상 이 식탁에 둘러앉아 담소를 나눕니다. 텔레비전을 향해 시선을 함께 고정하고 앉아 있을 때와 달리 서로를 마주보고 앉게 되는 이 식탁에서는 자연스레 대화가 이루어집니다. 그래서 혹시 다른 집으로 이사를 가더라도 이런 식탁을 반드시 설치할 생각입니다.

자녀와의 대화가 부족하다고 생각한다면 우선 대화가 가능하게 해주는 공간을 마련해야 합니다. 편안하게 앉아서 식사와 대화를 할 수 있는 식탁을 마련하는 것도 좋은 방법이고, 거실에 책을 읽을 수 있는 탁자를 하나 더 놓아두는 것도 좋은 방법입니다. 텔레비전을 중심으로 이루어진 거실 구조를 독서와 대화가 가능하게 하는 구조로 바꾸어보는 것도 좋은 일입니다. 아버지는 신문을 보고, 어머니는 가계부를 정리하고, 아이는 책을 읽거나 인터넷을 검색할 수 있는 공동의 공간이 집 안에 있다면 참 좋은 일입니다. 가족이 가까워지고 서로를 이해할 수 있기 위해서는 일차적으로 몸이 함께 있을 공간이 필요합니다.

사실 대부분의 가정이 이런 공간을 가지지 못하고 있습니다. 그래서 부모가 자녀를 이해하지 못하고, 자녀는 부모에 대해 반감을 가지고 다투는 문제들이 일어납니다. 이런 문제가 정상적인 학교생활과 공부에도 심각한 영향을 미치는 경우가 많습니다. 부모가 조금만 학생을 더 이해하고 학생이 부모의 삶을 조금만 더 알고 이해하면 가정의 화목은 말할 것도 없고 학생의 공부 문제도 많이 개선될 것입니다. 그러므로 먼저 대화의 공간부터 만들어보시기 바랍니다.

가족 간의 대화가 가능한 공간을 만드는 것은 참 중요한 일입니다. 대화를 통한 가족 구성원 사이의 이해와 화목은 모든 생활의 기본이기 때문입니다. '가화만사성(家和萬事成)'이라는 구절처럼, 집에 불편한 일이 있으면 자녀도 공부를 제대로 못하고 부모도 일을 제대로 못하는 법입니다. 자녀는 부모가 자신의 상황을 제대로 이해하지 못하고 마구 공부로 내몰고 있다고 생각하고, 부모도 힘들게 돈을 벌어 양육하는 고생을 자녀가 몰라준다고 서운해합니다. 이처럼 서로 다른 입장이 이해되기 위해서는 일차적으로 대화의 공간이 필요합니다.

저는 어릴 적부터 부모님, 특히 어머니와 많은 대화를 나누며 성장했습니다. 아버지는 평생 학교 하나를 제대로 만들어보기 위해 불철주야 애썼기 때문에 아내와 가정에는 좀 소홀한 면이 있었습니다. 어머니는 여자의 마음을 제대로 알지도 못하는 데다 열 살이나 많은 무뚝뚝한 경상도 남자에게, 그것도 오지 중의 오지인 청송으로 시집오면서 많은 고초를 겪어야 했습니다. 단지 신앙이 깊고 교육자라는 것만 믿고 갓 스물이 된 여자가 시골 노총각과 결혼해서 겪어야 했던 여자로서의 외로움은 적지 않은 것이었습니다. 그러나 어머니는 그것들을 잘 극복하셨고, 특히 어린 우리들과 많은 대화를 나누셨습니다. 우리는 어릴 때부터 우리 집의 여러 사정에 대해 좋은 것이든 나쁜 것이든 상세하게 알고 있었습니다. 지금 생각해보면 어린 우리가 감당하지 못할 종류의 것들까지 어머니는 허심탄회하게 말씀하셨고 우리는 나름대로 그것을 정리해서 들은 것 같습니다. 형도 저도 어머니에게는 별로 숨기는 것이 없었습니다. 여자 친구에 대한 이야기까지 우리는 서슴지 않고 어머니에게 다 했습니다.

이런 대화가 가족에 대한 이해를 깊게 하고 부모님의 상황을 인정하는 계기를 만든 것 같습니다. 어머니 역시 많은 이야기를 하셨습니다. 시골에 시집와서 겪은 이야기들, 공부를 더 많이 하지 못한 것에 대한 콤플렉스, 아버지와의 갈등, 외삼촌과의 문제, 이모에 대한 이야기 등 우리는 어머니로부터 가정의 거의 모든 문제점에 대해 들으면서 자라났습니다.

'모든 것을 이야기하는' 가정에서 제가 자라났다면, 아내는 '대체로 이야기하지 않는' 가정에서 자랐습니다. 처음에는 그 문화적 차이로 인한 갈등이 좀 있었습니다. 이것저것 가리지 않고 대부분 다 이야기하는 제 모습이 아내와 처가 식구들에게는 좀 경박하게 보였을 것입니다. 반대로 자세한 내막을 이야기해주지 않는 처가 식구들에게 저는 서운함을 느끼기도 했습니다. 하지만 저는 지금도 후자보다는 전자를 더 선호하는 편입니다.

그리스어로 '진리'는 '알레테이아(aletheia)'라고 하고 그것은 '망각(lethe)을 없앤다'는 어원을 가지고 있습니다. 그것은 '탈은폐성'을 의미합니다. 숨겨진 것이 백일하에 환하게 드러날 때 우리는 '진실'을, '진리'를 알았다고 말합니다. '말'이나 '논리', '법칙', '이성'을 의미하는 '로고스(logos)'라는 단어는 '말하다(legein)'와 같은 어원을 가지고 있습니다. 즉, 그리스 인들은 숨겨진 사실은 결국 '말'을 통해 밝은 '진리'의 장으로 나오고야 만다는 것을 잘 알고 있었습니다. 이런 것을 우리들에게 알려준 사람은 하이데거(Martin Heidegger, 1889 - 1976)라는 철학자였습니다.

위대한 철학자를 인용하지 않더라도 우리는 일상생활에서 비밀이 얼마나 유지되기 어려운 것인지 몸소 느끼며 삽니다. 가장 친한 친구에게 비밀로 말한 이야기를 다른 친구가 이미 알고 있습니다. '세상에 비밀은 없다.'는 말은 결국 어떤 비밀도 숨겨져 있지 않고 드러나려는 성격이 있다는 것을 의미합니다. 그것은 가정에서도 마찬가지입니다.

우리 부모들이 숨기고 싶은 문제들이 많이 있지만 자녀들은 그것을 이미 알고 있습니다. 그런 문제들을 상담하는 학생들을 많이 만나기 때문입니다. 자녀들은 부모들이 생각하는 것보다 더 많이 부모에 대해 알고 있습니다. 그러므로 가정에 어떤 문제가 있다면 자녀들에게 숨기지 말고 허심탄회하게 말하는 편이 더 낫다고 생각합니다. 부끄러운 것들까지 알게 되면 오히려 서로에 대한 이해가 더 깊어지기 때문입니다. 이런 이해에서 사랑은 시작된다고 생각합니다.

매년 재수생들을 지도하다보면 공부하는 기간 동안 한두 명이 심각한 가정 문제를 경험하게 됩니다. 재수를 하는 도중에 부모가 이혼을 하는 경우도 있고, 별거를 시작하는 부모들도 있습니다. 대체로 재수생들은 저에게 솔직하게 이야기하지만, 이야기를 하지 않는 학생들까지 포함하면 가정 문제를 안고 있는 학생들은 더 많을 것입니다. 가정에 문제가 있는 학생들이 심리적으로 불안하고 공부를 제대로 못하는 것은 당연한 일입니다.

제 딸이 태어나던 해에 우리 반에는 두 명의 여학생이 있었습니다. 둘다 밝고 착하고 저의 지도를 아주 성실하게 따르는 훌륭한 학생들이었습니다.

선아(명지고 졸업)는 어머니와 함께 입학 상담을 해서 어머니도 잘 알게 되었는데, 선아도 어머니도 무척 밝은 성격이었습니다. 선아는 예쁘고 성격도 좋아서 우리 반에서 인기가 아주 좋았습니다. 성적은 별로 좋지 않아서 서울 시내에 있는 대학에 진학하지 못했습니다. 그러나 재수를 시작하고 성적이 조금씩 나아지고 있었습니다. 그런데 5월 모의고사를 보고 나서 갑자기 어머니에게서 전화가 왔습니다. 밤 10시가 되어도 선아가 집에 들어오지 않고 한강변에서 울고 있다는 것이었습니다.

나는 선아의 집으로 가서 늦은 시각에 선아와 어머니를 만났는데, 문제는 수학 성적 때문이었습니다. 저는 보통 재수생들이 2월에 개강을 하면 5월까지 수학 기본서를 두 번 내지 세 번 정도 보게 합니다. 세 번 정도만 수학 기본서를 정독하고 오답노트를 만들고 공부하면 그때부터 성적이 오르기 시작합니다. 예를 들어 『수학의 정석』의 모든 기본 문제와 유제를 다 암기하면 5월 정도가 됩니다. 연습 문제를 한 달 정도에 걸쳐 풀게 하고 나서 모의고사 문제를 풀면 6월이나 7월이 되어 본격적으로 성적이 오르기 시작합니다.

5월에는 아직 본격적으로 성적이 나오지 않을 때였는데 선아는 성급하게 고민을 했던 것입니다. 나는 선아에게 그간 했던 이야기들을 다시 상세하게 하고 선배들의 예를 들어가며 조급하게 생각하지 말도록 다독거렸습니다. 그리고 수학의 기초를 좀 더 다질 수 있도록 더 많은 도움을 주기로 약속했습니다. 그런데 그날 선아의 집에 가서 놀란 것은 선아 어머니가 딸의 학원 생활에 대해 무척이나 상세하게 알고 있다는 점이었습니다. 선아를 좋아하는 학생이 누구누구이며, 선아가 좋아하는 오빠는 누구라는 것도 잘 알고 있었습니다. 선아는 학원에서 일어난 일들을 시시콜콜한 것까지 어머니에게 말하고, 어머니는 다 들어주고 있었습니다. 물론 선아가 수학 때문에 고민이 많다는 것까지도 다 알고 있었습니다.

선아가 평소에 심리적으로 참 안정되어 있다고 느꼈는데, 그제야 그 이유를 알 수 있었습니다. 선아는 곧 다시 안정을 찾았고, 울고불고하며 힘들어하던 수학에서도 두 개만 틀려 경희대 사회계열에 합격을 했습니다.

선아가 재수생활을 무난히 마칠 수 있었던 것은 바로 가정에서의 열린 대화 때문이었을 겁니다. 자녀와 부모가 열린 마음으로 서로 만나 대화하면 어려운 문제들에 대한 해결책이 자연스럽게 나타나기 때문입니다. 선아는 자신의 생활에 대해 어머니에게 세세하게 말하고 그것을 함께 공유하고 해결책을 찾아갈 수 있었고, 어머니는 딸의 고민을 정확히 알고 그에 대한 도움을 요청할 수 있었습니다. 선아가 왜 힘들어하는지도 몰랐다면 선아의 문제는 혼자만의 문제로 끝나버렸을 테고 선아는 도움을 받지 못했을 것입니다.

물론 자녀가 부모에 대해 열린 마음을 가지고 있으면 좋겠지만, 그것은 누군가 먼저 시작하기만 하면 되는 일이라고 생각합니다. 많은 부모가 자녀와 대화하고 문제를 의논하기보다는 야단치고 윽박지르는 데에만 익숙한 것이 아닌지 모르겠습니다. 학생들을 상담해보면, 아버지가 술이 취해 자기의 방에 들어와 야단치고 넋두리하는 것이 가장 싫다는 말을 많이 합니다. 아무리 좋은 말이라도 술에 취해 하는 말은 잔소리로 들릴 것이고, 그런 잔소리가 많아지면 정작 중요한 순간에 자녀들은 아버지의 말을 귀담아듣지 않을 것입니다. 말에 신뢰를 잃었기 때문입니다. 이제 부모님은 자녀와 진정한 대화를 나누고 의사소통을 하려는 노력을 시작해야 합니다. 자녀의 성적 향상을 위해서도 그것은 반드시 해야 할 일입니다.

선아와 같은 해에 공부한 수현(가명)이는 선아처럼 예쁘고 밝은 학생이었습니다. 그런데 선아와 달리 좀 심리적으로 불안해 보였고 성적도 왔다 갔다 했습니다. 어떤 때는 주말 숙제를 해오지 않을 때도 있었습니다. 평소에는 참 성실하고 좋은 학생인데 한 번씩 규칙을 어기기도 했습니다. 때때로 지각을 하기도 했고 결석을 하기도 했습니다.

5월이 되어서야 그 이유를 알게 되었습니다. 수현이의 어머니는 학교 선생님이셨습니다. 수현이가 경제적으로 안정된 좋은 가정에서 잘 자란 아이라고 생각했는데 수현이가 지각을 하고 숙제를 하지 않아서 상담을 하며 그 이유를 캐물었더니 갑자기 울음을 터뜨리는 것이었습니다. 수현이는 그제야 처음으로 자신의 가정사를 상세히 말해주었습니다.

수현이의 아버지는 사업이 잘 안 되자 술을 더 많이 드시게 되었고, 술에 취해 들어오면 소리를 지르고 심지어 폭력을 행사한다는 것이었습니다. 몇 시간씩 앉혀놓고 잠도 못 자게 하고, 알지도 못할 이야기를 막 늘어놓기도 하고, 엄마가 대꾸를 하면 때리고 심지어 자기를 때린 적도 있다고 했습니다. 그런데 술면 깨면 정말 언제 그랬냐는 듯이 멀쩡한 상태로 되돌아온다는 것이었습니다. 그리고 간곡하게 사과를 한다는 것입니다. 그러면 또 엄마의 상한 마음이 눈 녹듯이 풀리고 그렇게 며칠을 지낸다는 것입니다. 그러다가 또 술을 먹고 들어오면 이웃집도 다 알 정도로 소란이 벌어졌습니다. 결국 더 이상 참을 수 없어서 수현이는 어머니와 함께 작은 오피스텔을 얻어서 이사를 했다고 했습니다. 그런 와중에 숙제가 제대로 될 리 없었고 공부가 제대로 될 리도 없었던 것입니다.

수현이 집은 대화가 별로 없는 가정이었고, 결국 아빠는 하고 싶은 말을 술의 힘을 빌려 폭력적인 방식으로 내뱉고만 있었습니다. 이런 상황에서 좋은 가정이나 좋은 교육이 있을 수는 없습니다.

그래도 수현이는 꿋꿋이 공부해서 대학에 진학했습니다. 그후 몇 번 학원을 찾아와서 어머니와 단 둘이서 사는 것이 정말 좋다는 말을 했습니다. 학생들을 지도하다보니 이런 가정이 의외로 참 많다는 것을 느꼈습니다. 수현이 정도는 아니지만, 아빠가 술을 먹고 자녀들에게 부정적인 태도를 보이는 것은 흔한 일인 것 같습니다.

그리고 의외로 자녀들이 부모가 하는 일을 정확하게 모르고 있는 경우가 많았습니다. 자녀가 부모의 일을 모르고 부모는 자녀의 생활을 구체적으로 모르고 있는 경우도 많습니다. 서로 이야기를 하지 않으니 모르는 것이겠지요. 이런 상황에서 서로를 이해하기란 불가능한 이야기일 것입니다.

〈생활의 달인〉이라는 프로그램을 즐겨 보는데, 수십 년간 한 분야에 종사하며 부단한 열정과 노력으로 달인의 경지에 이르게 된 사람들은 사실 우리 부모들의 모습이 아닐 수 없습니다. 그러나 자신이 하는 일이 대단한 일이 아니라고 생각해 자녀들에게 구체적으로 공개하지 못할 때가 많습니다. 하지만 우리가 주어진 여건에서 최선을 다해 '달인의 경지'에 이르렀다는 것을 자녀에게 보이는 것은 결코 부끄러운 일도 아니고, 그런 부모에 대해 자녀들은 우리의 기대보다 더 많이 이해와 찬사를 보낼 것이라고 생각합니다. 이런 '공개'에서부터 이해는 시작된다고 생각합니다.

틈이 나면 팀 버튼의 명작 〈빅 피시(Big Fish)〉를 한번 보시기 바랍니다. 아버지는 줄기차게 자신의 지나온 삶에 대해 이야기합니다. 그것은 아름다운 동화였고 신화였습니다. 그러나 아들은 그 이야기들을 그저 사실이 아닌 픽션으로만 들었고, 그 이야기들을 통해 아버지가 무엇을 말하려고 하는지, 아버지의 삶의 꿈과 희망이 무엇이었는지 이해하려 하지 않습니다. 부모와 자녀 사이는 흔히 이렇습니다. 소통을 통한 이해가 이루어지지 않는 것은 어른들이 너무 거창한 것만을 이야기하기 때문이라고 생각합니다. 그 아들이 아버지를 이해하지 못한 것도 사실이 결여된 신화적인 이야기만 들었기 때문입니다.

민오는 대학교 1학년을 다니다가 그만두고 2학기 때부터 재수를 시작했습니다. 해남 중에서도 오지인 황산면이 고향인 민오는 한 학기를 공부하고 다시 1년을 더 공부해서 저와 거의 2년을 함께했습니다. 민오는 말과 행동에서 세련된 구석은 별로 없었지만 솔직하고 대범하고 거침이 없는 성격이 장점이었습니다.

민오는 학원에서 충격을 받았다고 합니다. 그 이전에 누구도 재수 학원에서처럼 공부해야 할 것을 상세하게 정리해준 적이 없었다는 것입니다. 맛있는 밥을 다 차려놓고 먹으라는 것이니 누가 그것을 못 먹겠 냐고 말했습니다.

민오는 경제적으로 힘든 가정에서 자랐습니다. 집에는 조그만 밭만 있었고, 아버지는 가정을 위해 힘든 일들을 마다하지 않으셨습니다. 이런 상황을 민오는 잘 알고 있었기 때문에 어릴 적부터 어려운 가정을 살려야 한다는 생각을 했습니다. 그리고 자신이 조금이라도 실수를 한다면 가정에 큰 누가 된다는 생각을 많이 했습니다. 민오의 아버지는 약주를 매우 좋아하셨지만 절대로 술이 취해 아들에게 헛소리를 내뱉는 분은 아니셨다고 합니다. 그저 말없이 아들을 쳐다보고 있는 큰 산과 같으신 분이라고 했습니다. 어머니는 아들이라면 모든 것을 내어주시는 우리네 어머니셨습니다. 어려운 형편에도 부모님은 항상 민오에게 공부는 열심히 해야 한다고 말씀해주셨고, 공부에 대해서라면 어떤 일이 있더라도 노력해서 돕겠다는 말씀을 많이 허셨다고 합니다.

민오는 건국대학에 입학했고, 그 도전적인 성격에 걸맞게 학교를 쉬고 뉴질랜드로 훌쩍 떠났습니다. 뉴질랜드에서 열심히 일을 하며 돈을 벌었고, 3년간의 힘겨운 노력 끝에 호주국립대학교(ANU)에 당당히 입학했습니다. 돈을 가지고 간 유학이 아니라 맨주먹으로 가서 열심히 노력해서 대학에 들어간 것입니다. 하지만 호주는 학비가 비싸서 백방으로 장학금을 알아봤지만 쉽지 않았습니다. 그래도 민오의 성격을 잘 아는 친지들이 도움을 주어서 이제 1년 정도는 공부를 할 수 있을 것 같다고 했습니다. 그리고 더 노력을 해서 반드시 공부를 마치고야 말겠다며 각오를 보였습니다.

민오를 보면서 항상 느끼는 것은 정말 경제적인 든든함만이 사람을 당당하게 만들지는 않는다는 것입니다. 늘 당당한 민오를 보면 마치 든든한 배경이 있는 것처럼 느껴집니다. 하지만 민오가 경제적으로 편안했던 시기는 없었습니다. 재수를 하면서도 아르바이트를 해서 번 돈으로 공부를 했습니다. 뉴질랜드에서도 일을 했고 호주에서도 일을 하며 공부했습니다. 앞으로도 또 그럴 것입니다. 경제적인 안정이 없지만 항상 여유 있게 행동을 합니다. 힘들게 고생할 때면 쉽게 부모님을 원망할 수도 있었을 텐데 말입니다. 하지만 민오는 부모님의 형편을 잘 알고 있었고, 그래도 감사하며 스스로 상황을 이기려고 노력해왔습니다. 오히려 자기를 믿어주는 어머니와 자기를 바라봐주는 아버지를 든든한 배경으로 생각하고 있습니다. 이런 태도는 그 어떤 물질적인 풍요로움보다 소중한 자산이라고 생각합니다.

민오가 이처럼 의젓한 것은 바로 허심탄회한 가정의 대화를 통해 나온 것이라고 생각합니다. 동양에서는 '수신제가치국평천하(修身齊家治國平天下)'라고 해서 가족을 출발점으로 봤지만, 엄격한 상하와 내외의 구분으로 오히려 가족 간의 의사소통의 통로가 막힌 감이 없지 않은 것 같습니다. 영국의 작가 존 러스킨(John Ruskin)은 『건축의 7가지 등불』이라는 책에서 '좋은 사람'은 "그들의 집이 한 세대만 지속되도록 건축하는 것은 나쁜 징조"라고 말했습니다. 그들의 모든 추억과 기쁨과 슬픔, 그들이 소중하게 여기던 모든 것이 먼지로 사라져버리기 때문입니다. 그리고 우리가 가정을 '신성한 사원'으로 만들어야 되는 이유에 대해 다음과 같이 말하고 있습니다.

"만약 사람이 진정으로 사람답게 살려면, 그들의 가정은 사원(temple)이 되어야 한다. 우리가 그 사원을 감히 다치게 하면 안 되고, 그 속에서 우리가 살도록 허락받는 것은 우리를 거룩하게 만든다. 각자가 혼자서만 그 집을 독점하려고 하고, 자기 자신만의 작은 혁명을 위해서 그 집을 지으려고 한다면 이상하게도 자연적인 애정이 사라질 것이며, 가정이 제공하는 모든 것과 부모들이 가르치는 모든 것이 이상하게 감동되지 않고, 우리가 아버지의 명예에 대해 불충하게 되거나 우리의 거주지가 우리 자녀에게 신성한 것이 되지 않도록 우리의 삶이 이상하게 변한다는 것을 알게 될 것이다."

사람답게 살기 위해 우리의 집은 신성한 장소가 되어야 합니다. 이 신성한 장소는 우리 모두의 집입니다. 혼자 집을 독점하려 해서는 안 됩니다. '자연적인 애정', '부모의 가르침', '아버지의 명예', 이 모든 것이 우리의 노력을 통해 보존되어야 합니다. 이것이 가능하기 위해서는 부모가 먼저 가정을 '독점'하지 말고 자녀들과 함께 나누어야 합니다. 자녀들에게 조심스럽게 접근해 '다치게' 하지 말아야 합니다. 가정은 바로 '공부'와 자녀의 '삶'이 시작되는 곳이기에 가정의 평화는 바로 자녀의 좋은 성적, 좋은 삶으로 이어질 것입니다.

오치규 선생의 성적 역전
몸공부법

초판 1쇄 발행 2011년 2월 18일   발행 2쇄 발행 2011년 3월 24일

지은이 오치규   **펴낸이** 연준혁
기획 H,기획연대_신미경

출판 1분사 편집장 최혜진
편집 김세희

제작 이재승 송현주

펴낸곳 (주)위즈덤하우스   **출판등록** 2000년 5월 23일 제13-1071호
주소 경기도 고양시 일산동구 장항동 846번지 센트럴프라자 609호
전화 031)936-4000   **팩스** 031)903-3893   **홈페이지** www.wisdomhouse.co.kr
출력 엔터   **종이** 화인페이퍼   **인쇄·제본** 영신사

값 13,000원   ⓒ 오치규, ISBN 978-89-91731-53-0 13000

국립중앙도서관 출판시도서목록(CIP)

오치규 선생의 성적 역전 몸공부법 /오치규 지음. --고양 : 위즈
덤하우스, 2011
p. ; cm

권말부록: 학부모님들께
ISBN 978-89-91731-53-0 13000 : ₩13000

학습법[學習法]

373.4-KDC5
371.30281-DDC21   CIP2011000503